www.ingramcontent.com/pod-product-compliance
Lightning Source LLC
Chambersburg PA
CBHW070548010526
44118CB00012B/1260
9780998049700

שעקלטאָן
צוויי שיפֿל־נסיעות
און
איין באַרג־נסיעה
דריַי נסים

פֿון

דרום
סער ערנעסט שעקלטאָן

South
Sir Ernest Shackleton

איבערזעצונג פֿון
בעריש גאָלדשטיין

פּאַראַלעל־אויסגאַבע

שעקלטאָנס דרײַ נסים

איבערזעצונג דרוקרעכט © 2011-2018 בעריש גאָלדשטײן
אַלע רעכט באַוואָרנט

שעקלטאָנס דרויּ נסים

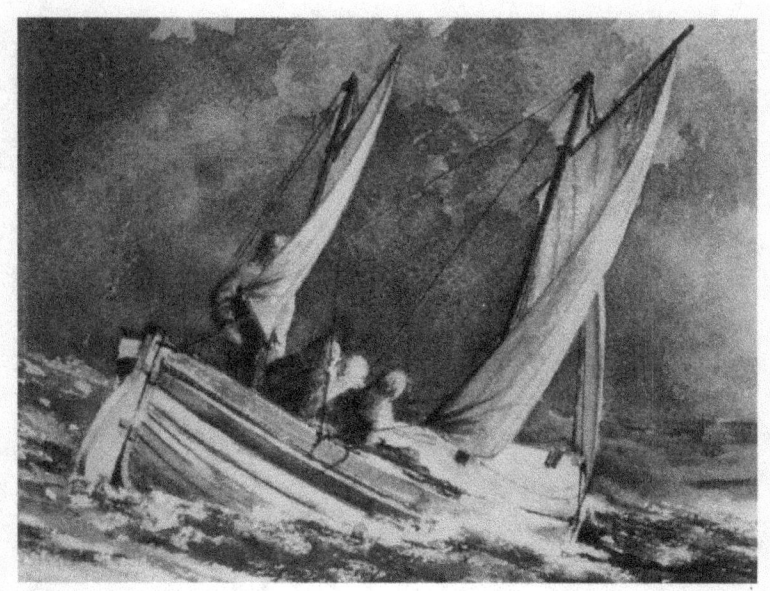

פֿיגור 1 דער דזשעמז קיירד אויפֿן ים

שעקלטאָנס דרעט נסים

אינהאַלט

1. אַ וואָרט פֿריִער vii
2. אַנטלויף פֿונעם אײַז 3
3. די שיפֿל־נסיעה 89
4. אַריבער איבער די בערג 151
5. דער ראַטוניק פֿון העלפֿאַנד־אינדזל 199
6. נאָכגעדאַנק 202
7. כראָנאָלאָגיע 203

v

אילוסטראַציעס

דער דזשעמז קײרד אויפֿן ים iii
קאַרטע.. vii
סער ערנעסט שעקלטאָן xi
די מאַנשאַפֿט xi
די שיפֿלעך אויף אַ קריִע 21
די שיפֿלעך אין מיטן אײַז... 29
דאָס ערשטע לאַנדן ווענס אויף העלפֿאַנד־אינדזל........................... 65
דער ערשטער מאָלצײַט אויפֿן אינדזל 67
קאַרטע פֿונעם לאַנדן 71
אַראָפּלאָזן דעם דזשעמז קײרד אויפֿן וואַסער.............................. 105
צוקומען צו דרום־דזשאָרדזשע 133
דאָס לאַנדן אויף דרום־דזשאָרדזשע 141
דער סוף פֿון דעם צווייטן נס 147
בערכדיקע קאַרטע פֿון דער רוטע איבער די בערג............................ 179
פּאַנאָראַמע פֿון דרום־דזשאָרדזשע 181

vi

אַ וואָרט פֿריִער

שטעלט זיך פֿאָר אַז איר האָט פֿאַרבראַכט די פֿאַרגאַנגענע פֿופֿצן חדשים ווי אײַנגעזעצטע אין אַ תּפֿיסה פֿון אײַז – צען חדשים[1] אויף אײַער שיף, אײַנגעפֿרוירן אינעם אײַז פֿונעם וועדעל־ים[2], און דערנאָך, ווען די שיף איז צעשטערט געוואָרן דורכן אײַז־דרוק, פֿיר מיט אַ האַלב חדשים[3] אין געצעלטן אויפֿן אײַז.

אַזוי איז געווען דער מצבֿ מיט די לײַט פֿון דער עקספּעדיציע אָנגעפֿירט פֿון סער ערנעסט שעקלטאָן, וואָס איר ציל איז געהאַט געווען דאָס דורכגיין איבערן גאַנצן אַנטאַרקטיק, פֿונעם וועדעל־ים, אויף דרום פֿון דרום־אַמעריקע, איבערן דרום־פּאָלוס, ביז צו דעם ראָס־ים[4], אויף דער זײַט פֿון נײַ־זעלאַנד, אַ מהלך פֿון אַ מײַל אַכצן הונדערט. ס'איז זיי ניט גוט געגאַנגען. די מעשׂה (אפֿשר איז זי אײַך שוין באַקאַנט) איז אַזוי ....

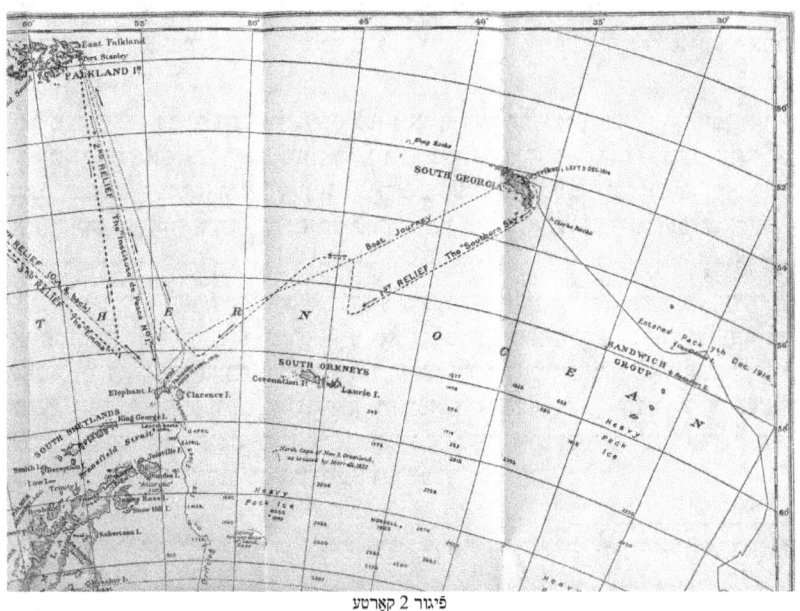

פֿיגור 2 קאַרטע

[1] פֿון I/18/1915 ביז XI/21/1915 – זומער / האַרבסט /ווינטער / פֿרילינג
[2] Weddell Sea
[3] ביז IV/9/1916 – פֿרילינג / זומער / האַרבסט
[4] Ross Sea

זיי האָבן אָפּגעשיפֿט פֿון ענגלאַנד דעם 8טן אויגוסט, 1914, און דעם 5טן דעצעמבער, 1914, פֿון דרום־דזשאָרדזשע[5] אין דער שיף *אויסהאַלט*[6], מיטן בעל־הבית סער ערנעסט שעקלטאָן און דעם קאַפּיטאַן פֿראַנק וואָרסלי[7]. זיי האָבן בדעה צו גרייכן צו פּאַסיגן א האַוון אין וואַסאַל־בוכטע[8], דאָרט אויפֿצושטעלן אַ באַזע, ווו וועט בלײַבן די חבֿרה פֿון דער דורכגיי־פּאַרטיע.

שעקלטאָן איז ערשט געווען אינעם אַנטאַרקטיק מיט סקאָט אין 1901-1904[9]. דערנאָך האָט ער אָנגעפֿירט זײַן אייגענע עקספּעדיציע און איז געקומען כּמעט צום דרום־פּאָלוס (קורץ געכאַפּט אַ הונדערט מײַלן פֿונעם פּאָלוס) אין 1907-1909[10]. אין 1911-1912 איז ראָאַלד אַמונדסען[11] דער ערשטער געווען צו דערגרייכן דעם פּאָלוס. די איינציקע "גרויסע אַרבעט" וואָס איז געבליבן אין אַנטאַרקטישער אויספֿאָרשונג איז דאָס דורכגיין דעם קאָנטינענט.

אָבער זיי האָבן אַפֿילו ניט געקענט באַטרעטן אויף דער יבשה. אויפֿן ים איז געשווומען אַ גוזמא פּאַקאײַז[12] – "גאָר ערגער ווי געוויינטלעך" לויט די אַלטע מאַטראָסן אויף דרום־דזשאָרדזשע.

די מעשׂה פֿון זייער זיצן ווי געפֿאַנגענע אויף דער שיף און דערנאָך אויפֿן אײַז נאָך דעם וואָס די שיף איז צעדריקט געוואָרן דורכן באַוועגנדיקן פּאַקאײַז – מער ווי אַ יאָר – איז גענוג שווער, קענט איר זי לייענען די אַלע ביכער וואָס באַשרײַבן אָט די עקספּעדיציע – ס'איז טאַקע געוואָרן אין די הײַנטיקע יאָרן אַ מין כאַטע־אינדוסטריע וועגן שעקלטאָן[13].

דאָ רעדט זיך די באַרימטע מעשׂה וואָס מע רופֿט זי "די שיפֿל־נסיעה", פֿון העלפֿאַנד־אינדזל[14] קיין דרום־דזשאָרדזשע אינעם *דזשעמז קיירד*[15]. אָבער פֿריִער האָבן זיי אויפֿגעטאָן אַ קירצערע נאָר אויך אַ שווערע, סכּנהדיקע שיפֿל־נסיעה, פֿונעם אײַזקאַנט, ווו דאָס אײַז צעברעקלט זיך און די שיפֿלעך קענען נאָך אַ מאָל אפֿשר שווימען אין מיטן דעם צעבאָרכענעם אײַז, קיין העלפֿאַנד־אינדזל. שוין צוויי גוטע שיטקלעך אַרבעט, נאָר דערנאָך קומט דאָס אַריבערגיין איבערן אינדזל דורך די אײַז־באַדעקטע הויכע בערג. און אַלע זײַנען געראַטעוועט געוואָרן.

---

[5] South Georgia, אַ גרויסער אינדזל אינעם דרום־אַטלאַנטיק, מיט עטלעכע וואַלפֿיש־פֿאַבריקן; אָפֿט מאָל אַן אָפּפֿאָר־פּונקט פֿאַר דער אַנטאַרקטישער אויספֿאָרשאונג.

[6] *Endurance*

[7] Frank Worsley

[8] Vahsel Bay, דער דרומדיקסטער טייל פֿונעם וועדעל־ים.

[9] Robert Falcon Scott's *Discovery* Expedition

[10] Shackleton's *Nimrod* Expedition

[11] Roald Amundsen

[12] pack, pack ice, ice pack: אײַז, צונויפֿגעפֿרוירענע קריִעס, באַדעקנדיק דעם ים־אייבערפֿלאַך.

[13] אַפֿילו די האַרוואַרד־געשעפֿט־שולע ניצט די מעשׂה ווי אַ לערן־משל (אוי!).

[14] Elephant Island

[15] *James Caird*, דאָס גרעסטע און שטאַרקסטע פֿון די דרײַ שיפֿלעך; אַ נאָמען נאָך איינעם פֿון די בײַשטײַערערס פֿון דער עקספּעדיציע (ווי די אַנדערע צוויי שיפֿלעך).

מע זאָל פֿאַרשטיין פֿון אָנהייב אָן אַז **ש**עקלטאָנס בוך איז געווען דאָס "אָפֿיציעלע בוך" פֿון דער עקספּעדיציע, און דערין איז עס אַ פּשוטע באַשרײַבונג: "דאָס איז געשען און דערנאָך דאָס, האָבן מיר אַזוי און אַזוי געטאָן, ...", ניט אַזוי פּערזענלעך אָדער ליטעראַריש ווי, למשל, *די ערגסטע נסיעה אויף דער וועלט*, פֿון **אַ**פּסלי **ט**שערי־**ג**אַראַרד[16]. פֿונדעסטוועגן איז די גאַנצע מעשׂה אַליין אַ שפּאַנענדיקע, ווי פּשוט די ווערטער זאָלן ניט זײַן.

[16] *The Worst Journey in the World* פֿון Apsley Cherry-Garrard, זכרונות וועגן סקאָטס עקספּעדיטיע קיין דעם דרום־פּאָלוס און (כּמעט) צוריק, 1910-1912. אַ קאַפּיטל פֿון אָט דעם בוך, "די ווינטער־נסיעה", איבערגעזעצט אויף ייִדיש פֿון מיר, קען מען געפֿינען דאָ: די ווינטער־נסיעה

שעקלטאָנס דרײ נסים

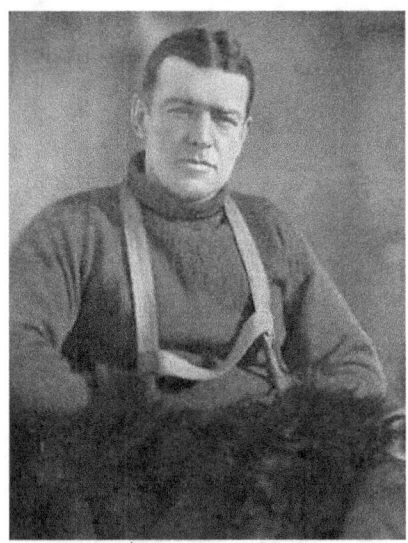

פיגור 3 **ס**ער **ע**רנעסט **ש**עקלטאָן

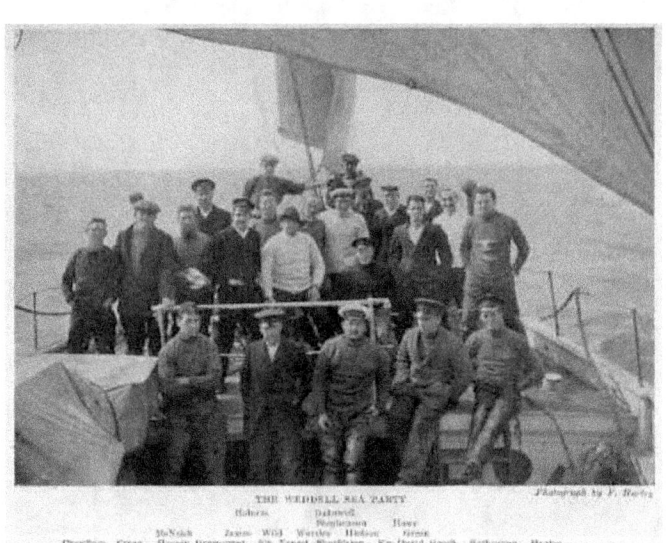

פיגור 4 די מאַנשאַפט

שעקלטאָנס דריי נסים

שעקלטאָנס דרײַ נסים

Shackleton's
Three Miracles

שעקלטאָנס דרײַ נסים

Escape from the Ice
The First Miracle

On April 7 at daylight the long-desired peak of Clarence Island came into view, bearing nearly north from our camp. At first it had the appearance of a huge berg, but with the growing light we could see plainly the black lines of scree and the high, precipitous cliffs of the island, which were miraged up to some extent. The dark rocks in the white snow were a pleasant sight. So long had our eyes looked on icebergs that apparently grew or dwindled according to the angles at which the shadows were cast by the sun; so often had we discovered rocky islands and brought in sight the peaks of Joinville Land, only to find them, after some change of wind or temperature, floating away as nebulous cloud or ordinary berg; that not until Worsley, Wild, and Hurley had unanimously confirmed my observation was I satisfied that I was really looking at Clarence Island. The land was still more than sixty miles away, but it had to our eyes something of the appearance of home, since we expected to find there our first solid footing after all the long months of drifting on the unstable ice. We had adjusted ourselves to the life on the floe, but our hopes had been fixed all the time on some possible landing-place. As one hope failed to materialize, our anticipations fed themselves on another. Our drifting home had no rudder to guide it, no sail to give it speed. We were dependent upon the caprice of wind and current; we went whither those irresponsible forces listed. The longing to feel solid earth under our feet filled our hearts.

In the full daylight Clarence Island ceased to look like land and had the appearance of a berg of more than eight or ten miles away, so deceptive are distances in the clear air of the Antarctic. The sharp white peaks of Elephant Island showed to the west of north a little later in the day.

"I have stopped issuing sugar now, and our meals consist of seal meat and blubber only, with 7 ozs. of dried milk per day for the

אַנטלויף פֿונעם אײַז
דער ערשטער נס

באַגינען דעם 7טן אַפּריל [1916] האָט זיך באַוויזן דער לאַנג־דערוואַרטער שפּיץ פֿון קלאַרענס־אינדזל[17], שיִער ניט אויף צפֿון פֿון אונדזער לאַגער. לכתּחילה האָט ער אויסגעזען ווי אַ ריזיקער אײַזבאַרג, נאָר מיט דער וואַקסנדיקער ליכט האָבן מיר געקענט קלאָר זען די שוואַרצע פּאַסן פֿון שטיינבראָך[18] און די הויכע תּהומיקע סקאַלעס אויפֿן אינדזל, וואָס זיי אַלע זײַנען געווען אַ ביסל אויפֿגעהויבן דורך מיראַזש. די שוואַרצע שטיינער מיטן ווײַסן שניי זײַנען געווען אַן אײַנגענעמער אויסבליק. אַזוי לאַנג האָבן די אויגן געקוקט אויף אײַזבערג, וואָס זיי וואַקסן אָדער ווערן אײַנגעשרומפּן משמעות לויט ווי עס זײַנען געפֿאַלן די שאָטנס געוואָרפֿן פֿון דער זון; אַזוי אָפֿט האָבן מיר אַנטדעקט אינדזלען שטיינערנע און דערזען די שפּיצן פֿון דזשויִנוויל־לאַנד[19] און דעמאָלט זיי געפֿונען, נאָך עפּעס אַן איבערבײַט אינעם ווינט אָדער טעמפּעראַטור, אַוועקשוועבן ווי נעפּלדיקע וואָלקנס אָדער געוויינטלעכע אײַזבערג – אַזוי לאַנג, אַזוי אָפֿט, אַז ביז וואָרסלי, ווילד, און הערלי[20] האָבן ניט באַשטעטיקט מײַנע אָבסערוואַציע, בין איך ניט צופֿרידן געווען, אַז איך קוק טאַקע אויף קלאַרענס־אינדזל. די יבשה איז נאָך ווײַט מער ווי זעכציק מײַל, נאָר אין אונדזערע אויגן האָט זי אויסגעזען עפּעס ווי היים, ווײַל דאָרט האָבן מיר זיך געריכט אויף די ערשטע האַרטע טריט נאָך די אַלע לאַנגע חדשים דרייפֿן אויפֿן אומסטאַבילן אײַז. מיר האָבן זיך צוגעוויינט צום לעבן אויף דער קריִע, נאָר מיט די האָפֿענונגען אַלע מאָל קאָנצענטרירט אויף אַבי וואָס פֿאַר אַ מיגלעכן לאַנדאָרט. אויב איין האָפֿענונג פֿאַלט דורך, האָבן מיר זיך געכאַפּט צו אַ צווייטער. אונדזער דרייפֿנדיקע היים האָט ניט געהאַט קיין רודער זי צו קערעווען, ניט קיין זעגל זי גיך צו באַוועגן. מיר זײַנען געווען בײַ די קאַפּריזן אין די הענט פֿון ווינט און שטראָם; מיר זײַנען אַהינגעפֿאָרן אַבי ווו אָט די קלותדיקע כּוחות פֿירן. די הערצער זײַנען אָנגעפֿילט געוואָרן מיט בענקשאַפֿט נאָך האַרטער ערד אונטער די פֿיס.

אין מיטן העלן טאָג האָט קלאַרענס־אינדזל אויפֿגעהערט אויסזען ווי יבשה, באַקומען אַן אַנדער פּנים – אַ באַרג ווײַט ניט מער ווי אַ מײַל אַכט־צען, אַזוי פֿאַרפֿירעריש זײַנען די ווײַטקייטן אין דער קלאָרער אַנטאַרקטישער לופֿט. די שאַרפֿע ווײַסע שפּיצן אויף העלפֿאַנד־אינדזל האָבן זיך באַוויזן אַ ביסל שפּעטער אין טאָג אויף מערבֿ פֿון צפֿון.

"איך האָב איצט אויפֿגעהערט אַרויסגעבן צוקער, און די מאָלצײַטן באַשטייען נאָר פֿון ים־הינט־פֿלייש און ־פֿעטס, מיט זיבן אונצן פֿאַרטריקנטער מילך אַ טאָג פֿאַר דער

---

[17] Clarence Island

[18] scree: שטיינער, קליינע און מיטלמאָסיקע אין דער גרייס, אָפּגעשפּאָלטן פֿון די באַרג־שיפּועים.

[19] Joinville Land

[20] Frank Worsley: דער שיפֿס־קאַפּיטאַן; Frank Wild: דער צווייטער־קאָמאַנדיר; Frank Hurley: דער פֿאָטאָגראַף

party," I wrote.

"Each man receives a pinch of salt, and the milk is boiled up to make hot drinks for all hands. The diet suits us, since we cannot get much exercise on the floe and the blubber supplies heat. Fried slices of blubber seem to our taste to resemble crisp bacon. It certainly is no hardship to eat it, though persons living under civilized conditions probably would shudder at it. The hardship would come if we were unable to get it."

I think that the palate of the human animal can adjust itself to anything. Some creatures will die before accepting a strange diet if deprived of their natural food. The Yaks of the Himalayan uplands must feed from the growing grass, scanty and dry though it may be, and would starve even if allowed the best oats and corn.

"We still have the dark water-sky of the last week with us to the south-west and west, round to the north-east. We are leaving all the bergs to the west and there are few within our range of vision now. The swell is more marked to-day, and I feel sure we are at the verge of the floe-ice. One strong gale, followed by a calm would scatter the pack, I think, and then we could push through. I have been thinking much of our prospects. The appearance of Clarence Island after our long drift seems, somehow, to convey an ultimatum. The island is the last outpost of the south and our final chance of a landing-place. Beyond it lies the broad Atlantic. Our little boats may be compelled any day now to sail unsheltered over the open sea with a thousand leagues of ocean separating them from the land to the north and east. It seems vital that we shall land on Clarence Island or its neighbour, Elephant Island. The latter island has attraction for us, although as far as I know nobody has ever landed there. Its name suggests the presence of the plump and succulent sea-elephant. We have an increasing desire in any case to get firm ground under our feet. The floe has been a good friend to us, but it is reaching the end of its journey, and it is liable at any time now to break up and fling us into the unplumbed sea."

פּאַרטיע," האָב איך אָנגעשריבן. "יעדער באַקומט אַ שטויב זאַלץ, און די מילך ווערט מען אויף, אַלע זאָלן האָבן אַ הייס געטראַנק. די דיעטע פֿאַסט זיך צו אונדז, ווי באַלד מיר קענען זיך ניט קיין סך געניטן אויף דער קריִע און דאָס פֿעטס פֿאַרזאָרגט אונדז מיט היץ. געפּרעגלטע פּענעצער פֿעטס, ס'ווײַזט זיך אויס, האָבן אַ טעם ווי מערביקע פּעטזײַט. אַוודאי איז ניט קיין אָפּקומעניש, דאָס צו עסן, כאָטש בײַ לײַטן אין ציוויליזירטע צושטאַנדן וואָלט דאָס מסתּמא געבראַכט אַ שוידער. בײַ אונדז וואָלט דאָס אָפּקומעניש געווען אַז מיר האָבן דאָס ניט געקענט קריגן."

ס'דאַכט זיך מיר, אַז דער מענטשלעכער געשמאַק קען זיך געוויינען צו אַבי וואָס. טייל ברואים וועלן שטאַרבן איידער זיי נעמען אָן אַ פֿרעמדע דיעטע, אַז ס'פֿעלט זיי די געוויינטלעך עסן. די יאַקן אינעם הימאַלײַשן הויך־פּלאַטאָ דאַרפֿן פּאַשען זיך אויפֿן וואַקסנדיקן גראָז, כאָטש קנאַפּ און טרוקן, וואָלט פֿאַרהונגערט געוואָרן, אַז מע גיט זיי נאָר דעם בעסטן האָבער מיט תּבֿואה.

"מיר האָבן נאָך בײַ אונדז דעם טונקעלן וואַסערהימל[21] ווי פֿון דער פֿאַרגאַנגענער וואָך אויף דרום־מערבֿ און מערבֿ, אַרום ביזן צפֿון־מיזרח. מיר לאָזן די אַלע בערג אויף מערבֿ, און ס'זײַנען דאָ נאָר ווייניקע ווו מע זעט. דער ים־אויפֿלויף[22] איז הײַנט שטאַרקער, און מיר איז קלאָר, אַז מיר זײַנען פּונקט בײַם ראַנד פֿונעם קריִע־אײַז. איין שטאַרקע בורע און דערנאָך אַ רו וואָלט צעוואַרפֿן דעם פּאַק, דאַכט זיך מיר, און דעמאָלט וואָלטן מיר זיך קענען דורכשלאָגן. איך האָב זיך אָפּט פֿאַרטראַכט וועגן די ברירות אונדזערע. ווי קלאַרענס־אינדזל דערזעט זיך נאָך דעם לאַנגן דרייפֿן, האָט דאָס אויסגעזען עפּעס ווי אַן אולטימאַטום. אָט דער אינדזל איז דער לעצטער אַוואַנפּאָסט פֿונעם דרום און אונדזער לעצטער שאַנס פֿון אַ לאַנדאָרט. ווײַטער ליגט דער ברייטער אַטלאַנטיק. ס'קען זײַן אַז אונדזערע קליינע שיפֿלעך וועלן אויף איינעם אַ טאָג דאַרפֿן זעגלען אָן שום אָפּדאַך איבערן אָפֿענעם ים מיט אַ דרײַ טויזנט מײַל צווישן זיי און דער יבשה אויף צפֿון מיזרח. מע האָלט פֿאַר גאָר וויכטיק, אַז מיר זאָלן לאַנדן אויף קלאַרענס־אינדזל צי אויף זײַן שכן, העלפֿאַנד־אינדזל. דער צווייטער האָט פֿאַר אונדז צוציִונגען, כאָטש אויף וויפֿל איך ווייס האָט קיינער דאָרט קיין מאָל ניט געלאַנדט. זײַן נאָמען ברענגט אַרויף אויפֿן געדאַנק אַז דאָרט געפֿינען זיך די פֿליישיקע און סאָקיקע ים־העלפֿאַנדן. מיר האָבן אַ וואַקסנדיקן חשק סײַ ווי סײַ צו האָבן פֿעסטע ערד אונטער די פֿיס. די אָ קריִע איז אונדז געווען אַ גוטער־פֿרײַנד, נאָר זי קומט שוין צו איר סוף, קער זיך אָפּשפּאַלטן אַבי ווען, אונדז אַרײַנוואַרפֿן גאָר אין טיפֿן ים אַרײַן."

---

[21] water-sky: איבערן אָפֿענעם ים איז דער הימל טונקל, אַנדערש פֿון איבערן קריִע־באַדעקטן ים, וואָס איז אַ העלע אָפּשפּיגלונג, וואָס מע רופֿט דאָס אײַזבליץ (ice blink).

[22] ocean swell

שעקלטאָנס דרײַ נסים

A little later, after reviewing the whole situation in the light of our circumstances, I made up my mind that we should try to reach Deception Island. The relative positions of Clarence, Elephant, and Deception Islands can be seen on the chart. The two islands first named lay comparatively near to us and were separated by some eighty miles of water from Prince George Island, which was about 150 miles away from our camp on the berg. From this island a chain of similar islands extends westward, terminating in Deception Island. The channels separating these desolate patches of rock and ice are from ten to fifteen miles wide. But we knew from the Admiralty sailing directions that there were stores for the use of shipwrecked mariners on Deception Island, and it was possible that the summer whalers had not yet deserted its harbour. Also we had learned from our scanty records that a small church had been erected there for the benefit of the transient whalers. The existence of his building would mean to us a supply of timber, from which, if dire necessity urged us, we could construct a reasonably seaworthy boat. We had discussed this point during our drift on the floe. Two of our boats were fairly strong, but the third, the *James Caird*, was light, although a little longer than the others. All of them were small for the navigation of these notoriously stormy seas, and they would be heavily loaded, so a voyage in open water would be a serious undertaking. I fear that the carpenter's fingers were already itching to convert pews into topsides and decks. In any case, the worst that could befall us when we had reached Deception Island would be a wait until the whalers returned about the middle of November.

Another bit of information gathered from the records of the west side of the Weddell Sea related to Prince George Island. The Admiralty "Sailing Directions," referring to the South Shetlands, mentioned a cave on this island. None of us had seen that cave or could say if it was large or small, wet or dry; but as we drifted on our floe and

אַ ביסל שפּעטער, נאָכדעם וואָס איך האָב איבערגעקוקט די גאַנצע זאַך לויט די אומשטאַנדן, האָב איך באַשלאָסן בײַ זיך אַז מיר זאָלן פּרוּוון דערגרייכן אָפּנאַר־אינדזל[23]. די רעלאַטיווע פּאָזיציעס פֿון קלאַרענס־, העלפֿאַנד־ און אָפּנאַר־אינדזלען קען מען זען אויף דער קאַרטע [זעט פֿיגור 2]. די ערשטע צוויי ליגן לפֿי־ערך נאָענט צו אונדז, צעשייד דורך אַן אַכציק מײַל וואַסער פֿונעם פּרינץ־דזשאָרדזש־אינדזל[24], וואָס געפֿינט זיך ווײַט אפֿשר 150 מײַל פֿון אונדזער לאַגער אויפֿן באַרג. פֿון דעם דאָזיקן אינדזל ציט זיך אַ קייט ענלעכע אינדזלען אויף מערבֿ, ביז צום אָפּנאַר־אינדזל. די קאַנאַלן צווישן די אָ וויסטע שטיקלעך שטיין און אײַז זײַנען אַ צען־פֿופֿצן מײַל אין דער ברייט. אָבער מיר האָבן געוווּסט פֿון די פֿלאָט־אָנווײַזונגען[25], אַז עס זײַנען פֿאַראַן זאַפּאַסן פֿאַר שיפֿבראָכיקע מאַטראָסן אויף אָפּנאַר־אינדזל, און ס'האָט געקענט זײַן, אַז די וואַלפֿיש־יעגערס האָבן דעם זומער נאָך ניט פֿאַרלאָזן זײַן האַוון. אויך האָבן מיר זיך דערוווּסט פֿון די קנאַפּע רעקאָרדן בײַ זיך, אַז דאָרט האָט מען אויסגעבויט אַ קליינעם קלויסטער לטובֿת די פֿאַרגייִיקע וואַלפֿיש־יעגערס. אויב ס'איז דאָ טאַקע אַזאַ בנין, וואָלטן מיר קענען קריגן אַ זאַפּאַס ברעטער, וואָס מיט זיי, בײַ דער ביטערסטער נייטיקייט, וואָלטן מיר געקענט אויסבויען אַ מער־ווייניקער ניצלעך שיפֿל. אָט דאָס האָבן מיר געהאַט אַרומגערעדט במשך פֿון אונדזער גאַנג, דרייפֿן אויף דער קריִע. צוויי פֿון די שיפֿלעך זײַנען געווען נישקשהדיקע שטאַרקע, נאָר דאָס דריטע, דער *דזשעמז קיירד*, איז געווען אַ לײַכטס, כאָטש אַ ביסל לענגער ווי די אַנדערע. זיי זײַנען אַלע געווען קליינע פֿאַרן נאַוויגירן אין אָט די פֿאַרנאַנט שטורעמדיקע ימים, און זיי וואָלטן געווען שווער אָנגעלאָדן, וואָלט געמאַכט אַ נסיעה אויפֿן ברייטן ים אַן ערנסטן ענין. איך האָב מורא, אַז דעם סטאָליערס פֿינגער האָבן שוין געלעכצט נאָכן אויסבײַטן קלויסטערבענק אין אייבערוווערק[26] און דעקן. אויף יעדן פֿאַל וואָלט געווען דאָס ערגסטע וואָס עס וואָלט זיך געקענט מיט אונדז טרעפֿן בײַם דערגרייכן אָפּנאַר־אינדזל, איז מיר וועלן דאַרפֿן וואַרטן ביז די וואַלפֿיש־יעגערס קערן זיך צוריק בערך אין מיטן נאָוועמבער.

נאָך אַ שטיקל ידיעה וואָס מע האָט געדרונגען פֿון די רעקאָרדן פֿון דער מערבֿדיקער זײַט ווּעדעל־ים האָט צו טאָן מיט פּרינץ־דזשאָרדזש־אינדזל. די פֿלאָט־אָנווײַזונגען, באַשרײַבנדיק די דרום־שעטלענדער[27], האָבן דערמאָנט אַ הייל אויף דעם דאָזיקן אינדזל. קיינער פֿון אונדז האָט געזען אָט די הייל, ניט געקענט זאָגן צי זי איז אַ גרויסע צי אַ קליינע, אַ נאַסע צי אַ טרוקענע; נאָר בשעת אונדזער גאַנג דרייפֿנדיק אויף דער קריִע און

[23] Deception Island
[24] Prince George Island
[25] Admiralty Sailing Directions
[26] topsides
[27] The South Shetlands, אַ גרופּע אינדזלען נאָענט צום אַנטאַרקטישן האַלבאינדזל.

later, when navigating the treacherous leads and making our uneasy night camps, that cave seemed to my fancy to be a palace which in contrast would dim the splendours of Versailles. The swell increased that night and the movement of the ice became more pronounced. Occasionally a neighbouring floe would hammer against the ice on which we were camped, and the lesson of these blows was plain to read. We must get solid ground under our feet quickly. When the vibration ceased after a heavy surge, my thoughts flew round to the problem ahead. If the party had not numbered more than six men a solution would not have been so hard to find; but obviously the transportation of the whole party to a place of safety, with the limited means at our disposal, was going to be a matter of extreme difficulty. There were twenty-eight men on our floating cake of ice, which was steadily dwindling under the influence of wind, weather, charging floes, and heavy swell. I confess that I felt the burden of responsibility sit heavily on my shoulders; but, on the other hand, I was stimulated and cheered by the attitude of the men. Loneliness is the penalty of leadership, but the man who has to make the decisions is assisted greatly if he feels that there is no uncertainty in the minds of those who follow him, and that his orders will be carried out confidently and in expectation of success.

The sun was shining in the blue sky on the following morning (April 8). Clarence Island showed clearly on the horizon, and Elephant Island could also be distinguished. The single snow-clad peak of Clarence Island stood up as a beacon of safety, though the most optimistic imagination could not make an easy path of the ice and ocean that separated us from that giant, white and austere.

"The pack was much looser this morning, and the long rolling swell from the north-east is more pronounced than it was yesterday. The floes rise and fall with the surge of the sea. We evidently are drifting with the surface current, for all the heavier masses of floe, bergs, and hummocks are being left behind. There has been some discussion in the camp as to the advisability of making one of the bergs our home for the time being

שפּעטער, בײַם נאַוויגירן לענג־אויס די פֿאַרפֿירערישע וואַסערשטעגן[28] און בײַ די אומרויִקע נאַכטלאַגערן, האָט אָט די הייל זיך געדאַכט אין מײַן פֿאַנטאַזיע ווי אַ פּאַלאַץ, וואָס עס וואָלט אין פֿאַרגלײַך אָפּגעטונקלט די פּראַכט פֿון ווערסײַ[29].

דער ים־אויפֿלויף האָט זיך פֿאַרגרעסערט אין דער נאַכט און די באַוועגונג פֿונעם אײַז איז מערקווערדיקער געוואָרן. ווען ניט ווען האָט זיך אַן אַרומיקע קריִע אָנגעשלאָגן אינעם אײַז וואָס אויף אים לאַגערן מיר, איז די אָנלערנונג פֿון די קלעפּ געווען קלאָר פֿאַר די אויגן. מיר מוזן גיך דערגרייכן האַרטע ערד אונטער די פֿיס. ווען ס'הערט זיך אויף דער וויבריר נאָך אַ שווערן אָנפֿלייץ, האָבן די געדאַנקען מײַנע זיך גיך געדרייט אויף דער קומעדיקער פּראָבלעם. אויב די פּאַרטיע וואָלט געווען ניט מער ווי זעקס מענטשן, וואָלט ניט געווען אַזוי שווער צו געפֿינען אַ באַשייד; נאָר ס'איז קלאָר, אַז דאָס ברענגען די גאַנצע חבֿרה אין אַ זיכערן אָרט, מיט די קנאַפּע מיטלען וואָס בײַ אונדז, האָט געדאַרפֿט זײַן אַן ענין פֿול מיט שווערער טירחה. ס'זײַנען געווען אַכט און צוואַנציק מענטשן אויף אונדזער שווימענדיק שטיקל אײַז, וואָס ווערט כּסדר קלענער צוליב ווינט, וועטער, אָנפֿאַלנדיקע קריִעס, און שווערן ים־אויפֿלויף. איך מוז זיך מודה זײַן, אַז מיר איז געווען דער יאָך פֿון אַחריות שווער אויף די פּלייצעס; אָבער צוריק געריעדט בין איך סטימולירט געוואָרן, אויפֿגעמונטערט דורכן געמיט פֿון די מענטשן. די עלנטקייט איז די שטראָף בײַ דער פֿירערשאַפֿט, נאָר ס'איז אין גאַנצן גרינגער דעם באַשליסער, אַז ס'איז ניטאָ קיין אומזיכערקייט אין די מוחות פֿון זײַן קאָמאַנדע, אַז זײַנע באַפֿעלן וועט מען דורכפֿירן בטוח, זיך ריכטנדיק אויף הצלחה.

ס'האָט געשײַנט די זון אינעם בלאָען הימל צו מאָרגנס (דעם 8טן אַפּריל). קלאַרענס־אינדזל האָט זיך קלאָר באַוויזן אויפֿן האָריזאָנט, און העלפֿאַנד־אינדזל האָט מען אויך געקענט זען. דער איינציקער שניי־באַדעקטער שפּיץ אויף קלאַרענס־אינדזל וואַרפֿט זיך אין די אויגן ווי אַ שיף־שײַנטורעם, כאָטש אַפֿילו דער אָפּטימיסטישסטער דמיון האָט ניט געקענט געפֿינען אַ לײַכטן וועג דורכן אײַז און ים צווישן אונדז און אָט דעם ווײַסן צימצומדיקן ריז.

"דער פּאַק איז געווען אַ סך לויזער הײַנט אין דער פֿרי, און דער לאַנגער קאַטשענדיקער ים־אויפֿלויף איז געווען העכער ווי נעכטן. די קריִעס שווימען אַרויף און אַראָפּ מיטן ים־אָנפֿלייץ. ניכּר אַז מיר דרייפֿן מיטן שטראָם אויף דער אייבערפֿלאַך, וואָרן די אַלע שווערערע מאַסן קריִעס, בערג, און אײַז־הײַפֿלעך[30] לאָזן זיך אויף הינטן. אין לאַגער האָט מען אַ ביסל אַרומגערעדט, צי ס'איז כּדאַי מיר זאָלן זיך לעת־עתּה

[28] leads: קאַנאַלן מיט אָפֿן וואַסער אין די שפּאַלטן צווישן די קריִעס. אָפֿט מאָל פֿירן זיי אין ערגעץ ניט, זיך אַלע מאָל עפֿענען און פֿאַרמאַכן. (אַרויסגערעדט "לידס").

[29] Versailles

[30] hummocks

and drifting with it to the west. The idea is not sound. I cannot be sure that the berg would drift in the right direction. If it did move west and carried us into the open water, what would be our fate when we tried to launch the boats down the steep sides of the berg in the sea-swell after the surrounding floes had left us? One must reckon, too, the chance of the berg splitting or even overturning during our stay. It is not possible to gauge the condition of a big mass of ice by surface appearance. The ice may have a fault, and when the wind, current, and swell set up strains and tensions, the line of weakness may reveal itself suddenly and disastrously. No, I do not like the idea of drifting on a berg. We must stay on our floe till conditions improve and then make another attempt to advance towards the land."

At 6.30 p.m. a particularly heavy shock went through our floe. The watchman and other members of the party made an immediate inspection and found a crack right under the *James Caird* and between the other two boats and the main camp. Within five minutes the boats were over the crack and close to the tents. The trouble was not caused by a blow from another floe. We could see that the piece of ice we occupied had slewed and now presented its long axis towards the oncoming swell. The floe, therefore, was pitching in the manner of a ship, and it had cracked across when the swell lifted the centre, leaving the two ends comparatively unsupported. We were now on a triangular raft of ice, the three sides measuring, roughly, 90, 100, and 120 yds. Night came down dull and overcast, and before midnight the wind had freshened from the west. We could see that the pack was opening under the influence of wind, wave, and current, and I felt that the time for launching the boats was near at hand. Indeed, it was obvious that even if the conditions were unfavourable for a start during the coming day, we could not safely stay on the floe many hours longer. The movement of the ice in the swell was increasing, and the floe might split right under our camp. We had made preparations for quick action if anything of the kind occurred. Our case would be desperate if the ice broke into small

אײַנהיימישן אויף איינעם אַ באַרג, דרייפֿן אויף אים אויף מערבֿ. ס'לייגט זיך ניט אויפֿן שׂכל. איך קען ניט זיכער זײַן, אַז דער באַרג וועט דרייפֿן אין דער ריכטיקער ריכטונג. אויב ער פֿאָרט ניט אויף מערבֿ און ברענגט אונדז אין אָפֿענעם ים אַרײַן, וואָס וואָלט געווען אונדזער גורל, אַז מיר פּרוּוון אַראָפּלאָזן די שיפֿלעך אַראָפּ אויף די שטאָציקע זײַטן פֿונעם באַרג אינעם ים־אויפֿלויף נאָכדעם וואָס די אַרומיקע קריִעס זײַנען אַוועק? מע דאַרף זיך אויך רעכענען מיטן שאַנס, אַז דער באַרג וועט זיך צעשפּאַלטן צי אַפֿילו איבערקערן בעת אונדזער איבערזײַן. ס'איז ניט מיגלעך אָפּצומעסטן דעם מצבֿ פֿון אַ גרויסער מאַסע אײַז דורכן דרויסנדיקן אויסזע. אפֿשר האָט דאָס אײַז אַ פּגם, און אַז דער ווינט, שטראָם, און אויפֿלויף שטעלן אויף שפּאַנונגען און אָנגעצויגנקייט, קען דער חסרון זיך באַווײַזן פּלוצעם און קאַטאַסטראָפֿאַל. ניין, איך האָב ניט ליב דאָס דרייפֿן אויף אַ באַרג. מיר דאַרפֿן בלײַבן אויף אונדזער קריִע ביז די צושטאַנדן פֿאַרבעסערן זיך און דעמאָלט מאַכן נאָך אַ פּרוּוו דערגרייכן די יבשה."

האַלב זיבן נ"מ איז דורך אונדזער קריִע דורכגעגאַנגען אַ גאָר שטאַרקע אויפֿטרייסלונג. דער וועכטער מיט אַנדערע פֿון דער פּאַרטיע האָבן געמאַכט גיך אַן אַרומקוק, געפֿונען אַ שפּאַלט פּונקט אונטערן *דזשעמז קיירד* און צווישן די אַנדערע צוויי שיפֿלעך און דעם הויפּטלאַגער. אין ניט מער ווי פֿינף מינוטן זײַנען די שיפֿלעך אַריבער איבערן שפּאַלט, נאָענט צו די געצעלטן. די צרה איז ניט געקומען דורך אַ שלאָג פֿון אַן אַנדער קריִע. מיר האָבן געקענט זען אַז דאָס שטיק אײַז אונדזערס האָט זיך אַ דריי געטאָן און איצט איז געשווומען מיט דער לענגערער אַקס צום צוקומענדיקן אויפֿלויף. דעריבער האָט די קריִע זיך געוואָרפֿן אַרויף און אַראָפּ[31] מעשׂה שיף, האָט זיך צעשפּאָלטן אין דער קווער ווען דער אויפֿלויף האָט אויפֿגעהויבן דעם מיטן, לאָזנדיק די צוויי עקן לפֿי־ערך ניט אונטערגעהאַלטן. מיר זײַנען איצט געווען אויף אַ דרײַעקיקן פּליט פֿון אײַז, די דרײַ זײַטן זײַנען געווען מער ווייניקער 90, 100, און 120 יאַרדן אין דער לענג. ס'איז צוגעפֿאַלן די נאַכט, טעמפּ און פֿאַרוואָלקנט, און פֿאַר האַלבער נאַכט האָט דער ווינט זיך פֿאַרשטאַרקט פֿון מערבֿ. מיר האָבן געקענט זען ווי דער פּאַק עפֿנט זיך אונטער דער השפּעה פֿון ווינט, כוואַליע, און שטראָם, ס'האָט זיך מיר געדאַכט, אַז די צײַט איז נאָענט ווען מיר וועלן דאַרפֿן לאַנצירן די שיפֿלעך. באמת איז געווען קלאָר אַז אַפֿילו אַז דער מצבֿ איז שלעכט פֿאַרן אָנהייבן אויף מאָרגן, האָבן מיר ניט געקענט בלײַבן זיכער אויף דער קריִע לענגער ווי אַ געציילטע שעה. די באַוועגונג פֿונעם אײַז אינעם ים־אויפֿלויף איז געוואָרן אַלץ גרעסער, האָט געקענט זײַן אַז די קריִע קער זיך צעשפּאַלטן פּונקט אונטערן לאַגער. מיר האָבן זיך צוגעגרייט פֿאַר גיכער אַקציע אויב עפּעס אַזוינס פּאַסירט. בײַ אונדז וואָלט געווען גאָר אַ פֿאַרצווייפֿלטער מצבֿ, אַז דאָס אײַז צעברעקלט זיך אין קליינע

[31] pitched

pieces not large enough to support our party and not loose enough to permit the use of the boats.

The following day was Sunday (April 9), but it proved no day of rest for us. Many of the important events of our Expedition occurred on Sundays, and this particular day was to see our forced departure from the floe on which we had lived for nearly six months, and the start of our journeyings in the boats.

"This has been an eventful day. The morning was fine, though somewhat overcast by stratus and cumulus clouds; moderate south-south-westerly and south-easterly breezes. We hoped that with this wind the ice would drift nearer to Clarence Island. At 7 a.m. lanes of water and leads could be seen on the horizon to the west. The ice separating us from the lanes was loose, but did not appear to be workable for the boats. The long swell from the north-west was coming in more freely than on the previous day and was driving the floes together in the utmost confusion. The loose brash between the masses of ice was being churned to mudlike consistency, and no boat could have lived in the channels that opened and closed around us. Our own floe was suffering in the general disturbance, and after breakfast I ordered the tents to be struck and everything prepared for an immediate start when the boats could be launched." I had decided to take the *James Caird* myself, with Wild and eleven men. This was the largest of our boats, and in addition to her human complement she carried the major portion of the stores. Worsley had charge of the *Dudley Docker* with nine men, and Hudson and Crean were the senior men on the *Stancomb Wills*.

Soon after breakfast the ice closed again. We were standing by, with our preparations as complete as they could be made, when at 11 a.m. our floe suddenly split right across under the boats. We rushed our gear on to the larger of the two pieces and watched with strained attention for the next development. The crack had cut through the site of my tent. I stood on the edge of the new fracture, and, looking across the widening

שטיקלעך ניט גענוג גרויס אונדז אונטערצוהאַלטן און ניט גענוג לויז צו לאָזן ניצן די שיפֿלעך.

דער קומעדיקער טאָג איז געווען זונטיק (דעם 9טן אַפּריל), אָבער אונדז איז ער גאָר ניט געווען קיין שבת. אַ סך וויכטיקע געשעענישן בײַ אָט דער עקספּעדיציע זײַנען זונטיקן פֿאָרגעקומען, און דער אָ טאָג וועט זען אונדזער געצוווּנגענעם אָפּפֿאָר פֿון דער קריִע וווּ מיר האָבן געוווינט כּמעט זעקס חדשים, און דעם אָנהייב פֿונעם שיפֿל־פֿאָרן.

"הײַנט איז געווען אַ פֿאַרנומענער טאָג. דער אינדערפֿרי איז געווען אַ פֿײַנער, כאָטש אַ ביסל פֿאַרוואָלקנט מיט סטראַטוס און קומולוס[32] וואָלקנס; מאָסיקע ווינטלעך פֿונעם דרום־דרום־מערבֿ און דרום־מיזרח. מיר האָבן געהאָפֿט, אַז מיט אַזאַ ווינט וואָלט דאָס אײַז זיך דרייפֿן נעענטער צו קלאַרענס־אינדזל. זיבן אַ זייגער פֿ"מ האָט מען געקענט זען פֿאָרוועגן און שטעגן בײַם האָריזאָנט אויף מערבֿ. דאָס אײַז וואָס צעשיידט אונדז פֿון די פֿאָרוועגן איז געווען לויז, נאָר האָט ניט אויסגעזען אויספֿירלעך מיט די שיפֿלעך. דער לאַנגער אויפֿלויף פֿונעם צפֿון־מערבֿ איז אַרײַנגעקומען גרינגער ווי נעכטן און געטריבן די קריִעס צוזאַמען מיט דער העכסטער בהלה. די לויזע אײַז־שטיקלעך[33] צווישן די מאַסן אײַז זײַנען אויפֿגעשלאָגן געוואָרן ביז ווי בלאָטע, האָט קיין שיפֿל ניט געקענט לעבן אין די קאַנאַלן וואָס עפֿענען זיך און מאַכן זיך צו אַרום און אַרום. די אייגענע קריִע לײַדט אינעם אַלגעמיינעם טומל, און נאָך פֿרישטיק האָב איך געהייסן זיי זאָלן אַראָפּרײַסן די געצעלטן און אַלץ צוגרייטן פֿאַר אַ תּיכּפֿדיקן אָנהייב באַלד ווי מע האָט געקענט אַראָפּלאָזן די שיפֿלעך."

איך האָב געהאַט באַשלאָסן, אַז איך אַליין זאָל אָנפֿירן מיטן *דזשעמז קיירד*, מיט ווילד און עלף מענטשן. ער איז געווען דאָס גרעסטע פֿון די שיפֿלעך, און חוץ די אָ נשמות האָט ער געטראָגן אַ גרעסערן טייל פֿונעם פּראָוויאַנט. וואָרסלי האָט אָנגעפֿירט מיטן *דאָדלי דאָקער*[34] מיט נײַן מענטשן, זײַנען האָדסאָן און קרין[35] די עלטערע אויפֿן *סטענקאָם ווילס*[36].

באַלד נאָכן פֿרישטיק האָט זיך דאָס אײַז נאָך אַ מאָל פֿאַרמאַכט. מיר זײַנען גרייט געווען, מיט די הכנות אַזוי פֿולקום ווי מיגלעך, ווען עלף אַ זייגער פֿ"מ האָט זיך אונדזער קריִע פּלוצעם צעשפּאָלטן פּונקט אונטער די שיפֿלעך. מיר האָבן אײַליק געטראָגן דאָס געצײַג אויפֿן גרעסערן פֿון די צוויי שטיקער, געקוקט מיט אָנגעשטרענגטע אויגן אויף וואָס זאָל קומען איצט. דער שפּאַלט האָט דורכגעשניטן מײַן לאַגערפּלאַץ. איך בין געשטאַנען בײַם ראַנד פֿונעם נײַעם בראָך, און, קוקנדיק אַריבער איבערן אַלץ ברייטערן

32 stratus and cumulus

33 brash: קלענערע שטיקלעך אײַז, אָפּגעבראָכן פֿון קריִעס אָדער אָפּגעשפּאָלטן פֿון אײַזבערג.

34 *Dudley Docker*

35 Huber[h]t Hudson, דער נאַוויגאַטאָר; Tom Crean, דער צווייטער אָפֿיציר ("דער אירישער ריז")

36 *Stancomb Wills*

channel of water, could see the spot where for many months my head and shoulders had rested when I was in my sleeping-bag. The depression formed by my body and legs was on our side of the crack. The ice had sunk under my weight during the months of waiting in the tent, and I had many times put snow under the bag to fill the hollow. The lines of stratification showed clearly the different layers of snow. How fragile and precarious had been our resting-place! Yet usage had dulled our sense of danger. The floe had become our home, and during the early months of the drift we had almost ceased to realize that it was but a sheet of ice floating on unfathomed seas. Now our home was being shattered under our feet, and we had a sense of loss and incompleteness hard to describe.

The fragments of our floe came together again a little later, and we had our lunch of seal meat, all hands eating their fill. I thought that a good meal would be the best possible preparation for the journey that now seemed imminent, and as we would not be able to take all our meat with us when we finally moved, we could regard every pound eaten as a pound rescued. The call to action came at 1 p.m. The pack opened well and the channels became navigable. The conditions were not all one could have desired, but it was best not to wait any longer. The *Dudley Docker* and the *Stancomb Wills* were launched quickly. Stores were thrown in, and the two boats were pulled clear of the immediate floes towards a pool of open water three miles broad, in which floated a lone and mighty berg. The *James Caird* was the last boat to leave, heavily loaded with stores and odds and ends of camp equipment. Many things regarded by us as essentials at that time were to be discarded a little later as the pressure of the primitive became more severe. Man can sustain life with very scanty means. The trappings of civilization are soon cast aside in the face of stern realities, and given the barest opportunity of winning food and shelter, man can live and even find his laughter ringing true.

The three boats were a mile away from our floe home at 2 p.m. We had made our way through the channels and had entered the big pool when we saw a rush of foam-clad water and tossing ice approaching us, like the tidal bore of a river. The pack was being

קאַנאַל וואַסער, האָב איך געקענט זען דעם אָרט ווו מײַן קאָפּ און פּלייצעס האָבן זיך אָנגעשפּאַרט אַז איך לייג אינעם שלאָפֿזאַק אַ סך חדשים. דער אײַנקוועטש פֿונעם גוף און פֿיס איז דאָ בײַ אונדזער זײַט שפּאַלט. דאָס אײַז האָט זיך פֿאַרנידעריקט אונטער מײַן וואָג במשך פֿון די חדשים וואַרטן אינעם געצעלט, האָב איך אָפּט אונטערגעשטעלט שניי אונטערן זאַק דאָס אויסצוגלײַכן. די שיכטן האָבן קלאָר באַוויזן די פֿאַרשיידענע צוגאָבן שניי. אַזוי ברעכעוודיק און וואַקלדיק איז געווען אונדזער רו־אָרט! נאָר דער באַניץ האָט אָפּגעטעמפּט דעם חוש פֿון סכּנה. די אָ קריִע איז אונדזער היים געוואָרן, און במשך פֿון די פֿריִערדיקע חדשים פֿונעם דרייפֿן האָבן מיר שיִער ניט פֿאַרגעסן, אַז זי איז ניט מער ווי אַ בויגן אײַז שווימענדיק אויף אַ גאָר טיפֿן ים. איצט איז די היים צעשמעטערט געוואָרן אונטער די פֿיס, ס'איז אונדז געקומען אַ געפֿיל פֿון אַבֿדה און ניט־דערענדיקטקייט וואָס איז קוים צו באַשרײַבן.

די פֿראַגמענטן פֿון אונדזער קריִע זײַנען נאָך אַ ביסל שפּעטער צונויפֿגעקומען, האָבן מיר געגעסן אונדזער אָנבײַסן פֿון ים־הינט־פֿלייש, אַלע עסן צו זאַט. איך האָב געמיינט, אַז אַ גוטער מאָלצײַט וואָלט זײַן די בעסטע צוגרייטונג פֿאַר דער נסיעה וואָס מוז איצט קומען, און ווײַל מיר האָבן ניט געקענט מיטברענגען דאָס גאַנצע פֿלייש, ווען עס קומט די רגע, האָבן מיר געקענט האַלטן, אַז אַ פֿונט אויפֿגעגעסן איז אַ פֿונט געראַטעוועט. דער אויפֿרוף איז געקומען איינס אַ זייגער נ"מ. דער פּאַק האָט זיך גוט געעפֿנט און די קאַנאַלן זײַנען שיפֿיק געוואָרן. די צושטאַנדן זײַנען ניט אין גאַנצן געווען וואָס מע האָט געוואָלט, נאָר מע האָט ניט געקענט וואַרטן אויף בעסערע. דעם *דאָדלי דאָקער* און דעם *סטענקאָם ווילס* האָט מען גיך אַראָפּגעלאָזט אין וואַסער אַרײַן. זאַפּאַסן האָט מען אַרײַנגעוואָרפֿן, און די צוויי שיפֿלעך האָט מען געצויגן אַוועק פֿון די נאָענטע קריִעס אין אַ קאַלוזשע אָפֿענעם וואַסער דרײַ מײַלן אין דער ברייט, וואָס אין איר שווימט אַן איינציקער און מעכטיקער באַרג. דער *דזשעמז קיירד* איז געווען דאָס לעצטע שיפֿל אָפּצופֿאָרן, שווער אָנגעלאָדן מיט זאַפּאַסן און רעשטלעך לאַגער־אויסריכט. אַלערליי זאַכן וואָס מיר האָבן דעמאָלט געהאַלטן פֿאַר נייטיק האָבן מיר אַ ביסל שפּעטער אַוועקגעוואָרפֿן, ווען די דריקונגען פֿונעם פּרימיטיוון לעבן זײַנען נאָך שטרענגער געוואָרן. מע קען דאָך איבערלעבן מיט גאָר קנאַפּע מיטלען. די קלייניקייטן פֿון ציוויליזאַציע וואַרפֿט מען באַלד אַוועק אַז מע שטייט פּנים־אל־פּנים מיטן האַרבן ממשות, און מיט דער קנאַפּסטער געלעגנהייט אײַנצושאַפֿן עסן און אָפּדאַך, קען אַ מענטש לעבן און אַפֿילו לאַכן.

די דרײַ שיפֿלעך זײַנען געווען ווײַט אַ מײַל פֿון דער היים אויף דער קריִע צוויי אַ זייגער נ"מ. מיר זײַנען געהאַט געגאַנגען דורך די קאַנאַלן, אַרײַן אין דער גרויסער קאַלוזשע, ווען מיר האָבן דערזען אַן אָנפֿלייץ שוימיק וואַסער מיט וואַרפֿנדיק אײַז וואָס עס פֿאַרנעענטערט זיך צו אונדז צו ווי אַ פֿלייצוואַנט[37] אין אַ טײַך. דעם פּאַק האָט אַ

[37] tidal bore: אַ ים־פֿלייץ וואָס שטראָמט גיך שטראָם־אַרויף אין אַ לעפֿצונג מיט אַ הויכן און שטאָציקן פֿאָרנט, ווי אַ וואַנט פֿון וואַסער.

impelled to the east by a tide-rip, and two huge masses of ice were driving down upon us on converging courses. The *James Caird* was leading. Starboarding the helm and bending strongly to the oars, we managed to get clear. The two other boats followed us, though from their position astern at first they had not realized the immediate danger. The *Stancomb Wills* was the last boat and she was very nearly caught, but by great exertion she was kept just ahead of the driving ice. It was an unusual and startling experience. The effect of tidal action on ice is not often as marked as it was that day. The advancing ice, accompanied by a large wave, appeared to be travelling at about three knots; and if we had not succeeded in pulling clear we would certainly have been swamped.

We pulled hard for an hour to windward of the berg that lay in the open water. The swell was crashing on its perpendicular sides and throwing spray to a height of sixty feet. Evidently there was an ice-foot at the east end, for the swell broke before it reached the berg-face and flung its white spray on to the blue ice-wall. We might have paused to have admired the spectacle under other conditions; but night was coming on apace, and we needed a camping-place. As we steered north-west, still amid the ice-floes, the *Dudley Docker* got jammed between two masses while attempting to make a short cut. The old adage about a short cut being the longest way round is often as true in the Antarctic as it is in the peaceful countryside. The *James Caird* got a line aboard the *Dudley Docker*, and after some hauling the boat was brought clear of the ice again. We hastened forward in the twilight in search of a flat, old floe, and presently found a fairly large piece rocking in the swell. It was not an ideal camping-place by any means, but darkness had overtaken us. We hauled the boats up, and by 8 p.m. had the tents pitched and the blubber-stove burning cheerily. Soon all hands were well fed and

פּלייץ־ריס[38] געטריבן אויף מיזרח, און צוויי ריזיקע מאַסעס אײַז האָבן זיך אויף אונדז געטריבן אויף צוויי צונויפֿקומענדיקע גענג. דער *דזשעמז קיירד* איז געפֿאָרן אַפּריִער. זיך װענדנדיק שטאַרק אויף לינקס[39] און רודערנדיק מיט אַלע כּוחות, האָבן מיר באַהויבן זיך אַרויסצודרייען. די אַנדערע צוויי שיפֿלעך זײַנען אונדז נאָכגעגאַנגען, כאָטש פֿון הינטן האָבן זיי ערשט ניט אײַנגעזען די תּיכּפֿדיקע סכּנה. דער *סטענקאָם ווילס* איז געווען דאָס לעצטע, איז עס כּמעט געכאַפּט געוואָרן, נאָר דורך גרויסע אָנשטרענגונגען האָט עס זיך געהאַלטן פֿאָרויס פֿונעם אָנשטויסנדיקן אײַז. ס'איז געווען אַן אומגעוויינטלעכע און אויפֿשרעקנדיקע איבערלעבונג. די ווירקונג פֿון ים־פּלייץ אויפֿן אײַז איז געוויינטלעך ניט אַזוי דײַטלעך ווי דעם טאָג. דאָס אָנקומענדיקע אײַז, באַלייט מיט אַ גרויסער כוואַליע, עס האָט זיך געדאַכט, איז געפֿאָרן אַ דרײַ קנופּן[40]; אויב מיר האָבן זיך ניט געקענט ציִען פֿרײַ, וואָלטן מיר אַוודאי אָנגעפֿילט מיט וואַסער און אַרונטערגעגאַנגען[41].

מיר האָבן שווער גערודערט אַ שעה ווינט־אַרויף[42] פֿון דעם באַרג וואָס ליגט אינעם אָפֿענעם וואַסער. דער ים־אויפֿלויף האָט זיך אָנגעשטויסן אויף די ווערטיקאַלע זײַטן, געוואָרפֿן אַ שפּריץ זעכציק פֿוס אין דער לופֿטן. אַ פּנים איז געווען אַן אײַזפֿוס[43] בײַם מיזרחדיקן עק, וואָרן דער אויפֿלויף האָט זיך צעבראָכן איידער ער איז אָנגעקומען בײַם באַרג גופֿא, צעוואָרפֿן זײַן ווײַסן שפּריץ אויף דער בלאָער אײַזוואַנט. אין אַנדערע אומשטאַנדן וואָלטן מיר אפֿשר זיך אָפּגעשטעלט כּדי צו באַוווּנדערן דעם ספּעקטאַקל, נאָר ס'איז גיך אָנגעקומען די נאַכט, האָבן מיר באַדאַרפֿט אַ לאַגער־אָרט. בעת מיר זײַנען געפֿאָרן אויף צפֿון־מיזרח, נאָך אַלץ צווישן די קריִעס, איז דער *דאָדלי דאָקער* צווישן צוויי מאַסעס אַרײַנגעקוועטשט געוואָרן זוכנדיק אַ דורכוועג. דאָס אַלטע ווערטל, אַז אַ דורכוועג איז דער לענגסטער וועג אַרום, איז אָפּט פּונקט אַזוי אמת אינעם אַנטאַרקטיק ווי אין די פֿרידלעכע גענגטן. דער *דזשעמז קיירד* האָט זיך צוגעבונדן צום *דאָדלי דאָקער* מיט אַ שנור, און נאָך אַ ביסל שלעפּן האָט עס נאָך אַ מאָל אַרויסגעבראַכט פֿונעם אײַז. מיר האָבן זיך פֿאָרויס געאײַלט אינעם בין־השמשות, זוכנדיק אַ גלאַטע, אַלטע קריִע, און באַלד געפֿונען אַ היפּש גרויס שטיק וואָס וויגט זיך אינעם אויפֿלויף. ס'איז בשום־אופֿן ניט געווען קיין אידעאַלער לאַגער־אָרט, נאָר ס'איז שוין פֿינצטער געוואָרן. מיר האָבן אַרויפֿגעשלעפּט די שיפֿלעך און ביז אַכט אַ זייגער נ"מ אויפֿגעשלאָגן די געצעלטן און דער טראָנאויוון[44] האָט פֿריילעך געברענט. באַלד איז די גאַנצע חבֿרה אָנגעקאָרמעט און

[38] tide-rip: אַ ים־פּלייץ מיט אַ שטאַרקן שטראָם.
[39] ... starboarding the helm ...
[40] knots: איין קנופּ איז איין ים־מײַל (6076 פֿיס) אין איין שעה.
[41] swamped
[42] ... to windward ...
[43] icefoot: אַ טייל פֿון אַ באַרג צי אַ קריִע וואָס שטעקט אַרויס אונטערן וואַסער, איבערגעלאָזט נאָכדעם וואָס דער טייל איבערן וואַסער צעגייט זיך.
[44] blubber stove

שעקלטאָנס דרעי נסים

in their tents, and snatches of song came to me as I wrote up my log.

Some intangible feeling of uneasiness made me leave my tent about 11 p.m. that night and glance around the quiet camp. The stars between the snow-flurries showed that the floe had swung round and was end on to the swell, a position exposing it to sudden strains. I started to walk across the floe in order to warn the watchman to look carefully for cracks, and as I was passing the men's tent the floe lifted on the crest of a swell and cracked right under my feet. The men were in one of the dome-shaped tents, and it began to stretch apart as the ice opened. A muffled sound, suggestive of suffocation, came from beneath the stretching tent. I rushed forward, helped some emerging men from under the canvas, and called out, "Are you all right?"

"There are two in the water," somebody answered. The crack had widened to about four feet, and as I threw myself down at the edge, I saw a whitish object floating in the water. It was a sleeping-bag with a man inside. I was able to grasp it, and with a heave lifted man and bag on to the floe. A few seconds later the ice-edges came together again with tremendous force. Fortunately, there had been but one man in the water, or the incident might have been a tragedy. The rescued bag contained Holness, who was wet down to the waist but otherwise unscathed. The crack was now opening again. The *James Caird* and my tent were on one side of the opening and the remaining two boats and the rest of the camp on the other side. With two or three men to help me I struck my tent; then all hands manned the painter and rushed the *James Caird* across the opening crack. We held to the rope while, one by one, the men left on our side of the floe jumped the channel or scrambled over by means of the boat. Finally I was left alone. The night had swallowed all the others and the rapid movement of the ice forced me to let go the painter. For a moment I felt that my piece of rocking floe was the loneliest place in the world. Peering into the darkness, I could just

גליקלעך געוואָרן אין די געצעלטן, האָב איך דערהערט שטיקלעך געזאַנג בעת איך שרײַב אָן אין דער לאָגהעפֿט.

עפּעס אַן אומרויִק געפֿיל האָט מיך אַרויסגעטריבן פֿונעם געצעלט בערך עלף אַ זייגער נ"מ די נאַכט, האָב איך אַ קוק געטאָן אויפֿן שטילן לאַגער. די שטערן צווישן די שנייווייען האָבן באַוויזן, אַז די קריִע האָט זיך אַרומגעדרייט מיטן לאַנגן עק צום אויפֿלויף צו, וואָס ברענגט אויף איר פּלוצעמדיקע שפּאַנונגען. איך האָב זיך געלאָזט אַריבערגיין איבער דער קריִע כּדי צו וואָרענען דעם וועכטער, ער זאָל זיך גוט אַרומקוקן טאָמער ס'קומט אַ שפּאַלט, און בעת איך בין פֿאַרבײַ דעם געצעלט פֿון די מאַטראָסן האָט זיך די קריִע אַ הייב געטאָן אויפֿן קאַם פֿון אַן אויפֿלויף און זיך צעשפּאָלטן פּונקט אונטער די פֿיס. די מענטשן זײַנען געווען אין איינעם פֿון די קופּאָל־געצעלטן[45], וואָס עס האָט זיך אָנגעהויבן צעציִען בעת דאָס אײַז האָט זיך געעפֿנט. אַ פֿאַרטושעטער קלאַנג, עפּעס אַ דערשטיקעניש, האָט זיך געלאָזט הערן פֿונעם אויסגעצויגענעם געצעלט. איך האָב זיך געאײַלט פֿאָרויס, געהאָלפֿן עטלעכע מענטשן וואָס קריכן אַפֿער פֿון דער קאַנווע, און האָט אויסגערופֿן, "בײַ אײַך איז גוט?"

"צוויי זײַנען אַראָפּ אין וואַסער," האָט עמעצער געענטפֿערט. דער שפּאַלט האָט זיך ביז אַ פֿוס פֿיר פֿאַרברייטערט, און ווען איך האָב זיך אַראָפּגעוואָרפֿן בײַם קאַנט, האָב איך דערזען אַ ווײַסלעכן חפֿץ אויפֿן וואַסער. ס'איז געווען אַ שלאָפֿזאַק מיט אַ מענטש אינעווייניק. איך האָב אים געקענט אָנכאַפּן און מיט אַ הייב שלעפּן מענטש און זאַק אויף דער קריִע. מיט עטלעכע סעקונדעס שפּעטער זײַנען די אײַזקאַנטן מיט אומגעהײַערער קראַפֿט צוזאַמענגעקומען. צום גליק איז בלויז איין מענטש געווען אין וואַסער, אַניט וואָלט דער אינצידענט געווען אַ טראַגעדיע. דער גראַטעוועטער זאַק האָט געהאַלטן האָלנעס[46], וואָס איז נאַס ביז צו דער טאַליע אָבער חוץ דעם איז ער געזונט געווען. דער שפּאַלט האָט זיך נאָך אַ מאָל געעפֿנט. דער **ד***זשעמז קיירד* און מײַן געצעלט זײַנען געווען אויף איין זײַט פֿון דער עפֿענונג און די איבעריקע אויף יענער זײַט. מיט דער הילף פֿון אַ צוויי־דרײַ מענטשן האָב איך דאָס געצעלט אַראָפּגעצויגן, האָט די גאַנצע חבֿרה זיך גענומען צום שטריקל[47], אײַליק געשלעפּט דעם **ד***זשעמז קיירד* איבערן פֿאַרברייטערנדיקן שפּאַלט. מיר האָבן געהאַלטן דעם שנור בעת די איבעריקע מענטשן אויף דער זײַט, איינער נאָכן אַנדערן, זײַנען אַריבערגעשפּרונגען איבערן קאַנאַל אָדער זיך קאַראַפּקעט איבערן שיפֿל. סוף־כּל־סוף בין איך געבליבן איינער אַליין. די נאַכט האָט אַראָפּגעשלונגען די אַלע אַנדערע און די גיכע באַוועגונג פֿונעם אײַז האָט מיך גענייט אַראָפּלאָזן דעם שנור. אויף אַ רגע איז מיר דאָס שטיקל שאָקלענדיקע קריִע געווען דער עלנטסטער אָרט אויף דער וועלט. זיך אײַנקוקנדיק אינעם פֿינצטערניש האָב איך קוים

45 dome-shaped tents

46 Ernest Holness, הייצער.

47 painter, אַ קליינער שנור מיט איין עק צוגעבונדן צום פֿאָדערבאָרד פֿון אַ שיפֿל.

see the dark figures on the other floe. I hailed Wild, ordering him to launch the *Stancomb Wills*, but I need not have troubled. His quick brain had anticipated the order and already the boat was being manned and hauled to the ice-edge. Two or three minutes later she reached me, and I was ferried across to the Camp.

We were now on a piece of flat ice about 200 ft. long and 100 ft. wide. There was no more sleep for any of us that night. The killers were blowing in the lanes around, and we waited for daylight and watched for signs of another crack in the ice. The hours passed with laggard feet as we stood huddled together or walked to and fro in the effort to keep some warmth in our bodies. We lit the blubber-stove at 3 a.m., and with pipes going and a cup of hot milk for each man, we were able to discover some bright spots in our outlook. At any rate, we were on the move at last, and if dangers and difficulties lay ahead we could meet and overcome them. No longer were we drifting helplessly at the mercy of wind and current.

The first glimmerings of dawn came at 6 a.m., and I waited anxiously for the full daylight. The swell was growing, and at times our ice was surrounded closely by similar pieces. At 6.30 a.m. we had hot hoosh, and then stood by waiting for the pack to open. Our chance came at 8, when we launched the

געקענט דערזען די טונקעלע פֿיגורן אויף דער צווייטער קריִע. איך האָב צוגערופֿן **ווילד**, אים געהייסן אַראָפּלאָזן דעם *סטענקאָם ווילס* אויפֿן וואַסער, נאָר איך האָב זיך ניט געדאַרפֿט מטריח זײַן. מיט זײַן שאַרפֿן שׂכל האָט ער פֿאָרויסגעזען דעם באַפֿעל, האָט מען שוין גענומען דאָס שיפֿל, עס געפֿירט צום אײַזקאַנט. אין אַ צוויי־דרײַ מינוט אַרום האָט עס מיך דערגרייכט, מיך אַריבערגעשיפֿט אינעם לאַגער אַרײַן.

מיר זײַנען איצט געווען אויף אַ שטיק פֿלאַך אײַז אַ 200 פֿוס אין דער לענג און אַ 100 פֿוס אין דער ברייט. קיינער האָט יענע נאַכט ניט געשלאָפֿן. די אָרקאַס[48] האָבן געבלאָזן אין די אַרומיקע שטעגן, האָבן מיר געוואַרט ביזן פֿאַרטאָג, קוקנדיק אויף סימנים פֿון נאָך אַ שפּאַלט אינעם אײַז. די שעהען זײַנען פּאַמעלעך פֿאַרבײַ בעת מיר טוליען זיך אין אַ רעדל אָדער גייען אַהין און צוריק צוליב וואַרעמקייט. מיר האָבן אָנגעצונדן דעם טראָנאויוון דרײַ אַ זייגער פֿ"מ, און מיט ליולקעס אַרבעטן און אַ טעפּל הייסער מילך צו יענעם, האָבן מיר זיך טאַקע געקענט פֿילן לײַכטער אויפֿן האַרצן. על־כּל־פּנים זײַנען מיר סוף־כּל־סוף אונטער וועגנס, זאָלן קומען סכּנות און שוועריקייטן, וואָלטן מיר זיי געקענט גובֿר זײַן. מער ניט דאָס אומבאַהאָלפֿענע דרייפֿן בײַ ווינט און שטראָם אין די הענט.

פֿיגור 5 די שיפֿלעך אויף אַ קריִע

דער ערשטער גלאַנץ פֿונעם באַגינען איז אָנגעקומען זעקס אַ זייגער פֿ"מ, האָב איך באַזאָרגט געוואַרט אויפֿן העלן טאָג. דער אויפֿלויף איז געוואַקסן, און פֿון צײַט צו צײַט איז אונדזער אײַז נאָענט אַרומגעריגלט געוואָרן אין ענלעכע שטיקער. האַלב זיבן פֿ"מ האָבן מיר געגעסן אַ הייסן הוש[49], און דערנאָך געשטאַנען וואַרטן ביז דער פּאַק זאָל זיך עפֿענען. די געלעגנהייט איז אָנגעקומען אַכט אַ זייגער, האָבן מיר אַראָפּגעלאָזט די

---

[48] orcas אָדער killer whales

[49] hoosh: אַ געדישעכץ פֿון פּעמיקען (אָוסגעטריקנטע צעמאָלטע שטיקער פֿלייש און פֿעטס), אָפֿט אויך מיט ביסקוויטן אויב פֿאַראַן.

boats, loaded them, and started to make our way through the lanes in a northerly direction. The *James Caird* was in the lead, with the *Stancomb Wills* next and the *Dudley Docker* bringing up the rear. In order to make the boats more seaworthy we had left some of our shovels, picks, and dried vegetables on the floe, and for a long time we could see the abandoned stores forming a dark spot on the ice. The boats were still heavily loaded. We got out of the lanes, and entered a stretch of open water at 11 a.m. A strong easterly breeze was blowing, but the fringe of pack lying outside protected us from the full force of the swell, just as the coral-reef of a tropical island checks the rollers of the Pacific. Our way was across the open sea, and soon after noon we swung round the north end of the pack and laid a course to the westward, the *James Caird* still in the lead. Immediately our deeply laden boats began to make heavy weather. They shipped sprays, which, freezing as they fell, covered men and gear with ice, and soon it was clear that we could not safely proceed. I put the *James Caird* round and ran for the shelter of the pack again, the other boats following. Back inside the outer line of ice the sea was not breaking. This was at 3 p.m., and all hands were tired and cold. A big floeberg resting peacefully ahead caught my eye, and half an hour later we had hauled up the boats and pitched camp for the night. It was a fine, big, blue berg with an attractively solid appearance, and from our camp we could get a good view of the surrounding sea and ice. The highest point was about 15 ft. above sea-level. After a hot meal all hands, except the watchman, turned in. Every one was in need of rest after the troubles of the previous night and the unaccustomed strain of the last thirty-six hours at the oars. The berg appeared well able to withstand the battering of the sea, and too deep and massive to be seriously affected by the swell; but it was not as safe as it looked. About midnight the watchman called me and showed me that the heavy north-westerly swell was

שיפֿלעך אין וואַסער אַרײַן, זיי אָנגעלאָדן, און אָנגעהויבן געפֿינען אַ רוטע דורך די שטעגן אויף צפֿון. דער *דזשעמז קיירד* איז אַפֿריִער געשווומען, דערנאָך דער *סטענקאָם ווילס* און דער *דאָדלי דאָקער* אויף הינטן. כּדי די שיפֿלעך זאָלן זײַן מער ים־פֿעיִק[50] האָבן מיר געהאַט איבערגעלאָזט עטלעכע לאָפּעטעס, קירקעס, און געטריקנטע גרינסן אויף דער קריִע און אַ לאַנגע צײַט האָבן מיר געקענט זען די אַוועקגעוואָרפֿענע זאַפּאַסן ווי אַ טונקעלער פֿלעק אויפֿן אײַז. די שיפֿלעך זײַנען נאָך אַלץ שווער אָנגעלאָדן. מיר זײַנען אַרויס פֿון די שטעגן, אין אַ מהלך אָפֿן וואַסער עלף אַ זייגער פֿ"מ. ס'האָט זיך געבלאָזן פֿון מיזרח אַ שטאַרק ווינטל, אָבער דער ראַנד פֿון פּאַק אין דער ווײַטנס האָט אונדז באַשירעמט פֿונעם גאַנצן כּוח פֿונעם אויפֿלויף, גלײַך ווי אַ קאָראַל־ריף באַשירעמט אַ טראָפּישן אינדזל פֿון די לאַנגע כוואַליעס[51] אינעם פּאַציפֿיק. אונדזער וועג איז געווען איבערן אָפֿענעם ים און באַלד נאָך האַלבן טאָג זײַנען מיר אַרומגעשווומען אַרום דעם צפֿונדיקן עק פּאַק, גענומען זעגלען[52] אויף מערבֿ, מיטן *דזשעמז קיירד* נאָך אַלץ אַפֿריִער. תּיכּף האָבן די שווער אָנגעלאָדענע שיפֿלעך אָנגעהויבן אַרבעטן שווער[53]. שפּריצן זײַנען אַרײַן[54] וואָס זיי פֿירן בעת זיי פֿאַלן אַראָפּ, באַדעקנדיק די מענטשן און כּלים מיט אײַז, איז אונדז באַלד קלאָר געוואָרן, אַז מיר קענען ניט זיכער ווײַטער פֿאָרן. איך האָב אַרומגעדרייט דעם *דזשעמז קיירד*, גיך צוריקגעפֿאָרן צום אָפּדאַך אינעם פּאַק נאָך אַ מאָל, די אַנדערע שיפֿלעך קומען נאָך. צוריק אינעווייניק פֿונעם ראַנד אײַז זײַנען ניט געווען קיין ברעכנדיקע כוואַליעס. עס איז דעמאָלט געווען דרײַ אַ זייגער נ"מ, און די גאַנצע חבֿרה איז געווען מיד און קאַלט. אַ גרויסער קריִעבאַרג[55] ליגנדיק שטיל פֿאָרויס האָט געכאַפּט דעם בליק און מיט אַ האַלבער שעה שפּעטער האָבן מיר אַרויפֿגעשלעפּט די שיפֿלעך און זיך געלאַגערט איבערצונעכטיקן. ער איז געווען אַ פֿײַנער, גרויסער, בלאָער באַרג, מיט אַ צוציִענדיק מאַסיוון אויסזע, און פֿונעם לאַגער האָבן מיר געהאַט אַ גוטן אויסבליק אויפֿן אַרומיקן ים און אײַז. דער העכסטער שפּיץ איז געווען אַ פֿופֿצן פֿוס איבערן ים. נאָך אַ הייסן מאָלצײַט האָבן אַלע אַחוץ דעם וועכטער זיך אַוועקגעלייגט שלאָפֿן. יעדער איינער האָט זיך געדאַרפֿט אָפּרוען נאָך די צרות פֿון דער פֿריִערדיקער נאַכט און די ניט־געוווינטע אָנשטרענגונגען פֿון די פֿאַרגאַנגענע 36 שעהען בײַ די רודערס. דער באַרג האָט יאָ אויסגעזען ווי ער קען באַשטיין דעם צעשלאָגנדיקן ים, צו טיף און מאַסיוו צו ווערן שטאַרק אָנגערירט פֿונעם ים־אויפֿלויף, נאָר ער איז ניט אַזוי זיכער געווען ווי מע האָט געמיינט. אַרום האַלבער נאַכט האָט דער וועכטער מיך צוגערופֿן, באַוויזן, אַז דער שווערער אויפֿלויף פֿונעם צפֿון־מערבֿ האַלט אין

---

[50] seaworthy

[51] rollers

[52] “laid a course”

[53] "make heavy weather"

[54] "They shipped sprays …"

[55] floeberg: עפּעס ווי אַן אײַזבאַרג, נאָר ניט פֿון אַ גלעטשער, נאָר געפֿורעמט דורך קריִעס הײַפֿלען זיך אויף אַנדערע קריִעס, געבלאָזן פֿונעם ווינט.

undermining the ice. A great piece had broken off within eight feet of my tent. We made what inspection was possible in the darkness, and found that on the westward side of the berg the thick snow covering was yielding rapidly to the attacks of the sea. An ice-foot had formed just under the surface of the water. I decided that there was no immediate danger and did not call the men. The north-westerly wind strengthened during the night. The morning of April 11 was overcast and misty. There was a haze on the horizon, and daylight showed that the pack had closed round our berg, making it impossible in the heavy swell to launch the boats. We could see no sign of the water. Numerous whales and killers were blowing between the floes, and Cape pigeons, petrels, and fulmars were circling round our berg. The scene from our camp as the daylight brightened was magnificent beyond description, though I must admit that we viewed it with anxiety. Heaving hills of pack and floe were sweeping towards us in long undulations, later to be broken here and there by the dark lines that indicated open water. As each swell lifted around our rapidly dissolving berg it drove floe-ice on to the ice-foot, shearing off more of the top snow-covering and reducing the size of our camp. When the floes retreated to attack again the water swirled over the ice-foot, which was rapidly increasing in width. The launching of the boats under such conditions would be difficult. Time after time, so often that a track was formed, Worsley, Wild, and I, climbed to the highest point of the berg and stared out to the horizon in search of a break in the pack. After long hours had dragged past, far away on the lift of the swell there appeared a dark break in the tossing field of ice. Aeons seemed to pass, so slowly it approached. I noticed enviously the calm peaceful attitudes of two seals which lolled lazily on a rocking floe. They were at home and had no reason for worry or cause for fear. If they thought at all, I suppose they counted it an ideal day for a joyous journey on the tumbling ice. To us it was a day that seemed likely to lead to no more days. I do not think I had ever before felt the anxiety that belongs leadership quite so keenly. When I looked down at the camp to rest my eyes from

אונטערגראָבן דעם אײַז. אַ גרויס שטיק האָט זיך אָפּגעבראָכן אַ פֿוס אַכט פֿון מײַן געצעלט. מיר האָבן זיך אַרומגעקוקט וויפֿל ס'איז מיגלעך אינעם פֿינצטערניש, געפֿונען אַז אויף דער מערבֿדיקער זײַט באַרג ווערט גיך אַוועק די דיקע דעקונג שניי דורך די אָנפֿאַלן פֿון ים. אַן אײַזפֿוס האָט געפֿורעמט פּונקט אונטערן וואַסערשפּיגל. איך האָב בײַ זיך באַשלאָסן אַז ס'איז ניטאָ קיין תּיכּפֿדיקע סכּנה, האָב איך ניט אַרויסגערופֿן די אַנדערע. דער ווינט פֿון צפֿון־מערבֿ האָט זיך פֿאַרשטאַרק במשך פֿון דער נאַכט.

דער אינדערפֿרי דעם 11טן אַפּריל איז געווען פֿאַרוואָלקנט און נעפּלדיק. בײַם האָריזאָנט איז געווען אַ טומאַן, און דאָס טאָגליכט האָט באַוויזן, אַז דער פּאַק האָט נאָענט אַרומגערינגלט אונדזער באַרג, האָט מען ניט געקענט אַראָפּלאָזן די שיפֿלעך אינעם שווערן אויפֿלויף. מיר האָבן ניט געקענט זען קיין סימן פֿון וואַסער. פֿילצאָליקע וואַלפֿישן און אָרקאַס האָבן געבלאָזן צווישן די קריִעס, און קאַפּטויבן, שטורעם־פֿייגל, און דרומדיקע רוחות[56] זײַנען אַרומגעפֿליגן אַרום אונדזער באַרג. די סצענע אַרום דעם לאַגער בעת דער טאָג ווערט העלער איז אומבאַשרײַבלעך פּראַכטיק געווען, נאָר איך מוז זיך מודה זײַן, אַז מיר האָבן זי אומרויִק באַטראַכט. הייבנדיקע בערגעלעך פֿון פּאַק און קריִע זײַנען צו אונדז צוגעשווומען אין לאַנגע כוואַליעס, וואָס זיי צעברעכן זיך שפּעטער דאָ און דאָרט, באַווײַזנדיק די טונקעלע פּאַסן אָפֿן וואַסער. אַז יעדער אויפֿלויף האָט זיך אויפֿגעהויבן אַרום אונדזער גיך אויפֿלייזנדיקן באַרג, האָט ער געטריבן קריִע־אײַז אויפֿן אײַזפֿוס, אָפּשערנדיק אַלץ מער פֿון דער שניידעקונג אויבן, מינערנדיק די גרייס פֿונעם לאַגער. ווען די קריִעס האָבן זיך צוריקגעצויגן כּדי צו מאַכן נאָך אַן אָנפֿאַל, האָט דאָס וואַסער געוויכערט איבערן אײַזפֿוס, וואָס וואַקסט גיך אין דער ברייט. לאַנצירן די שיפֿלעך אין אַזעלכע צושטאַנדן וואָלט געווען שווער. אָבער און ווידער, אַזוי אָפֿט אַז ס'איז געפֿורעמט געוואָרן אַ סטעשקע, זײַנען וואָרסלי, ווילד, און איך אַרויפֿגעקראָכן אויפֿן העכסטן שפּיץ פֿונעם באַרג, זיך אַרומגעגלאָצט ביז צום האָריזאָנט, זוכנדיק אַ בראָך אין פּאַק. נאָך דעם וואָס אַ סך שעהען זײַנען פּאַמעלעך פֿאַרבײַ האָט זיך באַוויזן ווײַט אַוועק אויפֿן אויפֿלויף־הייב אַ טונקעלער בראָך אינעם וואַרפֿנדיקן אײַזפֿעלד. ס'האָט זיך געדאַכט אַז ס'האָט געדויערט אַן אייביקייט, אַזוי פּאַמעלעך איז ער צוגעקומען. איך האָב קינאהדיק באַמערקט די רויִקע פֿרידלעכע באַהאַלטונג פֿון צוויי ים־הינט, וואָס זיי ליגן פֿוילע אויף אַ וויגנדיקער קריִע. זיי איז געווען גאַנץ באַקוועם, האָבן זיי ניט געהאַט קיין סיבה זיך צו באַזאָרגן, מורא צו האָבן. אויב זיי וואָלט לחלוטין אַ טראַכט געטאָן, וואָלטן זיי אים געהאַלטן, דעם טאָג, ווי אַן אידעאַלער פֿאַר אַ פֿריידיקער נסיעה אויפֿן קוליענדיקן אײַז. אונדז איז דער טאָג געווען ווי ער קער אונדז פֿירן אין מער ניט קיין טעג. מיר דאַכט זיך, אַז קיין מאָל פֿריִער האָב איך זיך ניט געפֿילט די שאַרפֿע אומרויִקייט פֿון פֿירערשאַפֿט. אַז איך האָב אַראָפּגעקוקט אויפֿן לאַגער, צו רוען די אויגן פֿונעם

---

56 cape pigeons, petrels, and fulmars

the strain of watching the wide white expanse broken by that one black ribbon of open water, I could see that my companions were waiting with more than ordinary interest to learn what I thought about it all. After one particularly heavy collision somebody shouted sharply, "She has cracked in the middle." I jumped off the look-out station and ran to the place the men were examining. There was a crack, but investigation showed it to be a mere surface break in the snow with no indication of a split in the berg itself. The carpenter mentioned calmly that earlier in the day he had actually gone adrift on a fragment of ice. He was standing near the edge of our camping-ground when the ice under his feet parted from the parent mass. A quick jump over the widening gap saved him.

The hours dragged on. One of the anxieties in my mind was the possibility that we would be driven by the current through the eighty-mile gap between Clarence Island and Prince George Island into the open Atlantic; but slowly the open water came nearer, and at noon it had almost reached us. A long lane, narrow but navigable, stretched out to the south-west horizon. Our chance came a little later. We rushed our boats over the edge of the reeling berg and swung them clear of the ice-foot as it rose beneath them. The *James Caird* was nearly capsized by a blow from below as the berg rolled away, but she got into deep water. We flung stores and gear aboard and within a few minutes were away. The *James Caird* and *Dudley Docker* had good sails and with a favourable breeze could make progress along the lane, with the rolling fields of ice on either side. The swell was heavy and spray was breaking over the ice-floes. An attempt to set a little rag of sail on the *Stancomb Wills* resulted in serious delay. The area of sail was too small to be of much assistance, and while the men were engaged in this work the boat drifted down towards the ice-floe, where her position was likely to be perilous. Seeing her plight, I sent the *Dudley Docker* back for her and tied the *James Caird* up to a piece of ice. The *Dudley Docker* had to tow the *Stancomb Wills*, and the delay cost us two hours of valuable daylight. When I had the three boats together again we continued down the lane, and soon saw a wider stretch of water to the west; it appeared to offer us release

אָנשטרענג פֿונעם גלאָצן אויפֿן ברייטן ווײַסן געשפּרייט דורכגעשניטן פֿון דער איינציקער שוואַרצער באַנד אָפֿענעם וואַסער, האָב איך געקענט זען אַז די באַלייטערס מײַנע וואַרטן מיט אַ שטאַרקן אינטערעס, זיי זאָל זיך דערוויסן וואָס איך האַלט דערפֿון. נאָך גאָר אַ שווערן צוזאַמענשטויס האָט עמעצער זיך שאַרף אָנגערופֿן, "זי האָט זיך צעשפּאַלטן אין מיטן." בין איך אַראָפּגעשפּרונגען פֿון דער קוקסטאַנציע, געלאָפֿן ווו די מענטשן קוקן אָן. ס'איז יאָ אַ שפּאַלט געווען, נאָר ס'האָט זיך באַוויזן צו זײַן בלויז אַן אייבערפֿלאַך־שפּאַלט אינעם שניי, מיט ניט קיין סימן אַז דער באַרג גופֿא צעשפּאַלט זיך. דער סטאָליער האָט באַרוט דערמאָנט, אַז פֿריִער דעם טאָג איז ער אַוועקגעפֿאָרן אויף אַ שטיק אײַז. ער איז געשטאַנען בײַם ראַנד פֿונעם לאַגערשטח, איז דאָס אײַז אונטער די פֿיס אַוועק פֿון דער גרעסערער מאַסע. אַ גיכער שפּרונג איבערן וואַקסנדיקן שפּאַלט האָט אים געראַטעוועט.

די שעהען האָבן זיך לאַנג אויסגעצויגן. איינע פֿון די דאגות אויפֿן האַרצן איז געווען די מיגלעכקייט אַז דער שטראָם וועט אונדז טרײַבן דורכן מהלך, 80 מײַל אין דער ברייט, צווישן קלאַרענס־אינדזל און פּרינץ־דזשאָרדזש־אינדזל אין אָפֿענעם אַטלאַנטיק אַרײַן; נאָר פּאַמעלעך איז דאָס אָפֿענע וואַסער נעענטער געקומען, אַן ערך האַלבן טאָג האָט עס אונדז שיִער ניט דערגרייכט. אַ לאַנגער שפּאַליר, אַן ענגער נאָר אַ שיפֿיקער, האָט זיך אויסגעצויגן ביז צום דרום־מערבֿדיקן האָריזאָנט. אונדזער געלעגנהייט איז אַ ביסל שפּעטער געקומען. מיר האָבן אײַליק געשיקט די שיפֿלעך איבערן קאַנט פֿונעם וויגנדיקן באַרג, זיי גערדרייט אַוועק פֿונעם אײַזפֿוס בעת ער הייבט זיך אויף אונטער זיי. דער *דזשעמז קיירד* איז שיִער ניט איבערגעקערט געוואָרן דורך אַ קלאַפּ פֿון אונטן בעת דער באַרג קײַקלט זיך אַוועק, נאָר זי איז אָנגעקומען בשלום אינעם טיפֿן וואַסער. מיר האָבן אַרײַנגעוואָרפֿן זאַפּאַסן און כּלים און במשך פֿון עטל'עכע מינוטן זײַנען מיר אַוועק. דער *דזשעמז קיירד* און דער *דאָדלי דאָקער* האָבן געהאַט גוטע זעגלען און מיט אַ גינציקן ווינטל האָבן זיי געקענט פּראָגרעסירן לענג־אויס דעם שפּאַליר, מיט די קאַטשענדיקע פֿעלדער אײַז אויף ביידע זײַטן. דער ים־אויפֿלויף איז שווער געווען און אַ שפּריץ צעבראָכט זיך איבער די קריִעס. אַ פּרוּוו אויפֿצושטעלן אַ קליינע שמאַטע זעגל אויפֿן *סטענקאָם ווילס* האָט אונדז לאַנג פֿאַרהאַלטן. די גרייס פֿונעם זעגל איז צו קליין געווען צו זײַן ניצלעך, און בעת מע האָט מיט אים געאַרבעט, האָט דאָס שיפֿל צוגעדרייפֿט צו דער קריִע צו, ווו ס'קער זײַן סכּנהדיק. דערזעענדיק זײַן קלעם, האָב איך נאָך אים צוריקגעשיקט דעם *דאָדלי דאָקער*, דערווײַל פֿאַרבינדנדיק דעם *דזשעמז קיירד* צו אַ שטיק אײַז. דער *דאָדלי דאָקער* האָט געדאַרפֿט בוקסירן דעם *סטענקאָם ווילס*, האָט אונדז דער אָפּהאַלט פֿאַרלוירן צוויי שעה טײַערע טאָגליכט. ווען איך האָב געהאַט די דרײַ שיפֿלעך נאָך אַ מאָל צוזאַמען, זײַנען מיר ווײַטער אַראָפּ לענג־אויס דעם שפּאַליר, און באַלד האָב איך דערזען אַ ברייטערן מהלך וואַסער אויף מערבֿ; ס'האָט אויסגעזען, אַז ס'וועט אונדז אַרויסלאָזן

from the grip of the pack. At the head of an ice-tongue that nearly closed the gap through which we might enter the open space was a wave-worn berg shaped like some curious antediluvian monster, an icy Cerberus guarding the way. It had head and eyes and rolled so heavily that it almost overturned. Its sides dipped deep in the sea, and as it rose again the water seemed to be streaming from its eyes, as though it were weeping at our escape from the clutch of the floes. This may seem fanciful to the reader, but the impression was real to us at the time. People living under civilized conditions, surrounded by Nature's varied forms of life and by all the familiar work of their own hands, may scarcely realize how quickly the mind, influenced by the eyes, responds to the unusual and weaves about it curious imaginings like the firelight fancies of our childhood days. We had lived long amid the ice, and we half-unconsciously strove to see resemblances to human faces and living forms in the fantastic contours and massively uncouth shapes of berg and floe.

    At dusk we made fast to a heavy floe, each boat having its painter fastened to a separate hummock in order to avoid collisions in the swell. We landed the blubber-stove, boiled some water in order to provide hot milk, and

פֿונעם אָנהאַלט פֿונעם פּאַק. צוקאָפּנס פֿון אַן אײַזצונג[57], וואָס האָט כמעט פֿאַרמאַכט דעם אײַנרײַס וואָס דורך אים קענען מיר אַרײַנקומען אינעם אָפֿענעם אָרט, איז געווען אַ כוואַליע־אָפּגעשווענקטער באַרג, אויסגעפֿורעמט ווי עפּעס אַ טשיקאַווע פֿאַרמבולדיק פֿאַרזעעניש, ווי אַן אײַזיקער צערבערוס[58] וואָס היט אָפּ דעם וועג. ער האָט אַ קאָפּ געהאַט און אויגן, און האָט זיך אַזוי שווער געקאַטשעט, אַז ער האָט זיך שיִער ניט קאַפּויערגעוואָרפֿן. די זײַטן זײַנע האָבן זיך טיף אײַנגעטונקט אין ים אַרײַן, און בעת ער האָט זיך נאָך אַ מאָל אויפֿגעהויבן האָט דאָס וואַסער אויסגעזען ווי שטראָמענדיק פֿון די אויגן זײַנע, עלעהיי ער האָט זיך צעוויינט וואָס מיר זײַנען אַרויס פֿונעם אָנכאַפּ פֿון די קריִעס. אפֿשר וועט דאָס דער לייענער האַלטן פֿאַר אַ פֿאַנטאַזיע, אָבער בײַ אונדז איז דער רושם דעמאָלט געווען אַן אמתער. די וואָס ווינען אין אַ ציוויליזירטן מצבֿ, אַרומגערינגלט מיט אַלערליי מינים לעבן און מיט די אַלע היימישע ווערק פֿון די אייגענע הענט, קענען קוים פֿאַרשטיין, ווי גיך דער מוח, אונטער דער השפּעה פֿון די אויגן, רופֿט זיך אָפּ אויף אַ מאָדנעקייט און וועבט אַרום איר טשיקאַווע בילדער ווי די פֿײַערליכט־פֿאַנטאַזיעס פֿון די קינדעריאָרן. מיר האָבן שוין לאַנג געווױנט אין מיטן אײַז, האָבן מיר זיך האַלב אומוויסיק באַמיט צו דערזען ענלעכקייטן צו מענטשלעכע פּנימער און לעבעדיקע פֿאָרמען אין די פֿאַנטאַסטישע קאָנטורן און גאָר גראָבע געשטאַלטן פֿון באַרג און קריִע.

פֿיגור 6 די שיפֿלעך אין מיטן אײַז

פֿאַר נאַכט האָבן מיר זיך צוגעבונדן צו אַ שווערער קריִע, יעדער שיפֿל מיט זײַן שטריקל אויף אַ באַזונדער קויפּל, זיי זאָלן זיך ניט צונויפֿשטויסן אינעם ים־אויפֿלויף. מיר האָבן אַרויסגעזעצט דעם טראָנאַויוון, אויפֿגעזאָטן וואַסער פֿאַר הייסער מילך, מיט

57 ice-tongue: אַ פֿאַרלענגערונג פֿון אַ גלעטשער (אָדער, דאָ, פֿון זייער "קריִעבאַרג") שווימנדיק אויפֿן וואַסער, ספּעציעל אַ לאַנגע, ענגע, ווי אַ צונג.

58 Cerberus: אַ גרויסער הונט מיט עטלעכע (דרײַ, געוויינטלעך) קעפּ, ער האַלט וואַך בײַ די טויערן פֿון הײדיז (Hades).

served cold rations. I also landed the dome tents and stripped the coverings from the hoops. Our experience of the previous day in the open sea had shown us that the tents must be packed tightly. The spray had dashed over the bows and turned to ice on the cloth, which had soon grown dangerously heavy. Other articles off our scanty equipment had to go that night. We were carrying only the things that had seemed essential, but we stripped now to the barest limit of safety. We had hoped for a quiet night, but presently we were forced to cast off, since pieces of loose ice began to work round the floe. Drift-ice is always attracted to the lee side of a heavy floe, where it bumps and presses under the influence of the current. I had determined not to risk a repetition of the last night's experience and so had not pulled the boats up. We spent the hours of darkness keeping an offing from the main line of pack under the lee of the smaller pieces. Constant rain and snow squalls blotted out the stars and soaked us through, and at times it was only by shouting to each other that we managed to keep the boats together. There was no sleep for anybody owing to the severe cold, and we dare not pull fast enough to keep ourselves warm since we were unable to see more than a few yards ahead. Occasionally the ghostly shadows of silver, snow, and fulmar petrels flashed close to us, and all around we could hear the killers blowing, their short, sharp hisses sounding like sudden escapes of steam. The killers were a source of anxiety, for a boat could easily have been capsized by one of them coming up to blow. They would throw aside in a nonchalant fashion pieces of ice much bigger than our boats when they rose to the surface, and we had an uneasy feeling that the white bottoms of the boats would look like ice from below. Shipwrecked mariners drifting in the Antarctic seas would be things not dreamed of in the killers' philosophy, and might appear on closer examination to be tasty substitutes for seal and penguin. We certainly regarded the killers with misgivings.

קאַלטע ראַציעס. אויך האָב איך אַרויסגעזעצט די קופּאָל־געצעלטן און אַראָפּגעצויגן די דעקונגען פֿון די רייפֿן. די איבערלעבונג פֿון נעכטן אויפֿן ברייטן ים האָט אונדז באַוויזן, אַז די געצעלטן מוז מען אײַנפּאַקן אָנגעצויגן. דער שפּריץ האָט זיך צעשפּרייט איבערן פֿאָדערבאָרד, פֿאַרפֿרוירן געוואָרן אויפֿן טוך, וואָס איז באַלד געפֿערלעך שווער געוואָרן. אַנדערע שטיקער פֿון אונדזער קנאַפּ געצײַג האָט מען געדאַרפֿט אַרויסוואַרפֿן די נאַכט. מיר האָבן געטראָגן ניט מער ווי די נייטיקסטע זאַכן, אָבער איצט האָבן מיר רעדוצירט די זאַכן פונקט ביזן גרענעץ פֿון סכּנה. מיר האָבן געהאָפֿט אויף אַ שטילער נאַכט, אָבער באַלד האָבן מיר זיך געדאַרפֿט אָפּבינדן, ווײַל שטיקער פֿרײַ אײַז האָבן אָנגעהויבן אַרומקריכן אַרום דער קריִע. דרייפֿנדיק אײַז איז אַלע מאָל צוגעצויגן צו דער ווינט־אַראָפּ־זײַט[59] פֿון אַ שווערער קריִע, ווו עס שטויסט זיך און דריקט אונטער דער השפּעה פֿונעם שטראָם. איך האָב בײַ זיך באַשלאָסן מיר זאָלן ניט ריזיקירן מיט אַן איבערחזרונג פֿון דער איבערלעבונג נעכטן בײַ נאַכט, דערפֿאַר האָבן מיר ניט אַרויפֿגעשלעפּט די שיפֿלעך. מיר האָבן פֿאַרבראַכט די שעהען חושך האַלטן זיך אַוועק[60] פֿון דער הויפּט־ליניע פּאַק ווינט־אַראָפּ[61] פֿון די קלענערע שטיקלעך. כּסדרדיקע רעגן און שניי־שקוואַלן[62] האָבן פֿאַרשטעלן די שטערן און אונדז דורכגעווייקט, און פֿון צײַט צו צײַט איז געווען נאָר דורכן שרײַען אויף אַ קול איינער דעם אַנדערן וואָס מיר האָבן זיך אויסגעמיטלט די שיפֿלעך צוזאַמען צו האַלטן. קיינער האָט ניט געקענט שלאָפֿן צוליב דער האַרבער קעלט, האָבן מיר זיך ניט דערוועגט רודערן גענוג גיך זיך וואַרעם צו האַלטן, ווײַל מיר האָבן ניט געקענט זען מער ווי עטלעכע יאַרדן פֿאָרויס. ווען ניט ווען האָבן די שדישע שאָטנס פֿון זילבערנע, שנייִקע, און רוחישע שטורעם־פֿייגל[63] אויפֿגעבליצט נאָענט צו אונדז און אַרום און אַרום האָבן מיר געקענט הערן דאָס בלאָזן פֿון די אָרקאַס, דאָס קורצע, שאַרפֿע צישען קלינגענדיק ווי אַ פלוצעמדיק אויסבלאָזן פֿון פּאַרע. די אָרקאַס זײַנען אונדז געווען אַ קוואַל פֿון פּחד, וואָרן איינע וואָס טונקט אויף צו בלאָזן האָט גרינג געקענט איבערקערן אַ שיפֿל. זיי פֿלעגן אומבאַזאָרגט אַוועקוואַרפֿן שטיקער אײַז אַ סך גרעסער ווי די שיפֿלעך אַז זיי שווימען אַרויף אויפֿן שפּיגל, זײַנען מיר אומרויִק געווען, וואָס די ווײַסע דנאָען פֿון די שיפֿלעך וואָלטן פֿון אונטן אויסזען ווי אײַז. שיפֿבראָכיקע מאַטראָסן דרייפֿנדיק אויפֿן אַנטאַרקטישן ים וואָלטן געווען עפּעס וואָס חלומט זיך ניט אין די אָרקאַס פֿילאָסאָפֿיע[64], נאָר זיי האָבן געקענט אויסזען מיט אַ נעענטערן קוק ווי געשמאַקע סוראָגאַטן פֿאַר ים־הינט און פּענגווינען. אַוודאי האָבן מיר די אָרקאַס מיט חששים באַטראַכט.

———————————

[59] lee[ward] side
[60] … keeping an offing …
[61] alee
[62] snow squalls
[63] silver, snow, and fulmar petrels
[64] גענומען פֿון שייקספּירס "האַמלעט"

Early in the morning of April 12 the weather improved and the wind dropped. Dawn came with a clear sky, cold and fearless. I looked around at the faces of my companions in the *James Caird* and saw pinched and drawn features. The strain was beginning to tell. Wild sat at the rudder with the same calm, confident expression that he would have worn under happier conditions; his steel-blue eyes looked out to the day ahead. All the people, though evidently suffering, were doing their best to be cheerful, and the prospect of a hot breakfast was inspiriting. I told all the boats that immediately we could find a suitable floe the cooker would be started and hot milk and Bovril would soon fix everybody up. Away we rowed to the westward through open pack, floes of all shapes and sizes on every side of us, and every man not engaged in pulling looking eagerly for a suitable camping-place. I could gauge the desire for food of the different members by the eagerness they displayed in pointing out to me the floes they considered exactly suited to our purpose. The temperature was about 10° Fahr., and the Burberry suits of the rowers crackled as the men bent to the oars. I noticed little fragments of ice and frost falling from arms and bodies. At eight o'clock a decent floe appeared ahead and we pulled up to it. The galley was landed, and soon the welcome steam rose from the cooking food as the blubber-stove flared and smoked. Never did a cook work under more anxious scrutiny. Worsley, Crean, and I stayed in our respective boats to keep them steady and prevent collisions with the floe, since the swell was still running strong, but the other men were able to stretch their cramped limbs and run to and fro "in the kitchen," as somebody put it. The sun was now rising gloriously. The Burberry suits were drying and the ice was melting off our beards. The steaming food gave us new vigour, and within three-quarters of an hour we were off again to the west with all sails set. We had given an additional sail to the *Stancomb Wills* and she was able to keep up pretty well. We could see that we were on the true pack-edge, with the blue, rolling sea

פֿרי אין דער פֿרי דעם 12טן אַפּריל איז דער וועטער בעסער געוואָרן, דער ווינט לײַכטער. דער באַגינען איז אָנגעקומען מיט אַ קלאָרן הימל, קאַלט און אומדערשראָקן[65]. איך האָב אַ קוק געטאָן אַרום אויף די פּנימער פֿון מײַנע באַלייטערס אינעם *דזשעמז קיירד* און האָב געזען אײַנגעפֿאַלענע און אָפּגעצערטע געזיכטער. די אָנשטרענגונגען האָבן זיך שוין באַוויזן. ווילד איז געזעסן בײַ דער קערמע, מיט דער זעלביקער רויִקער, זיכערער מינע, ווי ער וואָלט געווען בײַ גליקלעכערע צושטאַנדן; זײַנע שטאָל־בלאָע אויגן האָבן אַרויסגעקוקט אויפֿן קומעדיקן טאָג. די אַלע לײַט, אַפֿילו מיט די קלאָרע יסורים, האָבן געטאָן וואָס מע קען צו זײַן מונטער, אָנגעמוטיקט פֿונעם אויסבליק פֿון אַ הייסן פֿרישטיק. איך האָב געזאָגט די אַלע שיפֿלעך, אַז באַלד ווי מיר האָבן געקענט געפֿינען אַ פּאַסיקע קריִע, וועט מען אָנצינדן דעם אויוון, וועט הייסע מילך און באָוריל[66] מאַכן בײַ אַלע לײַכטער אויפֿן האַרצן. ווײַטער האָבן מיר געדודערט אויף מערבֿ דורך אָפֿענעם פּאַק, קריִעס פֿון אַלערליי פֿאָרמען און גרייסן אויף אַלע זײַטן, און יעדער וואָס האָט זיך ניט פֿאַרנומען מיט רודערן האָט זיך שטאַרק אַרומגעקוקט, געזוכט אַ טויגעוודיקן לאַגער־אָרט. איך האָב געקענט אָפּמעסטן דעם באַגער נאָך עסן בײַ יעדער פֿונעם חשק וואָס זיי האָבן באַוויזן אַז זיי טײַטלען מיר אויף די קריִעס וואָס זיי האַלטן פֿאַר פּונקט צו אונדזער ציל. די טעמפּעראַטור איז געווען אַ 10° פֿאַרנהײַט, און די בערבערי[67]־גאַרניטערס פֿון די רודערערס האָבן געקנאַקלט בעת די מענטשן האָבן זיך אָנגעבויגן צו די רודערס. איך האָב דערזען קליינע שטיקלעך אײַז און געפֿריר פֿאַלנדיק אַראָפּ פֿון אָרעמס און קערפּערס. אַכט אַ זייגער האָט זיך אויף פֿאָרנט באַוויזן אַ נישקשהדיקע קריִע, האָבן מיר זיך אַהין געשלעפּט. די קיך האָט מען אַרויסגעזעצט, און באַלד האָט זיך אויפֿגעהויבן די אָנגעלייגטע פּאַרע פֿונעם קאָכנדיקן עסן, בעת דער טראָנאַויון פֿלאַקערט און רייכערט. קיין מאָל האָט אַ קוכער ניט געדאַרפֿט אַרבעטן אונטער אַזאַ גיריקן, נערוועזן אײַנקוק. וואָרסלי, קרין, און איך זײַנען געבליבן יעדער אין זײַן שיפֿל, כּדי זיי צו האַלטן פֿעסט, אויסצומײַדן צונויפֿשטויסן מיט דער קריִע, וואָרן דער ים־אויפֿלויף האָט נאָך אַלץ שטאַרק געשטראָמט, אָבער די אַנדערע מענטשן האָבן געקענט אויסציִען די געקאָרטשעטע אבֿרים, לויפֿנדיק אַהין און צוריק "אין דער קיך", ווי עמעצער האָט געזאָגט. די זון גייט איצט גלאָריעדיק אויף. די בערבערי־גאַרניטערס האָבן זיך געטריקנט און דאָס אײַז איז זיך צעגאַנגען פֿון די בערד. דאָס פּאַרעדיקע עסן האָט אונדז געגעבן נײַע קראַפֿט, און אין ניט מער ווי דרײַ פֿערטל שעה האָבן מיר זיך געלאָזט אין וועג אַרײַן אויף מערבֿ מיט די אַלע זעגלען אויפֿגעשלאָגן. מיר האָבן געהאַט געגעבן דעם *סטענקאָם ווילס* נאָך אַ זעגל, האָט ער געקענט מיט אונדז גוט מיטהאַלטן. מיר האָבן געקענט זען, אַז מיר זײַנען געווען בײַם אמתן פּאַקראַנד, מיטן בלאָען, קײַקלענדיקן ים

---

[65] אַזוי באַשרײַבט ער דעם באַגינען.

[66] Bovril: אַ דיקער, געזאַלצענער עקסטראַקט פֿון פֿלייש. אַ מין בוליאָן.

[67] Burberry: אַ מין רעקל (אַ נאָמען נאָך דעם פֿאַבריקאַנט), מיט ענג־אָנגעוועבטן שטאָף, ווינד־ און וואַסער־באַוואָרנט.

just outside the fringe of ice to the north. White-capped waves vied with the glittering floes in the setting of blue water, and countless seals basked and rolled on every piece of ice big enough to form a raft.

We had been making westward with oars and sails since April 9, and fair easterly winds had prevailed. Hopes were running high as to the noon observation for position. The optimists thought that we had done sixty miles towards our goal, and the most cautious guess gave us at least thirty miles. The bright sunshine and the brilliant scene around us may have influenced our anticipations. As noon approached I saw Worsley, as navigating officer, balancing himself on the gunwale of the *Dudley Docker* with his arm around the mast, ready to snap the sun. He got his observation and we waited eagerly while he worked out the sight. Then the *Dudley Docker* ranged up alongside the *James Caird* and I jumped into Worsley's boat in order to see the result. It was a grievous disappointment. Instead of making a good run to the westward we had made a big drift to the south-east. We were actually thirty miles to the east of the position we had occupied when we left the floe on the 9th. It has been noted by sealers operating in this area that there are often heavy sets to the east in the Belgica Straits, and no doubt it was one of these sets that we had experienced. The originating cause would be a north-westerly gale off Cape Horn, producing the swell that had already caused us so much trouble. After a whispered consultation with Worsley and Wild, I announced that we had not made as much progress as we expected, but I did not inform the hands of our retrograde movement.

The question of our course now demanded further consideration. Deception Island seemed to be beyond our reach. The wind was foul for Elephant Island, and as the sea was clear to the south-west; I

פֿונקט אויסנווייניק פֿון די אײַזפֿרעגדז אויף צפֿון. ווײַס־געמיצלטע כוואַליעס האָבן זיך פֿאַרמאָסטן מיט די בלאַנקענדיקע קריִעס אין אַ ראָם פֿון בלאָען וואַסער, אָן אַ שיעור ים־הינד האָבן זיך געוואַרעמט און געקײַקלט אויף יעדער שטיק אײַז גענוג גרויס צו פּאַסן פֿאַר אַ פּליט.

מיר האָבן זיך גערוקט אויף מערבֿ מיט רודערס און זעגלען זינט דעם 9טן אַפּריל, און גינציקע ווינטן פֿון מיזרח האָבן זיך אײַנגעשטעלט. מע האָט אַרויסגעקוקט מיט שטאַרקער האָפֿענונג אויף דער מיטאָגדיקער אָבסערוואַציע פֿון פּלאַציר. די בעלי־בטחון האָבן געהאַלטן אַז מיר זײַנען שוין זעכציק מײַלן פֿאָרויס צום ציל, און דער געהיטסטער טרעף האָט אונדז געגעבן ניט ווייניקער ווי דרײַסיק מײַלן. די העלע זון מיט דער גלאַנציקער סצענע פֿאַר די אויגן האָבן אפֿשר געהאַט אַ השפּעה אויף אונדזערע אַרויסקוקן. ווען ס'איז אָנגעקומען האַלבער טאָג האָב איך געזען וואָרסלי, ווי נאַוויגאַטאָר, באַלאַנסירן זיך אויפֿן שיפּסקאַנט[68] פֿונעם דאָדלי דאָקער מיט זײַן אָרעם אַרום מאַסטבוים, גרייט אַראָפּצוכאַפּן די זון.[69] ער האָט געקראָגן די אָבסערוואַציע און מיר אַלע האָבן להוט געוואַרט בעת ער רעכנט אויס די מאָס.[70] דעמאָלט האָט דער דאָדלי דאָקער זיך אַוועקגעשטעלט לעבן דעם *דזשעמז קיירד*, בין איך אַרײַנגעשפּרונגען אין וואָרסליס שיפֿל אַרײַן, כּדי זיך צו דערוויסן דעם רעזולטאַט. ס'איז געווען אַן אָנגעוויטיקטע אַנטוישונג. אָנשטאָט פֿאָרן אַ היפּשן לויף אויף מערבֿ, האָבן מיר געמאַכט אַ גרויסן דרייף אויף דרום־מיזרח. מיר זײַנען טאַקע געווען דרײַסיק מײַלן אויף מיזרח פֿונעם אָרט ווו מיר האָבן זיך געהאַט געפֿונען ווען מיר זײַנען אָפּגעפֿאָרן פֿונעם אײַז דעם 9טן. די ים־הינט־יעגערס אין דעם דאָזיקן געגנט האָבן באַמערקט אַז אָפֿט זײַנען דאָ שטאַרקע שטראָמען[71] אויף מיזרח אין די בעלדזשיקע־דורכגאָסן[72], און בלי־ספֿק האָבן מיר דורכגעגאַנגען אַזאַ שטראָם. דאָס וואָלט לכתּחילה געשטאַמט פֿון אַ בורע פֿון צפֿון־מערבֿ ניט ווײַט פֿון קאַפּ־האָרן[73], אויפֿרופֿנדיק דעם ים־אויפֿלויף וואָס האָט אונדז שוין אַזוי פֿיל צרות געבראַכט. נאָך אַ געשעפּטשעטער עצה־האַלטונג מיט וואָרסלי און ווילד, האָב איך אָנגעזאָגט אַז מיר זײַנען ניט אַזוי ווײַט פֿאָרויס ווי מע האָט זיך גערעכט, אָבער איך האָב זיי ניט געלאָזט וויסן אַז מיר פֿאָרן אויף צוריק. מע האָט איצט געדאַרפֿט ווײַטער טראַכטן וועגן דעם גאַנג. אָפּנאַר־אינדזל האָט זיך אויסגעוויזן ווי ניט צו דערגרייכן. דער ווינט איז געווען שלעכט[74] צוצופֿאָרן צום העלפֿאַנד־אינדזל, און אַז דער ים איז אָפֿן געווען אויף דרום־מערבֿ, האָב איך מיט

---

[68] gunwale (אַרויסגערעדט "gunnel" אויף ענגליש): דער אויבן פֿון די זײַטן פֿון אַ שיפֿל.

[69] "...ready to snap the sun.": מעסטן די הייך פֿון דער זון צו באַשטימען דעם פּלאַציר.

[70] "... worked out the sight."

[71] "sets": געוויינטלעך אויף ענגליש איז "set" טײַטש "די ריכטונג פֿון אַ שטראָם וואַסער צי ווינט; דאָ ניצט ער דאָס וואָרט ווי אַ סינאָנים פֿאַר "שטראָם: current"

[72] Belgica Straits

[73] ... off Cape Horn

[74] אין ים־זשאַרגאָן איז דאָס "foul"

discussed with Worsley and Wild the advisability of proceeding to Hope Bay on the mainland of the Antarctic Continent, now only eighty miles distant. Elephant Island was the nearest land, but it lay outside the main body of pack, and even if the wind had been fair we would have hesitated at that particular time to face the high sea that was running in the open. We laid a course roughly for Hope Bay, and the boats moved on again. I gave Worsley a line for a berg ahead and told him, if possible, to make fast before darkness set in. This was about three o'clock in the afternoon. We had set sail, and as the *Stancomb Wills* could not keep up with the other two boats I took her in tow, not being anxious to repeat the experience of the day we left the reeling berg. The *Dudley Docker* went ahead, but came beating down towards us at dusk. Worsley had been close to the berg, and he reported that it was unapproachable. It was rolling in the swell and displaying an ugly ice-foot. The news was bad. In the failing light we turned towards a line of pack, and found it so tossed and churned by the sea that no fragment remained big enough to give us an anchorage and shelter. Two miles away we could see a larger piece of ice, and to it we managed, after some trouble, to secure the boats. I brought my boat bow on to the floe, whilst Howe, with the painter in his hand, stood ready to jump. Standing up to watch our chance, while the oars were held ready to back the moment Howe had made his leap, I could see that there would be no possibility of getting the galley ashore that night. Howe just managed to get a footing on the edge of the floe, and then made the painter fast to a hummock. The other two boats were fastened alongside the *James Caird*. They could not lie astern of us in a line, since cakes of ice came drifting round the floe and gathering under its lee. As it was we spent the next two hours poling off the

וואָרסלי און ווילד אַרומגערעדט צי אפּשר זאָלן מיר צופֿאָרן צו האָפּענונג־בוכטע[75] אויפֿן אַנטאַרקטישן יאָדערלאַנד גופֿא, איצט נאָר ווײַט 80 מײַלן. העלפֿאַנד־אינדזל איז געווען די נאָענסטע יבשה נאָר ער איז געלעגן אויסער דעם פּאַק גופֿא, און אַפֿילו וואָלט דער ווינט געווען גוט, וואָלטן מיר זיך געקווענקלט פּונקט דעמאָלט שטיין אַנטקעגן די הויכע כוואַליעס וואָס לויפֿן אינעם אָפֿן. מיר האָבן געקערעוועט מער־ווייניקער צו האָפּענונג־בוכטע צו, זײַנען די שיפֿלעך נאָך אַ מאָל ווײַטער געפֿאָרן. איך האָב וואָרסלי געגעבן אַ ריכטונג[76] צו אַ באַרג פֿאָרויס, האָב אים געזאָגט, מיר זאָלן זיך דאָרט צובינדן[77], אויב מיגלעך, איידער ס'ווערט פֿינצטער. ס'איז דעמאָלט געווען אַן ערך דרײַ אַ זייגער נאָך מיטאָג. מיר האָבן אָפּגעשיפּט, און ווײַל דער *סטענקאָם ווילס* האָט ניט געקענט האַלטן מיט די אַנדערע צוויי שיפֿלעך, האָב איך אים גענומען ציִען, האָב גאָר נישט געוואָלט אַ צווייטע איבערלעבונג פֿון אָט דעם טאָג ווען מיר האָבן איבערגעלאָזט דעם וויגנדיקן באַרג. דער *דאָדלי דאָקער* איז געפֿאָרן אַפֿריִער, אָבער זי איז גיך צו אונדז צוריקגעקומען[78] פֿאַר נאַכט. וואָרסלי איז געווען נאָענט צו דעם באַרג, האָט ער געמאָלדן, אַז צוגאַנג איז אוממיגלעך. ס'האָט זיך געקײַקלט אינעם אויפֿלויף, באַווייזן אַ בייזן אײַזפּוס. שלעכטע נײַעס. אין דער אָפּטונקלענדיקער ליכט האָבן מיר זיך פֿאַרנומען צו אַ פּאַס פּעק, וואָס האָט זיך באַוויזן אַזוי צעוואָרפֿן און צעמישט פֿונעם ים, אַז ס'איז ניט געבליבן קיין שטיקל גענוג גרויס פֿאַרן אַנקערפּלאַץ[79] און האַרבעריק. ווײַט צוויי מײַלן האָבן מיר געקענט זען אַ גרעסער שטיק אײַז, וואָס צו אים האָבן מיר זיך באַהויבן, קוים מיט צרות, פֿעסט צו מאַכן. איך האָב געבראַכט מײַן שיפֿל מיטן פֿאָדערבאָרד אויף דער קריִע, בעת האַו[80], מיטן שטריקל אין דער האַנט, איז געשטאַנען גרייט צו שפּרינגען. שטייענדיק הויך, האַלטן וואַך אויף אונדזער געלעגנהייט, מיט די רודערס גרייט אונדז צוריקצושטויסן די רגע האַו איז געשפּרונגען, האָב איך געקענט זען, אַז ס'איז אין גאַנצן אוממיגלעך אײַנשטעלן די קיך אויפֿן אײַז די נאַכט. האַו האָט קוים באַהויבן צו געפֿינען אַן אָנשטעל אויפֿן ברעג קריִע, האָט פֿעסט געבונדן דאָס שטריקל אויף אַ אײַז־האָרבל[81]. די אַנדערע צוויי שיפֿלעך האָט מען פֿעסט געמאַכט לעבן דעם *דזשעמז קיירד*. זיי האָבן ניט געקענט לייגן אויף הינטערבאָרד[82] פֿון אונדז אין אַ ריי, ווײַל די שטחים אײַז קומען צו דרייפֿן אַרום דער קריִע, צונויפֿקלײַבנדיק זיך פֿון איר ווינט־אַראָפּ[83]. ווי ס'איז געשען האָבן מיר פֿאַרבראַכט די נאָענטסטע צוויי שעה מיט סלופּעס אַוועקשטופּן[84] דאָס

---

[75] Hope Bay

[76] "line", ד"ה, אַ "bearing"

[77] "make fast"

[78] "beating down towards us"

[79] "anchorage"

[80] Walter Howe, מאַטראָס

[81] hummock

[82] astern

[83] under its lee

[84] poling off

drifting ice that surged towards us. The blubber-stove could not be used, so we started the Primus lamps. There was a rough, choppy sea, and the *Dudley Docker* could not get her Primus under way, something being adrift. The men in that boat had to wait until the cook on the *James Caird* had boiled up the first pot of milk.

    The boats were bumping so heavily that I had to slack away the painter of the *Stancomb Wills* and put her astern. Much ice was coming round the floe and had to be poled off. Then the *Dudley Docker*, being the heavier boat, began to damage the *James Caird*, and I slacked the *Dudley Docker* away. The *James Caird* remained moored to the ice, with the *Dudley Docker* and the *Stancomb Wills* in line behind her. The darkness had become complete, and we strained our eye to see the fragments of ice that threatened us. Presently we thought we saw a great berg bearing down upon us, its form outlined against the sky, but this startling spectacle resolved itself into a low-lying cloud in front of the rising moon. The moon appeared in a clear sky. The wind shifted to the south-east as the light improved and drove the boats broadside on towards the jagged edge of the floe. We had to cut the painter of the *James Caird* and pole her off, thus losing much valuable rope. There was no time to cast off. Then we pushed away from the floe, and all night long we lay in the open, freezing sea, the *Dudley Docker* now ahead, the *James Caird* astern of her, and the *Stancomb Wills* third in the line. The boats were attached to one another by their painters. Most of the time the *Dudley Docker* kept the *James Caird* and the *Stancomb Wills* up to the swell, and the men who were rowing were in better pass than those in the other boats, waiting inactive for the dawn. The temperature was down to 4° below zero, and a film of ice formed on the surface of the sea. When we were not on watch we lay in each other's arms for warmth. Our frozen suits thawed where our bodies met, and as the slightest movement exposed these comparatively warm spots to the biting air,

דרײַפֿנדיקע אײַז וואָס פֿלײצט צו אונדז צו. דעם טראַנאַויוון האָט מען ניט געקענט ניצן, האָבן מיר אָנגעצונדן די פּרימוס-לאָמפּן[85]. ס'איז געווען אַ רויער, צעהאַקטער[86] ים, און דער *דאָדלי דאָקער* האָט ניט געקענט אָנצינדן דעם פּרימוס, עפּעס דאַכט זיך איז פֿאַרלוירן געוואָרן. די קאָמאַנדע פֿון אָט דעם שיפֿל האָט געדאַרפֿט וואַרטן ביז דער קוכער אויפֿן *דזשעמז קיירד* האָט אויפֿגעוועלט דאָס ערשטע טעפּל מילך.

די שיפֿלעך האָבן זיך אַזוי שווער אָנגעשטויסן, אַז איך האָב געדאַרפֿט לויז מאַכן דאָס שטריקל פֿונעם *סטענקאָם ווילס*, זי שטעלן אויף הינטערבאָרד. אַ סך אײַז איז געקומען אַרום דער קריִע, וואָס מע האָט דאָס געדאַרפֿט אָפּשטופּן מיט סלופּעס. דעמאָלט האָט דער *דאָדלי דאָקער*, וואָס איז דאָס שווערערע שיפֿל, אָנגעהויבן באַשעדיקן דעם *דזשעמז קיירד*, האָב איך לויזער געמאַכט דעם *דאָדלי דאָקער*. דער *דזשעמז קיירד* איז געבליבן פֿעסט געבונדן צום אײַז, מיטן *דאָדלי דאָקער* און דעם *סטענקאָם ווילס* אין אַ ריי אויף הינטן. ס'איז שטאַרק פֿינצטער געוואָרן, האָבן מיר געקוקט מיט אויגן כּדי צו דערזען די שטיקער אײַז וואָס זיי שטעלן אונדז אין סכּנה. אָט־אָט האָבן מיר געמיינט, אַז מיר זעען אַ גרויסן באַרג אָנקומענדיק אויף אונדז, זײַן געשטאַלט אָנגעוואָרפֿן אויפֿן הימל, אָבער דער אָ אויפֿשרעקנדיקער ספּעקטאַקל האָט זיך באַוויזן פֿאַר אַ נידעריקן וואָלקן פֿאַר דער אויפֿגייענדיקער לבֿנה. די לבֿנה האָט זיך באַוויזן אין אַ קלאָרן הימל. דער ווינט איז אַרום פֿונעם מערבֿ־מיזרח בעת ס'קומט אָן דעם באַגינען, האָט געטריבן די שיפֿלעך ברייטווײַז[87] צום צאַקיקן ברעג פֿון דער קריִע. מיר האָבן געדאַרפֿט אָפּשניטן דאָס שטריקל פֿונעם *דזשעמז קיירד* און אים אַוועקשטופּן מיט סלופּעס, אָנווערן דערמיט אַ היפּש שטיקל ווערטיקע שטריק – ניט געווען קיין צײַט אָפּצובינדן[88]. דערנאָך האָבן מיר זיך אַוועקגעשטופּט פֿון דער קריִע, זײַנען מיר געלעגן די גאַנצע נאַכט אינעם אָפֿענעם, פֿרירנדיקן ים, דער *דאָדלי דאָקער* איצט אַפֿריִער, דער *דזשעמז קיירד* נאָך איר, און דער *סטענקאָם ווילס* די דריטע אין דער ריי, די שיפֿלעך צוגעבונדן איינער צום צווייטן מיט די שטריקלעך. מערסטנס האָט דער *דאָדלי דאָקער* אויפֿגעהאַלטן דעם *דזשעמז קיירד* און דעם *סטענקאָם ווילס* אויפֿן ים־אויפֿלויף[89], און בײַ די וואָס רודערן איז בעסער געגאַנגען ווי יענע אין די אַנדערע שיפֿלעך, וואַרטנדיק ליידיק אויפֿן באַגינען. די טעמפּעראַטור איז אַראָפּ ביז 4°-, און די ים־אייבערפֿלאַך איז פֿאַרלאָפֿן געוואָרן מיט אײַז. די וואָס האַלטן ניט וואַך זײַנען געלעגן אין אַ רעדל זיך צוגעטוליעט צוליב וואַרעמקייט. די פֿאַרפֿרוירענע קליידער זײַנען צעגאַנגען ווו די קערפּער רירן זיך אָן, און צוליב דעם, וואָס די קלענסטע באַוועגונג האָט אויפֿגעדעקט אָט די לפֿי־ערך וואַרעמע ערטער צו דער בײַסנדיקער לופֿט,

---

[85] Primus lamps: אין דעם פֿאַל טאַקע אַן אויוון, ניט קיין לאָמפּ, וואָס זיי ברענען צעפּאַרעטן בענצין אָדער נאַפֿט.

[86] choppy

[87] broadside

[88] cast off

[89] "… kept … up to the swell" ד"ה, נאָר די מאַנשאַפֿט אינעם ערשטן שיפֿל האָט געראָדערט, פּאַמעלעך, בוקסירנדיק די צוויי אַנדערע, די שיפֿלעך זאָלן ניט געדרייט ווערן ברייטנווײַז צום אויפֿלויף.

we clung motionless, whispering each to his companion our hopes and thoughts. Occasionally from an almost clear sky came snow-showers, falling silently on the sea and laying a thin shroud of white over our bodies and our boats.

The dawn of April 13 came clear and bright, with occasional passing clouds. Most of the men were now looking seriously worn and strained. Their lips were cracked and their eyes and eyelids showed red in their salt-encrusted faces. The beards even of the younger men might have been those of patriarchs, for the frost and the salt spray had made them white. I called the *Dudley Docker* alongside and found the condition of the people there was no better than in the *James Caird*. Obviously we must make land quickly, and I decided to run for Elephant Island. The wind had shifted fair for that rocky isle, then about one hundred miles away, and the pack that separated us from Hope Bay had closed up during the night from the south. At 6 p.m. we made a distribution of stores among the three boats, in view of the possibility of their being separated. The preparation of a hot breakfast was out of the question. The breeze was strong and the sea was running high in the loose pack around us. We had a cold meal, and I gave orders that all hands might eat as much as they pleased, this concession being due partly to a realization that we would have to jettison some of our stores when we reached open sea in order to lighten the boats. I hoped, moreover, that a full meal of cold rations would compensate to some extent for the lack of warm food and shelter. Unfortunately, some of the men were unable to take advantage of the extra food owing to seasickness. Poor fellows, it was bad enough to be huddled in the deeply laden, spray-swept boats, frost-bitten and half-frozen, without having the pangs of seasickness added to the list of their woes. But some smiles were caused even then by the plight of one man, who had a habit of accumulating bits of food against the day of starvation that he seemed always to think was at hand, and who was condemned now to watch impotently while hungry comrades with undisturbed stomachs made biscuits, rations, and sugar disappear with extraordinary rapidity.

האָבן מיר זיך צוגעטוליעט אומבאַוועגלעך, יעדער שעפּטשענדיק זײַן קאָמפּאַניאָן די האָפֿענונגען און געדאַנקען. פֿון צײַט צו צײַט זײַנען געקומען שנייעלעך, פֿון אַ כמעט קלאָרן הימל, פֿאַלנדיק שטיל אויפֿן ים, אַוועקלייגנדיק דינע ווײַסע תּכריכים איבער אונדזערע קערפּער און שיפֿלעך.

דעם 13טן אַפּריל איז דער קאַיאָר אָנגעקומען אַ קלאָרער און אַ העלער, מיט צומאָליקע פֿאַרבײַגייענדיקע וואָלקנס. ס'רובֿ מענטשן האָבן אויסגעזען שטאַרק אויסגעמאַטערט און אָנגעשטרענגט. די ליפּן זײַנען געווען צעשפּאָלטן און די אויגן מיט די לעדלעך האָבן זיך באַוויזן רויט אין די זאַלץ־אינקרוסטירטע פּנימער. די בערד אַפֿילו בײַ די ייִנגערע לײַט האָבן געקענט זײַן ווי די בײַ די פּאַטריאַרכן, צוליב דעם פֿראָסט און זאַלצשפּריץ וואָס האָט זיי ווײַס געמאַכט. איך האָב גערופֿן דעם **דאָדלי דאָ*קער***, זי זאָל צוקומען זײַט בײַ זײַט צו אונדז, און געפֿונען, אַז דער מצבֿ פֿון זײַן מאַנשאַפֿט איז ניט בעסער ווי בײַ די אינעם *דזשעמז קיירד*. ס'איז קלאָר געווען, אַז מיר מוזן גיך אָנקומען בײַ דער יבשה[90], האָב איך באַשלאָסן צוצולויפֿן צו **העלפֿאַנד־אינדזל**. דער ווינט האָט זיך איבערגערוקט צו אָט דעם שטיינערנעם אינדזל צו[91], ווײַט איצט אַ הונדערט מײַל, און דער אײַזפּאַק וואָס צעשייד אונדז פֿון **האָפֿענונג־בוכטע** איז בעת דער נאַכט ענגער געוואָרן, זיך צוגעמאַכט פֿונעם דרום. זעקס אַ זייגער פֿ"מ האָבן מיר אויסגעטיילט די זאַפּאַסן צווישן די דרײַ שיפֿלעך, טאָמער מיר זאָלן צעשיידט ווערן. דאָס צוגרייטן אַ הייסן פֿרישטיק איז געווען גאָר אוממיגלעך. ס'איז געווען אַ שטאַרק ווינטל און דער ים איז הויך געלאָפֿן אינעם לויזן פּאַק אַרום און אַרום. מיר האָבן געגעסן אַ קאַלטן מאָלצײַט, און איך האָב געהייסן, אַז אַלע זאָלן עסן אַזוי פֿיל ווי זיי ווילן, די אָ דערלויב טיילווײַז ווײַל ס'איז קלאָר מיר וועלן דאַרפֿן אַוועקוואַרפֿן אַ טייל פֿון די זאַפּאַסן ווען מיר קומען אָן אינעם אָפֿענעם ים, כּדי צו פֿאַרלײַכטערן די שיפֿלעך. דערצו האָב איך געהאָפֿט, אַז אַ פֿולער מאָלצײַט, אַבי אַ קאַלטער, זאָל פֿאַרגיטיקן ביז אַ געוויסער מאָס דעם דוחק אין וואַרעם עסן און אָפּדאַך. צום באַדויערן האָבן געציילטע מענטשן ניט געקענט עסן דאָס איבעריקע עסן צוליב ים־קראַנקייט. נעבעכדיקע יונגען, ס'איז געווען גענוג שלעכט זיך טוליען אין אַ רעדל אין די שווער־געלאָדענע, פֿאַרשפּריצטע שיפֿלעך, אָפּגעפֿרוירן און האַלב פֿאַרפֿרוירן, אָן דער פּײַניקונג פֿון ים־קראַנקייט צוגעשטעלט אויפֿן חשבון פֿון צרות. נאָר עטלעכע האָבן געשמייכלט אַפֿילו דעמאָלט צוליב דער קלעם פֿון איין מענטש, וואָס ער פֿלעגט אָנקלײַבן שטיקער עסן טאָמער ס'וועט קומען אַ טאָג מיט הונגערטויט, וואָס ער האַלט שטענדיק פֿאַר נאָענט; איצט איז ער פֿאַרמישפּט געוואָרן אָנצוקוקן אָן כּוח בעת די הונגעריקע חבֿרים מיט ניט־געשטערטע מאָגנס האָבן וואָס גיכער פֿאַרשלונגען ביסקוויטן, ראַציעס, און צוקער.

---

[90] "make land"
[91] "shifted fair for …"

We ran before the wind through the loose pack, a man in the bow of each boat trying to pole off with a broken oar the lumps of ice that could not be avoided. I regarded speed as essential. Sometimes collisions were not averted. The *James Caird* was in the lead, where she bore the brunt of the encounter with lurking fragments, and she was holed above the water-line by a sharp spur of ice, but this mishap did not stay us. Later the wind became stronger and we had to reef sails, so as not to strike the ice too heavily. The *Dudley Docker* came next to the *James Caird* and the *Stancomb Wills* followed. I had given order that the boats should keep 30 or 40 yds. apart, so as to reduce the danger of a collision if one boat was checked by the ice. The pack was thinning, and we came to occasional open areas where thin ice had formed during the night. When we encountered this new ice we had to shake the reef out of the sails in order to force a way through. Outside of the pack the wind must have been of hurricane force. Thousands of small dead fish were to be seen, killed probably by a cold current and the heavy weather. They floated in the water and lay on the ice, where they had been cast by the waves. The petrels and skua-gulls were swooping down and picking them up like sardines off toast.

We made our way through the lanes till at noon we were suddenly spewed out of the pack into the open ocean. Dark blue and sapphire green ran the seas. Our sails were soon up, and with a fair wind we moved over the waves like three Viking ships on the quest of a lost Atlantis. With the sheet well out and the sun shining bright above, we enjoyed for a few hours a sense of the freedom and magic of the sea, compensating us for pain and trouble in the days that had passed. At last we were free from the ice, in water that our boats could navigate. Thoughts of home, stifled by the deadening weight of

מיר זײַנען געלאָפֿן פֿאַרן ווינט[92] דורכן לויזן פּאַק, אַ מענטש אינעם פֿאָדערבאָרד פֿון יעדער שיפֿל, פּרוּוונדיק אַוועקצושטויסן מיט אַ צעבראָכענעם רודער די גרודעס אײַז וואָס מיר האָבן זיי ניט געקענט אויסמײַדן. איך האָב געהאַלטן אַז גיכקייט איז עיקרדיק. אַ מאָל איז געקומען אַ צוזאַמענשטויס. דער *דזשעמז קיירד* איז אַפֿריִער געגאַנגען, האָט ער געדאַרפֿט פֿאַרטראָגן דעם כּוח פֿון די אָנשטויסנדיקע שטיקער, איז ער דורכגעלעכערט געוואָרן העכער פֿון דער וואַסער־ליניע דורך אַ שאַרפֿן שפּאָר פֿון אײַז, נאָר די אָ סיבה האָט אונדז ניט אָפּגעשטעלט. שפּעטער איז דער ווינט שטאַרקער געוואָרן, האָבן מיר געדאַרפֿט רעדוצירן די זעגלען[93], כּדי זיך ניט אָנשלאָגן צו שווער אויפֿן אײַז. דער *דאָדלי דאָקער* איז געקומען דער צווייטער, נאָכן *דזשעמז קיירד*, איז דער *סטענקאָם ווילס* נאָכגעקומען. איך האָב געהייסן די שיפֿלעך זאָלן זיך אָפּזונדערן אַ 30 אָדער 40 יאַרדן, כּדי צו מינערן די סכּנה פֿון אַ צוזאַמענשטויס, אויב אַ שיפֿל איז אָפּגעשטעלט געוואָרן דורכן אײַז. דער פּאַקאײַז איז שיטערער געוואָרן, זײַנען מיר אַ מאָל געקומען אין אָפֿענע שטחים ווּ ס'האָט זיך פֿאָרמירט דין אײַז בעת דער נאַכט. ווען מיר האָבן געטראָפֿן אָט דאָס נײַע אײַז, האָבן מיר געדאַרפֿט אויסטרייסלען דעם ריף[94] פֿון די זעגלען, מיר זאָלן קענען דורכדרינגען. מחוץ דעם פּאַק האָט דער ווינט געמוזט זײַן ווי אַ הוראַגאַן. טויזנטער קליינע טויטע פֿיש האָבן זיך באַוויזן, דערהרגעט מסתּמא דורך אַ קאַלטן שטראָם און דעם שווערן וועטער. זיי זײַנען געשווּמען אויפֿן וואַסער און אויך געלעגן אויפֿן אײַז, ווּ די כוואַליעס האָבן זיי אַרויפֿגעוואָרפֿן. די שטורעם־פֿייגל און רויבמעוועס[95] האָבן זיך געגעבן אַ לאָז אַראָפּ, כאַפּנדיק זיי ווי סאַרדינען אויף טאָסט.

מיר זײַנען דורכגעפֿאָרן דורך די פֿאָרוועגן ביז מיטאָגצײַט, ווען מיר זײַנען אויסגעשפּיגן געוואָרן אַרויס פֿונעם פּאַק אינעם אָפֿענעם ים אַרײַן. טונקל־בלאָע און שאַפֿיר־גרינע זײַנען געלאָפֿן די כוואַליעס[96]. די זעגלען האָט מען באַלד אויפֿגעשלאָגן, און מיט אַ גינציקן ווינט זײַנען מיר געפֿאָרן איבער די כוואַליעס ווי דרײַ וויקינג־שיפֿן זוכנדיק אַ פֿאַרלוירענעם אַטלאַנטיס[97]. מיטן פֿיר־שנור[98] גוט אויסגעלאָזט און אַ העלע זון אויבן, האָבן מיר זיך גוט פֿאַרבראַכט אַ געציילטע שעהען מיט אַ געפֿיל פֿון דער פֿרײַהייט און מאַגיע פֿונעם ים, אַ פֿאַרגיטיקונג פֿאַר די יסורים און צרות אין די פֿאַרגאַנגענע טעג. סוף־כּל־סוף זײַנען מיר פֿרײַ געווען פֿונעם אײַז, אין וואַסער וואָס אין אים קענען די שיפֿלעך נאַוויגירן. געדאַנקען פֿון דער היים, דערשטיקט דורך דער טויטלעכער וואָג פֿון

[92] ד"ה, ווינט־אַראָפּ. אויף ענגליש: before the wind

[93] reef sails

[94] shake the reef out of …

[95] skua-gulls

[96] seas

[97] "… like three Viking ships on the quest of a lost Atlantis." — טאַקע אַ געמישטער מעטאַפֿאָר.

[98] sheet: דער שנור וואָס מיט אים קאָנטראָלירט מען דעם זעגל.

anxious days and nights, came to birth once more, and the difficulties that had still to be overcome dwindled in fancy almost to nothing.

During the afternoon we had to take a second reef in the sails, for the wind freshened and the deeply laden boats were shipping much water and steering badly in the rising sea. I had laid the course for Elephant Island and we were making good progress. The *Dudley Docker* ran down to me at dusk and Worsley suggested that we should stand on all night; but already the *Stancomb Wills* was barely discernible among the rollers in the gathering dusk, and I decided that it would be safer to heave to and wait for the daylight. It would never have done for the boats to have become separated from one another during the night. The party must be kept together, and, moreover, I thought it possible that we might overrun our goal in the darkness and not be able to return. So we made a sea-anchor of oars and hove to, the *Dudley Docker* in the lead, since she had the longest painter. The *James Caird* swung astern of the *Dudley Docker* and the *Stancomb Wills* again had the third place. We ate a cold meal and did what little we could to make things comfortable for the hours of darkness. Rest was not for us. During the greater part of the night the sprays broke over the boats and froze in masses of ice, especially at the stern and bows. This ice had to be broken away in order to prevent the boats growing too heavy. The temperature was below zero and the wind penetrated our clothes and chilled us almost unbearably. I doubted if all the men would survive that night. One of our troubles was lack of water. We had emerged so suddenly from the pack into the open sea that we had not had time to take aboard ice for melting in the cookers, and without ice we could not have hot food. The *Dudley Docker* had one lump of ice weighing about ten pounds, and this was shared out among all hands. We sucked small pieces and got a little relief from thirst engendered by

אומרויִקע טעג און נעכט, האָבן אויפֿגעלעבט נאָך אַ מאָל, און די צרות וואָס מע וועט זײ נאָך דאַרפֿן בײַקומען האָבן זיך פֿאַרמינערט אין זינען שיִער ניט ביז גאָרנישט.

במשך פֿון דעם נאָכמיטאָג האָבן מיר געדאַרפֿט אײַנציִען אַ צווייטן ריף[99] אין די זעגלען, וואָרן דער ווינט האָט זיך פֿאַרשטאַרקט[100] און די טיף־באַלאָדענע שיפֿלעך האָבן אַרײַנגענומען אַ סך וואַסער[101], שלעכט קערעווענדיק אין די אויפֿגייענדיקע כוואַליעס. איך האָב אויסגערעכנט דעם קורס קיין **העלפֿאַנד־אינדזל**, זײַנען מיר גוט געפֿאָרן. דער ***דאָדלי דאָקער*** איז אַראָפּגעלאָפֿן צו מיר צו פֿאַר נאַכט, האָט **וואָרסלי** פֿירגעלייגט, אַז מיר זאָלן בלײַבן פֿאָרן[102] די גאַנצע נאַכט; נאָר שוין האָט מען קוים געקענט דערזען דעם ***סטענקאָם ווילס*** אין די לאַנגע כוואַליעס[103] בעת ס'ווערט מער פֿינצטער, האָב איך באַשלאָסן, אַז ס'וועט זײַן זיכערער מיר זאָלן האַלטן שטיין[104] און וואַרטן אויפֿן העלן טאָג. ס'וואָלט גאָר ניט געטויגט, אַז די שיפֿלעך זאָלן צעשיידט ווערן, איינער פֿונעם אַנדערן אין דער נאַכט. מיר האָבן געמוזט בלײַבן צוזאַמען, און דערצו האָב איך געמיינט אַז ס'איז מיגלעך מיר וועלן פֿאַרבײַפֿאָרן דעם ציל אינעם פֿינצטערניש און ניט קענען צוריקזעגלען. איז, מיר האָבן געמאַכט אַ ים־אַנקער[105] פֿון רודערן און געבליבן שטיין, דער ***דאָדלי דאָקער*** פֿאָרויס ווײַל ער האָט געהאַט דאָס לענגסטע שטריקל. דער ***דזשעמז קיירד*** האָט זיך געוויגן אויף הינטערבאָרד פֿונעם ***דאָדלי דאָקער*** און דער ***סטענקאָם ווילס*** איז געקומען דער דריטער. מיר האָבן געגעסן אַ קאַלטן מאָלצײַט און געטאָן עפּעס אַ ביסל כּדי צו זײַן באַקוועם אין די פֿינצטערע שעהען. קיין אָפּרו איז ניט פֿאַר אונדז געדאַכט. בעת דעם גרעסטן טייל פֿון דער נאַכט האָבן די שפּריצן זיך צעבראָכן איבער די שיפֿלעך, פֿאַרפֿרוירן געוואָרן אין גרויסע מאַסעס אײַז, דער עיקר אויפֿן פֿאָדער־ און הינטערבאָרד. מע האָט געדאַרפֿט אָפּהאַקן דאָס אײַז, כּדי צו פֿאַרמײַדן די שיפֿלעך זאָלן ווערן צו שווער. די טעמפּעראַטור איז געווען אונטער נול, און דער ווינט איז דורכגעדרונגען דורך די קליידער, אונדז דורכגעקילט כּמעט ניט צו פֿאַרטראָגן. מיר האָט זיך געדאַכט, אַז ניט אַלע וועלן איבערלעבן די נאַכט. איין צרה איז געווען אַ דוחק אין וואַסער. מיר זײַנען אַרויסגעפֿאָרן אַזוי גיך פֿונעם פּאַק אינעם אָפֿענעם ים אַרײַן, אַז מיר האָבן ניט געהאַט אַ געלעגנהייט אַרײַנצונעמען אײַז צו שמעלצן אין די קאָכערס, און אָן אײַז האָבן מיר ניט געקענט האָבן הייסע עסן. דער ***דאָדלי דאָקער*** האָט געהאַט איין גרודע אײַז, אַ פֿונט צען אין וואָג, איז דאָס צעטיילט געוואָרן צווישן דעם גאַנצן עקיפּאַזש. מיר האָבן געזויגט קליינע שטיקלעך, געקראָגן דערפֿון אַ ביסל פֿאַרלײַכטערונג פֿונעם דאָרשט צוליב דעם

---

[99] "…to take a second reef …"

[100] freshened

[101] shipping much water

[102] stand on

[103] rollers: ד"ה, לאַנגע כוואַליעס

[104] heave to: אויפֿשלאָגן די זעגלען און האַלטן די קערמע אַזוי אַז דאָס שיפֿל זאָל זיך קוים באַוועגן.

[105] sea-anchor: אַ מין שלעפּקראַפֿט וואָס לאָזט זיך קוים באַוועגן דורכן וואַסער, האַלטנדיק דאָס שיפֿל מיטן פֿאָדערבאָרד ווינט־אַרויף.

the salt spray, but at the same time we reduced our bodily heat. The condition of most of the men was pitiable. All of us had swollen mouths and we could hardly touch the food. I longed intensely for the dawn. I called out to the other boats at intervals during the night, asking how things were with them. The men always managed to reply cheerfully. One of the people on the *Stancomb Wills* shouted, "We are doing all right, but I would like some dry mitts." The jest brought a smile to cracked lips. He might as well have asked for the moon. The only dry things aboard the boats were swollen mouths and burning tongues. Thirst is one of the troubles that confront the traveller in polar regions. Ice may be plentiful on every hand, but it does not become drinkable until it is melted, and the amount that may be dissolved in the mouth is limited. We had been thirsty during the days of heavy pulling in the pack, and our condition was aggravated quickly by the salt spray. Our sleeping-bags would have given us some warmth, but they were not within our reach. They were packed under the tents in the bows, where a mail-like coating of ice enclosed them, and we were so cramped that we could not pull them out.

At last daylight came, and with the dawn the weather cleared and the wind fell to a gentle south-westerly breeze. A magnificent sunrise heralded in what we hoped would be our last day in the boats. Rose-pink in the growing light, the lofty peak of Clarence Island told of the coming glory of the sun. The sky grew blue above us and the crests of the waves sparkled cheerfully. As soon as it was light enough we chipped and scraped the ice off the bows and sterns. The rudders had been unshipped during the night in order to avoid the painters catching them. We cast off our ice-anchor and pulled the oars aboard. They had grown during the night to the thickness of telegraph-poles while rising and falling in the freezing seas, and had to be chipped clear before they could be brought inboard.

We were dreadfully thirsty now. We found that we could get momentary relief by chewing pieces of raw seal meat and swallowing the blood, but thirst came back with redoubled force owing to the saltness of the flesh. I gave orders, therefore, that meat was to be served out

זאַלציקן שפּריץ, אָבער צו גלײַך האָבן מיר פֿאַרלוירן גופֿיקע היץ. ס'רובֿ מענטשן זײַנען געווען אויף אַ נעבעכדיקן מצבֿ. מיר אַלע האָבן געהאַט געשוואָלענע מײַלער, קוים געקענט עסן. טיף האָב איך געבענקט נאָכן קאַיאַר. פֿון צײַט צו צײַט די נאַכט האָב איך אויסגערופֿן צו די אַנדערע שיפֿלעך, פֿרעגנדיק ווי ס'טוט זיך בײַ זיי. די חבֿרה האָט אַלע מאָל געפֿונען די כּוח פֿריילעך צו ענטפֿערן. איינער אויפֿן *סטענקאָם* ***ווילס*** האָט זיך אָנגערופֿן "אונדז איז גוט, אָבער איך וואָלט וועלן האָבן טרוקענע קוליקלעך." דאָס וויצל האָט געבראַכט אַ שמייכל צו צעשפּאָלטענע ליפּן. כאָטש גייט פֿאַרלאַנגען די לבֿנה. די איינציקע טרוקענע זאַכן אויף די שיפֿלעך זײַנען געווען געשוואָלענע מײַלער און ברענענדיקע צונגען. דער דאָרשט איז איינע פֿון די צרות בײַ פֿאָרערס אין די פּאָלאַרישע געגנטן. ס'איז יאָ אַ גוזמא אײַז אַרום און אַרום, אָבער גאָר נישט צו טרינקען איידער ס'איז געשמאָלצן געוואָרן, און נאָר אַ קליין ביסל קען מען שמעלצן אין מויל. מיר זײַנען געהאַט געווען דאָרשטיק אין די טעג פֿונעם שווערן שלעפּן אינעם פּאַק, און די מצבֿ איז גיך ערגער געוואָרן צוליב דעם זאַלץ־שפּריץ. די שלאָפֿזעק וואָלט אונדז געגעבן אַ ביסל וואַרעמקייט, נאָר זיי זײַנען ניט געווען צו דערגרייכן, אײַנגעשטעלט אונטער די געצעלטן אין די פֿאָדערבאָרדן, ווו זיי זײַנען געווען אײַנגעהילט אין פֿאַנצערישן אײַז, און מיר זײַנען געווען אַזוי אײַנגעקאָרטשעט, אַז מיר האָבן זיי ניט געקענט אַרויסציִען.

סוף־כּל־סוף איז געקומען דער טאָג און מיטן באַגינען האָט זיך דער וועטער אויסגעלײַטערט, איז דער ווינט אַראָפּ צו אַ מילדן דרום־מערבֿדיקן ווינטל[106]. אַ פּראַכטיקער זונאויפֿגאַנג האָט מבֿשׂר געווען וואָס מיר האָפֿן זאָל זײַן אונדזער לעצטער טאָג אין די שיפֿלעך. רויטלעך־ראָזעווע אין דער וואַקסנדיקער ליכט, האָט דער הויכער שפּיץ פֿון קלאַרענס־אינדזל פֿאָרויסגעזאָגט דעם קומעדיקן גלאַנץ פֿון דער זון. דער הימל איז בלאָ געוואָרן איבער אונדז און די קאַמען פֿון די כוואַליעס האָבן פֿריילעך געפֿינקלט. באַלד ווי ס'איז העל גענוג האָבן מיר אָפּגעבראָקלט און אָפּגעשקראָבן דאָס אײַז פֿון פֿאָדער־ און הינטערבאָרד. די קערמעס האָט מען אַרײַנגענומען[107] אין דער נאַכט, כּדי אויסצומײַדן אַז די שטריקלעך זאָלן זיך ניט פֿאַרטשעפּען אין זיי. מיר האָבן אָפּגעבונדן[108] דעם אײַז־אַנקער און גענומען די רודערן אויפֿן באָרד. בעת דער נאַכט האָבן זיי געוואַקסן אַזוי דיק ווי טעלעגראַף־סלופּעס פֿונעם טונקען זיך אין די פֿרירנדיקן ים, האָט מען געדאַרפֿט זיי אָפּבראָקלען איידער מע האָט זיי געקענט אַרײַנבריינגען.

מיר זײַנען איצט געווען גרוילעך דאָרשטיק. מיר האָבן באַמערקט, אַז עס ברענגט אַ רגעדיקע פֿאַרלײַכטערונג דאָס קײַען שטיקלעך רויע ים־הינט־פֿלייש און אַראָפּשלינגען דאָס בלוט, אָבער ס'איז צוריקגעקומען צוויי מאָל אַזוי שטאַרק, דער דאָרשט, צוליב דער זאַלצקייט פֿונעם פֿלייש. איך האָב געהייסן, דערפֿאַר, אַז מע וועט נאָר דערלאַנגען דאָס

---

[106] ד'ה, אַ ווינטל פֿונעם דרום־מערבֿ. אַ ווינט איז אַ נאָמען נאָך דער ריכטונג פֿון וואַנען ער בלאָזט.

[107] … unshipped the rudders …

[108] cast off

only at stated intervals during the day or when thirst seemed to threaten the reason of any particular individual. In the full daylight Elephant Island showed cold and severe to the north-north-west. The island was on the bearings that Worsley had laid down, and I congratulated him on the accuracy of his navigation under difficult circumstances, with two days dead reckoning while following a devious course through the pack-ice and after drifting during two nights at the mercy of wind and waves. The *Stancomb Wills* came up and McIlroy reported that Blackborrow's feet were very badly frost-bitten. This was unfortunate, but nothing could be done. Most of the people were frost-bitten to some extent, and it was interesting to notice that the "oldtimers," Wild, Crean, Hurley, and I, were all right. Apparently we were acclimatized to ordinary Antarctic temperature, though we learned later that we were not immune.

All day, with a gentle breeze on our port bow, we sailed and pulled through a clear sea. We would have given all the tea in China for a lump of ice to melt into water, but no ice was within our reach. Three bergs were in sight and we pulled towards them, hoping that a trail of brash would be floating on the sea to leeward; but they were hard and blue, devoid of any sign of cleavage, and the swell that surged around them as they rose and fell made it impossible for us to approach closely. The wind was gradually hauling ahead, and as the day wore on the rays of the sun beat fiercely down from a cloudless sky on pain-racked men. Progress was slow, but gradually Elephant Island came nearer. Always while I attended to the other boats, signalling and ordering, Wild sat at the tiller of the *James Caird*. He seemed unmoved by fatigue and unshaken by privation. About four o'clock in the afternoon a stiff breeze came up ahead and, blowing against the current, soon produced a choppy sea. During the next hour of hard pulling we seemed to make no

פֿלייש צו געוויסע צײַטן אין טאָג, אָדער ווען דער דאָרשט האָט געשטעלט אין סכּנה עמעצנס אַ מוח. אינעם העלן טאָג האָט זיך באַוויזן **ה**עלפֿאַנד־**א**ינדזל קאַלט און האַרב אויפֿן צפֿון־צפֿון־מערבֿ. דער אינדזל איז געשטאַנען פּונקט אין דער ריכטונג, וואָס **וו**אָרסלי האָט גערעכנט[109], האָב איך אים געגעבן מזל־טובֿ פֿאַר זײַן נאַוויגאַציע אין שווערע באַדינגונגען, נאָך צוויי טעג טויט־רעכענונג[110] פֿאָלגנדיק אַן אַרומוועגיקן קורס דורכן פּאַקאײַז און נאָך צוויי נעכט דרייפֿנדיק ווו נאָר דער ווינט און כוואַליעס האָבן געוואָלט. דער *סטענקאָם* ***וו**ילס* איז צוגעקומען, האָט **מ**קילרוי[111] געמאָלדן, אַז **ב**לאַקבאָראָס[112] פֿיס זײַנען גאָר שלעכט אָפּגעפֿרוירן. אַן אומגליק, נעבעך, אָבער מע האָט ניט געקענט טאָן גאָרנישט. ס'רובֿ מענטשן זײַנען געווען אָפּגעפֿרוירן ביז אַ געוויסער מאָס, און ס'איז געווען אינטערעסאַנט צו באַמערקן, אַז בײַ די "דורכגעמאַכטע מענטשן", **וו**ילד, **ק**רין, **ה**ערלי מיט מיר, איז גוט געגאַנגען. אַ פּנים זײַנען מיר שוין צוגעווינט געוואָרן צו די געוויינטלעכע אַנטאַרקטישע טעמפּעראַטורן, כאָטש מיט דער צײַט זײַנען מיר געוווּיר געוואָרן, אַז מיר זײַנען ניט אימון.

דעם גאַנצן טאָג, מיט אַ מילד ווינטל אויפֿן לינקן פֿאָדערבאָרד, האָבן מיר געזעגלט און גערודערט דורך אַן אָפֿענעם ים. מיר וואָלטן אָפּגעגעבן די טײַערסטע זאַך פֿאַר אַ שטיקל אײַז צו שמעלצן פֿאַר וואַסער, אָבער ניט קיין אײַז איז געווען צו דערגרייכן. דרײַ בערג האָט מען געקענט זען, האָבן מיר זיך צו זיי געשלעפּט, האָפֿנדיק אַז אַ ריי אײַז־שטיקלעך שווימט אויפֿן ים ווינט־אַראָפּ פֿון זיי; נאָר זיי זײַנען געווען האַרט און בלאָ, אָן שום סימן פֿון שפּאַלטונג, און דער אויפֿלויף וואָס האָט אַרום זיי געפֿלייצט בעת זיי שווימען אַרויף און אַראָפּ האָט געמאַכט פֿאַר אוממיגלעך נאָענט צוצוקומען. דער ווינט האָט זיך ביסלעכווײַז געדרייט אויף פֿאָרויס[113], און בעת דער טאָג גייט ווײַטער האָט די זון רציחהדיק געשטראַלט אַראָפּ פֿון אַ קלאָרן הימל אויף ווייי־געפּײַניקטע מענטשן. דער גאַנג איז געווען פּאַמעלעך, נאָר ביסלעכווײַז איז **ה**עלפֿאַנד־**א**ינדזל נעענטער געקומען. בעת איך האָב זיך באַזאָרגט מיט די אַנדערע שיפֿלעך, סיגנאַלן און באַפֿעלן, איז **וו**ילד געזעסן שטענדיק בײַ דער קערמע פֿונעם ***ד**זשעמז קיירד*. אים, האָט זיך געדאַכט, האָט ניט אָנגערירט די מידקייט, ניט געשטערט פֿון נויט. בערך פֿיר אַ זייגער נ"מ איז אָנגעקומען פֿון פֿאָרנט אַ שטאַרק ווינטל, וואָס עס בלאָזט אַקעגן דעם שטראָם, און האָט באַלד געשאַפֿן אַ צעטומלטן ים[114]. מיט אַ שעה שווער רודערן זײַנען מיר קוים געגאַנגען

---

[109] ... on the bearing Worsley had laid down, ...

[110] dead reckoning: נאַוויגירן דורך אָפּשאַצן פֿון ריכטונג און גיכקייט און שטראָמען, ניט אַזוי פּינקטלעך ווי הימליש־נאַוויגירן, מיט דער זון אָדער די שטערן. אין דער אמתן האָט דאָס גאָרנישט צו טאָן מיט "טויט" נאָר (מע זאָגט) שטאַמט פֿון "דעדוקציע".

[111] James McIlroy: דער דאָקטער / כירורג.

[112] Perce [Percy] Blackbor[r]ow: דער סטואַרט אויפֿן *אויסהאַלט*. ער איז אַרײַן אין שיף ערשט ווי אַ בלינדער פּאַסאַזשיר. שעקלטאָן האָט אים געסטראַשעט אַז טאָמער קומט צו הונגערן, וועלן זיי ערשט אים עסן. ער האָט געענטפֿערט, "אין דעם פֿאַל, סער, איז דאָ אויף אײַך מער פֿלייש ווי אויף מיר."

[113] "... was ... hauling ahead, ..."

[114] choppy sea

progress at all. The *James Caird* and the *Dudley Docker* had been towing the *Stancomb Wills* in turn, but my boat now took the *Stancomb Wills* in tow permanently, as the *James Caird* could carry more sail than the *Dudley Docker* in the freshening wind.

We were making up for the south-east side of Elephant Island, the wind being between north-west and west. The boats, held as close to the wind as possible, moved slowly, and when darkness set in our goal was still some miles away. A heavy sea was running. We soon lost sight of the *Stancomb Wills*, astern of the *James Caird* at the length of the painter, but occasionally the white gleam of broken water revealed her presence. When the darkness was complete I sat in the stern with my hand on the painter, so that I might know if the other boat broke away, and I kept that position during the night. The rope grew heavy with the ice as the unseen seas surged past us and our little craft tossed to the motion of the waters. Just at dusk I had told the men on the *Stancomb Wills* that if their boat broke away during the night and they were unable to pull against the wind, they could run for the east side of Clarence Island and await our coming there. Even though we could not land on Elephant Island, it would not do to have the third boat adrift.

It was a stern night. The men, except the watch, crouched and huddled in the bottom of the boat, getting what little warmth they could from the soaking sleeping-bags and each other's bodies. Harder and harder blew the wind and fiercer and fiercer grew the sea. The boat plunged heavily through the squalls and came up to the wind, the sail shaking in the stiffest gusts. Every now and then, as the night wore on, the moon would shine down through a rift in the driving clouds, and in the momentary light I could see the ghostly faces of men, sitting up to trim the boat as she heeled over to the wind. When the moon was hidden its presence was revealed still by the light

פֿאָרויס. דער *דזשעמז קיירד* און דער *דאָדלי דאָקער* האָבן נאָך דער ריי בוקסירט דעם *סטענקאָם ווילס*, אָבער איצט האָט מײַן שיפֿל אַליין גענומען ציִען דעם *סטענקאָם ווילס*, וואָרן דער *דזשעמז קיירד* האָט געקענט טראָגן מער זעגלען ווי דער *דאָדלי דאָקער* אינעם פֿאַרשטאַרקנדיקן ווינט.

מיר האָבן געשטרעבט פֿאָרן קיין[115] דער דרום־מיזרחדיקער זײַט פֿון העלפֿאַנד־אינדזל, דער ווינט בלאָזנדיק צווישן צפֿון־מערבֿ און מערבֿ. די שיפֿלעך, געהאַלטן וואָס נעענטער צום ווינט, זײַנען פּאַמעלעך געפֿאָרן, און אַז ס'האָט זיך פֿאַרטונקלט, איז אונדזער ציל ווײַט נאָך עטלעכע מײַלן. שווערע כוואַליעס[116] זײַנען געלאָפֿן. באַלד האָבן מיר פֿאַרלוירן פֿון די אויגן דעם *סטענקאָם ווילס*, אויף הינטן פֿונעם *דזשעמז קיירד* אויף דער לענג פֿונעם שטריקל, נאָר צו מאָל איז זי נתגלה געוואָרן דורכן ווײַסן גלאַנץ פֿון צעבראָכענעם וואַסער. ווען ס'איז שטאָק פֿינצטער געוואָרן האָב איך זיך אַוועקגעזעצט אינעם הינטערבאָרד מיט דער האַנט אויפֿן שטריקל, איך זאָל קענען וויסן צי דאָס צווייטע שיפֿל ווערט אָפּגעריסן, האָב איך געהאַלטן אָרט די גאַנצע נאַכט. דאָס שטריקל איז שווער געוואָרן מיט אײַז בעת די אומזעיִקע כוואַליעס פֿלייצן אונדז פֿאַרבײַ און דאָס שיפֿעלע אונדזערס האָט זיך געוואָרפֿן מיט דער באַוועגונג פֿונעם ים. פּונקט פֿאַר נאַכט האָב איך דערציילט די לײַט אויפֿן *סטענקאָם ווילס*, אויב זייער שיפֿל זאָל אַוועקברעכן אין דער נאַכט און זיי קענען ניט רודערן אַקעגן דעם ווינט, זאָלן זיי לויפֿן קיין דער מיזרחדיקער זײַט פֿון קלאַרענס־אינדזל און דאָרט וואַרטן אויף אונדז. אַפֿילו אַז מיר קענען ניט לאַנדן אויף העלפֿאַנד־אינדזל[117], וואָלט ניט טויגן אַז דאָס דריטע שיפֿל זאָל גיין אויף הפֿקר.

ס'איז געווען אַ שטרענגע נאַכט. די מאַנשאַפֿט, אַחוץ דער וואַך, האָט געהויערט, זיך געטוליעט אין אַ רעדל אונטן אין שיפֿל, קריגנדיק אַ קליין שטיקל וואַרעמקייט פֿון די דורכגעווייקטע שלאָפֿזעק און פֿונעם רעדל קערפּערס אַליין. נאָך שטאַרקער האָט געבלאָזן דער ווינט, נאָך רציחהדיקער איז געוואָרן דער ים. דאָס שיפֿל האָט זיך שווער דורכגעוואָרפֿן דורך די שקוואַלן און זיך געדרייט פּונקט צום ווינט[118], דער זעגל שאָקלענדיק אין די שטאַרקסטע פלאָשן. פֿון צײַט צו צײַט בעת דער נאַכט ציט זיך ווײַטער האָט די לבֿנה אַראָפּגעשײַנט דורך אַ שפּאַלט אין די טרײַבנדיקע וואָלקנס און אין דער פֿאַרגייִיקער ליכט האָב איך געקענט זען די שדישע פּנימער פֿון די מענטשן, זיך אויפֿזעצנדיק כּדי צו באַלאַנסירן דאָס שיפֿל[119] בעת זי בייגט זיך איבער[120] אינעם ווינט. ווען די לבֿנה איז פֿאַרשטעלט געוואָרן, האָט זי זיך נאָך אַלץ באַוויזן אין דער ליכט

---

[115] "making up for …"

[116] heavy seas

[117] אינעם ענגלישן נסח איז דאָ אפֿשר אַ פּלאָנטער מיט די אינדזלען – ס'איז מיגלעך אַז דאָ מיינט ער קלאַרענס־אינדזל.

[118] came up to the wind: מיטן פֿאָדערבאָרד ווינד־אַרויף.

[119] trim the boat

[120] heeled over to the wind

reflected on the streaming glaciers of the island. The temperature had fallen very low, and it seemed that the general discomfort of our situation could scarcely have been increased; but the land looming ahead was a beacon of safety, and I think we were all buoyed up by the hope that the coming day would see the end of our immediate troubles. At least we would get firm land under our feet. While the painter of the *Stancomb Wills* tightened and drooped under my hand, my thoughts were busy with plans for the future.

Towards midnight the wind shifted to the south-west, and this change enabled us to bear up closer to the island. A little later the *Dudley Docker* ran down to the *James Caird*, and Worsley shouted a suggestion that he should go ahead and search for a landing-place. His boat had the heels of the *James Caird*, with the *Stancomb Wills* in tow. I told him he could try, but he must not lose sight of the *James Caird*. Just as he left me a heavy snow-squall came down, and in the darkness the boats parted. I saw the *Dudley Docker* no more. This separation caused me some anxiety during the remaining hours of the night. A cross-sea was running and I could not feel sure that all was well with the missing boat. The waves could not be seen in the darkness, though the direction and force of the wind could be felt, and under such conditions, in an open boat, disaster might overtake the most experienced navigator. I flashed our compass-lamp on the sail in the hope that the signal would be visible on board the *Dudley Docker*, but could see no reply. We strained our eyes to windward in the darkness in the hope of catching a return signal and repeated our flashes at intervals.

My anxiety, as a matter of fact, was groundless. I will quote Worsley's own account of what happened to the *Dudley Docker*:

"About midnight we lost sight of the *James Caird* with the *Stancomb Wills* in tow, but not long after saw

אָפגעשפּיגלט אויף די שטראָמענדיקע גלעטשערס אויפֿן אינדזל. די טעמפּעראַטור איז אַראָפּגעפֿאַלן זייער נידעריק, און ס'האָט זיך געדאַכט אַז די אַלגעמיינע אומבאַקוועמלעכקייט פֿון אונדזער לאַגע האָט קוים געקענט ערגער ווערן, נאָר די יבשה וואָס דערזעט זיך פֿאָרויס איז געווען אַ שטײַנטורעם פֿון זיכערקייט, און איך מיין אַז מיר אַלע זײַנען געמוטיקט געוואָרן דורך דער האָפֿענונג, אַז דער קומעדיקער טאָג וועט ברענגען אַ סוף צו אונדזערע איצטיקע צרות. ווייניקסטנס וואָלטן מיר האָבן פֿעסטע ערד אונטער די פֿיס. בעת דאָס שטריקל פֿונעם *סטענקאָם ווילס* האָט זיך פֿאַרשטײַפֿט און אַראָפּגעהאַנגען אונטער דער האַנט, איז דער קאָפּ מײַנער פֿאַרנומען געווען מיט פּלענער פֿאַר דער צוקונפֿט.

צו האַלבער נאַכט האָט דער ווינט זיך איבערגערוקט צו דרום־מערבֿ, וועלכע שינוי האָט אונדז געלאָזט פֿאָרן נעענטער[121] צום אינדזל. אַ ביסל שפּעטער איז דער דאָדלי דאָקער אַראָפּגעלאָפֿן בײַם *דזשעמז קיירד*, האָט וואָרסלי אַ פֿירלייג געשריגן, ער זאָל פֿאָרן פֿאָרויס, זוכן אַן אָרט ווו צו לאַנדן. זײַן שיפֿל האָט געקענט איבעריאָגן[122] דעם *דזשעמז קיירד*, וואָס האָט דעם *סטענקאָם ווילס* צו בוקסירן. איך האָב אים געזאָגט, ער מעג אַ פּרווו טאָן, אָבער ער טאָר ניט פֿאַרלירן פֿון די אויגן דעם *דזשעמז קיירד*. פּונקט ווען ער פֿאָרט אָפּ איז אַראָפּגעקומען אַ שווערער שניי־שקוואַל, און אינעם פֿינצטערניש האָבן די שיפֿלעך זיך צעשייד. איך האָב מער ניט געזען דעם דאָדלי דאָקער. אָט די אָפּזונדערונג האָט מיר אָנגעטאָן יסורים במשך פֿון די איבעריקע שעהען פֿון דער נאַכט. קווער־כוואַליעס זײַנען געלאָפֿן[123] און איך האָב ניט געקענט זײַן זיכער, אַז אַלץ גייט גוט בײַ דעם פֿעלנדיקן שיפֿל. מע האָט ניט געקענט זען די כוואַליעס אינעם פֿינצטערניש, כאָטש מע האָט יאָ געקענט שפּירן די ריכטונג און דעם כּוח פֿונעם ווינט. אין אַזעלכע באַדינגונגען, אין אַן אָפֿענעם שיפֿל, האָט געקענט אַפֿילו דער אָנגעלערנטסטער נאַוויגאַטאָר קומען צו שאָדן. איך האָב געבליצט מיטן קאָמפּאַס־לעמפּל אויפֿן זעגל, האָפֿנדיק אַז דעם סיגנאַל וועט מען קענען זען פֿונעם דאָדלי דאָקער, אָבער קיין ענטפֿער האָב איך ניט געזען. מיר האָבן איבערגעמאַטערט די אויגן קוקנדיק ווינט־אַרויף אינעם פֿינצטערניש, מיר זאָלן אָנכאַפּן אַן ענטפֿער, און איבערגעחזרט די בליצן פֿון צײַט צו צײַט.

מײַן אומרו, דעם אמת געזאָגט, איז געווען אָן אַ גרונד. איך וועל ציטירן פֿון וואָרסליס אייגענער באַריכט וועגן דעם וואָס איז געשען מיטן דאָדלי דאָקער:

> צו האַלבער נאַכט האָבן מיר פֿאַרלוירן פֿון די אויגן דעם *דזשעמז קיירד*, בוקסירנדיק דעם *סטענקאָם ווילס*, אָבער אַ ביסל דערנאָך האָבן מיר דערזען די

---

[121] bear up closer to: פֿאָרן אויף אַ קורס מער דירעקט צום אינדזל צו.

[122] "His boat had the heels of the *James Caird*": ד'ה זי האָט געקענט גיכער זעגלען.

[123] A cross-sea was running.

the light of the *James Cairds*' compass-lamp, which Sir Ernest was flashing on their sail as a guide to us. We answered by lighting our candle under the tent and letting the light shine through. At the same time we got the direction of the wind and how we were hauling from my little pocket-compass, the boat's compass being smashed. With this candle our poor fellows lit their pipes, their only solace, as our raging thirst prevented us from eating anything. By this time we had got into a bad tide-rip, which, combined with the heavy, lumpy sea, made it almost impossible to keep the *Dudley Docker* from swamping. As it was we shipped several bad seas over the stern as well as abeam and over the bows, although we were 'on a wind.' Lees, who owned himself to be a rotten oarsman, made good here by strenuous baling, in which he was well seconded by Cheetham. Greenstreet, a splendid fellow, relieved me at the tiller and helped generally. He and Macklin were my right and left bowers as stroke-oars throughout. McLeod and Cheetham were two good sailors and oars, the former a typical old deep-sea salt and growler, the latter a pirate to his finger-tips. In the height of the gale that night Cheetham was buying matches from me for bottles of champagne, one bottle per match (too cheap; I should have charged him two bottles). The champagne is to be paid when he opens his pub in Hull and I am able to call that way.... We had now had one hundred and eight hours of toil, tumbling, freezing, and soaking, with little or no sleep. I think

ליכט פֿונעם דזשעמז קיירדס קאָמפּאַס־לעמפּל, וואָס סער ערנעסט שײַנט אויפֿן זעגל ווי אַ װעגװײַזער פֿאַר אונדז. מיר האָבן געענטפֿערט, אָנצינדן אַ ליכט אונטערן געצעלט, די ליכט זאָל דורך אים דורכשײַנען. צו גלײַך זײַנען מיר געוויר געוואָרן פֿון וואַנען בלאָזט דער ווינט, און ווהין מיר פֿאָרן מיט מײַן קליינעם קעשענע־קאָמפּאַסל, ווײַל דער שיפֿל־קאָמפּאַס איז שוין פֿריִער געהאַט צעבראָכן געוואָרן. מיט אָט דעם ליכט האָבן אונדזערע נעבעכדיקע לײַט אָנגעצונדן זייערע ליולקעס, זייער איינציקע נחמה, ווײַל דער שרעקלעכער דאָרשט האָט אונדז ניט געלאָזט גאָרנישט ניט עסן. שוין דעמאָלט זײַנען מיר אָנגעקומען אין אַ שלעכטן פֿלייץ־ריס, וואָס צוזאַמען מיטן שווערן, קנויליקן ים האָט געמאַכט שיִער ניט אוממיגלעך, דער דאָדלי דאָקער זאָל זיך ניט אָנגעגאָסן ווערן[124]. ווי ס'איז געווען האָבן מיר אַרײַנגענומען עטלעכע שלעכטע כוואַליעס[125] איבערן הינטערבאָרד, און דערצו איבער די זײַטן און פֿאָדערבאָרד, כאָטש מיר פֿאָרן "אויף אַ ווינט"[126]. ליס[127], וואָס ער האַלט זיך אַליין פֿאַר אַ שלעכטן רודערער, האָט דאָ יאָ גוט געמאַכט מיט שטרענג אַרויסוואַרפֿן וואַסער פֿון שיפֿל[128], גוט געהאָלפֿן פֿון טשיטעם[129]. גרינסטריט[130], אַ גוטער־ברודער, האָט פֿאַרנומען מײַן אָרט בײַ דער קערמע, געהאָלפֿן בכלל. ער מיט מאַקלין[131] זײַנען געווען פֿאַר מיר די רעכטע און לינקע אַנקערס[132] ווי טעמפּ־רודערערס[133] די גאַנצע צײַט. מקלאָד[134] און טשיטעם זײַנען געווען צוויי גוטע מאַטראָסן און רודערערס, דער ערשטע אַ טיפּישער אַלטער טיף־ים־מאַטראָס[135] און מרוק, דער צווייטער אַ ים־גזלן ביז צו די שפּיץ־פֿינגער. בײַם שטאַרקסטן טייל פֿון דער בורע די נאַכט, האָט טשיטעם געהאַלטן אין קויפֿן שוועבעלעך פֿון מיר, באַצאָלט מיט שאַמפּאַניער, איין פֿלאַש פֿאַר איין שוועבעלע (צו וואָלוול, כ'האָב אים געזאָלט רעכענען צוויי פֿלעשער). דעם שאַמפּאַניער וועט ער מיר געבן דעמאָלט, ווען ער עפֿנט זײַן שענק אין האָל[136] און ווען איך קען דאָרט אַהינפֿאָרן... ביז איצט האָבן מיר געהאַט איין הונדערט מיט אַכט שעהען האָרעוואַניע, וואַרפֿעניש, פֿרירן, און דורכווייקן, מיט נאָר אַ ביסל אָדער גאָרנישט קיין שלאָף. איך מיין אַז

---

[124] be swamped

[125] shipped several bad seas

[126] "on a wind": זעגלען צו אָדער נאָענט צו דער ריכטונג פֿון וואַנען בלאָזט דער ווינט.

[127] Thomas Orde-Lees: דער ממונה איבער די זאַפּאַסן און פּראָוויאַנט.

[128] bailing

[129] Alfred Cheatham: דער דריטער אָפֿיציר.

[130] Lionel Greenstreet: דער ערשטער אָפֿיציר.

[131] Alexander Macklin: כירורג

[132] ד"ה, גאָר נייטיק, פֿעיִק.

[133] stroke-oars, ד"ה טעמפּ־אײַנשטעלערס

[134] Thomas McLeod: מאַטראָס

[135] deep-sea salt

[136] Hull: די שטאָט אין ענגלאַנד

Sir Ernest, Wild, Greenstreet, and I could say that we had no sleep at all. Although it was sixteen months since we had been in a rough sea, only four men were actually seasick, but several others were off colour.

"The temperature was 20° below freezing-point; fortunately, we were spared the bitterly low temperature of the previous night. Greenstreet's right foot got badly frost-bitten, but Lees restored it by holding it in his sweater against his stomach. Other men had minor frost-bites, due principally to the fact that their clothes were soaked through with salt water.... We were close to the land as the morning approached, but could see nothing of it through the snow and spindrift. My eyes began to fail me. Constant peering to windward, watching for seas to strike us, appeared to have given me a cold in the eyes. I could not see or judge distance properly, and found myself falling asleep momentarily at the tiller. At 3 a.m. Greenstreet relieved me there. I was so cramped from long hours, cold, and wet, in the constrained position one was forced to assume on top of the gear and stores at the tiller, that the other men had to pull me amidships and straighten me out like a jack-knife, first rubbing my thighs, groin, and stomach.

"At daylight we found ourselves close alongside the land, but the weather was so thick that we could not see where to make for a landing. Having taken the tiller again after an hour's rest under the shelter (save the mark!) of the dripping tent, I ran the *Dudley Docker* off before the gale, following the coast around to the north. This course for the first hour was fairly risky, the heavy sea before which we were running threatening to swamp the boat, but by 8 a.m. we had obtained a slight lee from the land. Then I was able to keep her very close in, along a glacier front, with the object of picking up lumps

סער ערנעסט, ווילד, גרינסטריט, און איך האָבן געקענט זאָגן, אַז מיר האָבן אין גאַנצן ניט געשלאָפֿן. כאָטש ס'איז געווען זעכצן חדשים זינט מיר זײַנען געהאַט געווען אין שווערע כוואַליעס, זײַנען בלויז פֿיר מענטשן געווען ערנסט ים־קראַנק, נאָר עטלעכע אַנדערע זײַנען געווען אַ ביסל גרין.

די טעמפּעראַטור איז געווען 20° אונטערן פֿרירפּונקט; צום גליק זײַנען מיר זיך באַגאַנגען אָן דער ביטערער נידעריקער טעמפּעראַטור פֿון נעכטן בײַ נאַכט. גרינסטריטס רעכטער פֿוס איז שלעכט אָפּגעפֿרוירן געוואָרן, אָבער ליס האָט אים רעסטאַווירט, אים געהאַלטן אונטער זײַן סוועטער אויפֿן בויך. אַנדערע האָבן געהאַט מינערדיקע אײַנפֿרירס, דער עיקר צוליב זייערע קליידער, וואָס זײַנען דורכגעווייקט געווען מיט זאַלץ־וואַסער.... מיר זײַנען געווען נאָענט צו דער יבשה ווען עס שאַרייעט אויף טאָג, אָבער מיר האָבן געקענט גאָרנישט ניט זען דורכן שניי און צעבלאָזן־וואַסער[137]. די אויגן זײַנען מיר שלעכט געוואָרן. דאָס כסדרדיקע גלאָצן אין דעם ווינט אַרײַן, קוקן אויף די פֿינגער די כוואַליעס זאָל אונדז ניט שלאָגן, האָט מיר געגעבן, דאַכט זיך, אַ פֿאַרקילונג אין די אויגן. איך האָב ניט געקענט זען אָדער ריכטיק אָפּמעסטן ווײַטקייטן, און אַ מאָל בין איך אײַנגעשלאָפֿן אויף אַ רגע בײַ דער קערמע. דרײַ אַ זייגער אין דער פֿרי האָט גרינסטריט גענומען מײַן אָרט. איך בין געווען אַזוי פֿאַרקאָרטשעט פֿון די לאַנגע שעהען, קאַלט, און נאַס, אין דער אומבאַקוועמער פּאָזיציע וואָס מע האָט געדאַרפֿט האַלטן אויפֿן געצײַג און זאַפּאַס בײַ דער קערמע, אַז די אַנדערע לײַט האָבן געדאַרפֿט מיך שלעפּן אין מיטן שיפֿל[138] און אויסגלײַכן ווי אַ קעשענע־מעסערל, ערשט רײַבן די דיכן, ווינקל, און בויך.

באַגינען האָבן מיר זיך געפֿונען נאָענט צו דער יבשה[139], אָבער דער וועטער איז אַזוי געדיכט געווען, מיר האָבן ניט געקענט זען ווו צו לאַנדן. צוריק בײַ דער קערמע נאָך אַ שעה אָפּרו באַדעקט (אַזוי צו זאָגן!) מיטן טריפֿנדיקן געצעלט, האָב איך געפֿירט דעם דאָדלי דאָקער אַוועק מיט דער בורע[140], לענג־אויס דעם ברעג אַרום אויף צפֿון. די ערשטע שעה איז דער גאַנג געווען היפּש ריזיקאַליש, די שווערע כוואַליעס וואָס מיר לויפֿן פֿאַר זיי האָבן געדראָאט אָנצוגיסן דאָס שיפֿל, אָבער ביז אַכט אַ זייגער אין דער פֿרי האָבן מיר געפֿונען אַ ביסל אָפּדאַך פֿונעם ווינט[141] צוליב דער יבשה. דערנאָך האָב איך געקענט האַלטן אין פֿאָרן זייער נאָענט, פּאַזע אַ גלעטשער־פֿאָרנט, כּדי צו קריגן פּײַדעס

[137] spindrift
[138] amidships
[139] … close alongside the land
[140] … ran … off before the gale, …
[141] lee

of fresh-water ice as we sailed through them. Our thirst was intense. We soon had some ice aboard, and for the next hour and a half we sucked and chewed fragments of ice with greedy relish.

"All this time we were coasting along beneath towering rocky cliffs and sheer glacier-faces, which offered not the slightest possibility of landing anywhere. At 9.30 a.m. we spied a narrow, rocky beach at the base of some very high crags and cliff, and made for it. To our joy, we sighted the *James Caird* and the *Stancomb Wills* sailing into the same haven just ahead of us. We were so delighted that we gave three cheers, which were not heard aboard the other boats owing to the roar of the surf. However, we soon joined them and were able to exchange experiences on the beach."

Our experiences on the *James Caird* had been similar, although we had not been able to keep up to windward as well as the *Dudley Docker* had done. This was fortunate as events proved, for the *James Caird* and *Stancomb Wills* went to leeward of the big bight the *Dudley Docker* entered and from which she had to turn out with the sea astern. We thus avoided the risk of having the *Stancomb Wills* swamped in the following sea. The weather was very thick in the morning. Indeed at 7 a.m. we were right under the cliffs, which plunged sheer into the sea, before we saw them. We followed the coast towards the north, and ever the precipitous cliffs and glacier-faces presented themselves to our searching eyes. The sea broke heavily against these walls and a landing would have been impossible under any conditions. We picked up pieces of ice and sucked them eagerly. At 9 a.m. at the north-west end of the island we saw a narrow beach at the foot of the cliffs. Outside lay a fringe of rocks heavily beaten by the surf but with a narrow channel showing as a break in the foaming water. I decided that we must face the hazards of this

פֿריש־וואַסער־אײַז, בעת מיר זעגלען דורך זיי. אונדזער דאָרשט איז געווען גאָר שאַרף. באַלד האָבן מיר געהאַט אַ ביסל אײַז אַרײַן אין שיפֿל[142], און אויף צווייט האַלבן שעה האָבן מיר געזויגט און געקײַט גיריק די שטיקלעך אײַז.

די גאַנצע צײַט זײַנען מיר געפֿאָרן פֿאַזע־ברעג[143] אונטער טורעמדיקע שטיינערנע סקאַלעס און שטאָציקע גלעטשער־פּנימער, קיין שום אָרט ניט ווו צו לאַנדן. האַלב צען אין דער פֿרי האָבן מיר דערזען אַן ענגע, שטיינערדיקע פּלאַזשע צופֿוסנס פֿון עטלעכע זייער הויכע בערג און סקאַלעס, זײַנען מיר אַהינגעפֿאָרן[144]. מלא־שׂימחה האָבן מיר דערזען דעם *דזשעמז קיירד* מיטן *סטענקאָם ווילס* זעגלענדיק פּונקט פֿאַר אונדז אינעם זעלביקן האַוון אַרײַן. מיר האָבן זיך אַזוי דערפֿרייט, אַז מיר האָבן געגעבן דרײַ ווייוואַטן, וואָס זיי האָבן ניט געקענט הערן אין די אַנדערע שיפֿלעך צוליב דעם ברום פֿונעם אינדנבראָך. פֿונדעסטוועגן זײַנען מיר באַלד מיט זיי צוזאַמענגעקומען, געקענט איבערשמועסן די איבערלעבונגען אויף דער פּלאַזשע.

אַזוי אויך איז געווען בײַ אונדז אויפֿן *דזשעמז קיירד*, אָבער מיר האָבן ניט געקענט האַלטן נאָענט צו דעם ווינט צו[145] ווי דער *דאָדלי דאָקער*. אַ מזל ווי ס'איז געווען, וואָרן דער *דזשעמז קיירד* מיטן *סטענקאָם ווילס* זײַנען געפֿאָרן ווינט־אַראָפּ[146] פֿונעם גרויסן בוכטעל[147], וואָס אין אים איז דער *דאָדלי דאָקער* אַרײַנגעפֿאָרן, און וואָס פֿון אים האָט זי געדאַרפֿט אַרויספֿאָרן מיט די כוואַליעס פֿון הינטן[148]. מיר האָבן דערפֿאַר אויסגעמיטן די ריזיקע, אַז די נאָכגייענדיקע כוואַליעס זאָלן ניט אָנגיסן דעם *סטענקאָם ווילס*. דער וועטער איז געווען זייער געדיכט אין דער פֿרי. באמת זיבן אַ זייגער פֿ"מ זײַנען מיר שוין פּונקט אונטער די סקאַלעס, וואָס פֿאַלן שטאָציק אין ים אַרײַן, איידער מיר האָבן זיי דערזען. מיר זײַנען געפֿאָרן פֿאַזע־ברעג צפֿון צו, און תּמיד האָבן די שטאָציקע סקאַלעס און גלעטשער־פּנימער זיך באַוויזן פֿאַר אונדזערע זוכנדיקע אויגן. די כוואַליעס האָבן זיך שווער צעבראָכן אויף אָט די ווענט, און ס'וואָלט געווען גאָר אוממיגלעך צו לאַנדן ווי נאָר די צושטאַנדן זאָלן ניט זײַן. מיר האָבן אויפֿגעכאַפּט שטיקלעך אײַז און זיי גיריק געזויגט. נײַן אַ זייגער פֿ"מ, בײַם צפֿון־מערבֿדיקן עק פֿונעם אינדזל האָבן מיר דערזען אַן ענגע פּלאַזשע צופֿוסנס פֿון די סקאַלעס. אויסנווייניק איז געלעגן אַ ראַנד פֿון שטיינער, שווער געשלאָגן פֿונעם אינדנבראָך, נאָר מיט אַן ענגן דורכגאַנג, וואָס באַווײַזט זיך ווי אַ בראָך אינעם שוימענדיקן וואַסער. איך האָב באַשלאָסן, מיר מוזן שטיין פֿאַר די סכּנות פֿון אָט

---

142 aboard

143 coasting along

144 made for it

145 keep up to windward …

146 to leeward

147 bight: אַ פֿאַרטיפֿונג אין אַ בוכטע צי אַ ברעג.

148 with the sea astern …

unattractive landing-place. Two days and nights without drink or hot food had played havoc with most of the men, and we could not assume that any safer haven lay within our reach. The *Stancomb Wills* was the lighter and handier boat--and I called her alongside with the intention of taking her through the gap first and ascertaining the possibilities of a landing before the *James Caird* made the venture. I was just climbing into the *Stancomb Wills* when I saw the *Dudley Docker* coming up astern under sail. The sight took a great load off my mind.

Rowing carefully and avoiding the blind rollers which showed where sunken rocks lay, we brought the *Stancomb Wills* towards the opening in the reef. Then, with a few strong strokes we shot through on the top of a swell and ran the boat on to a stony beach. The next swell lifted her a little farther. This was the first landing ever made on Elephant Island, and a thought came to me that the honour should belong to the youngest member of the Expedition, so I told Blackborrow to jump over. He seemed to be in a state almost of coma, and in order to avoid delay I helped him, perhaps a little roughly, over the side of the boat. He promptly sat down in the surf and did not move. Then I suddenly realized what I had forgotten, that both his feet were frost-bitten badly. Some of us jumped over and pulled him into a dry place. It was a rather rough experience for Blackborrow, but, anyhow, he is now able to say that he was the first man to sit on Elephant Island. Possibly at the time he would have been willing to forgo any distinction of the kind. We landed the cook with his blubber-stove, a supply of fuel and some packets of dried milk, and also several of the men. Then the rest of us pulled out again to pilot the other boats through the channel. The *James Caird* was too heavy to be beached directly, so after landing most of the men from the *Dudley Docker* and the *Stancomb Wills* I superintended the transhipment of the *James Caird*s' gear outside the reef. Then we all made the passage, and within a few minutes the three boats were aground. A curious spectacle met my eyes when I landed the second time. Some of the men were reeling about the beach as if they had found an unlimited

דעם אומצוציִענדיקן לאַנדאָרט. צוויי טעג און נעכט אָן טרונק, אָן הייס עסן האָט חרובֿ געמאַכט ס'רובֿ מענטשן, האָבן מיר ניט געקענט אָננעמען אַז ס'איז דאָ אין ערגעץ נאָענט פֿאָרויס אַ בעסערער אָרט. דער *סטענקאָם ווילס* איז געווען דאָס ליַכטערע און פֿירעוודיקערע שיפֿל, האָב איך זי צוגערופֿן זײַט בײַ זײַט, מיטן כּיוון איך זאָל זי פֿירן ערשט דורכן בראָך, געוויר ווערן די מיגלעכקייטן פֿון לאַנדן איידער דער *דזשעמז קיירד* זאָל אַ פּרוּוו טאָן. איך בין געווען אין מיטן קריכן אַריבער אינעם *סטענקאָם ווילס* אַרײַן, ווען איך האָב דערזען דעם *דאָדלי דאָקער* פֿאָרן נעענטער פֿון הינטן אונטער זעגלען, אַ בילד וואָס האָט מיר געמאַכט גאָר ליַכטער אויפֿן האַרצן.

רודערן אָפּגעהיט, אויסמײַדן די בלינדע וואַלצן[149] וואָס באַווײַזן ווו ליגן די פֿאַרזונקענע שטיינער, האָבן מיר געבראַכט דעם *סטענקאָם ווילס* נעענטער צום בראָך אינעם ריף. דעמאָלט, מיט עטלעכע קראַפֿטיקע ציִען האָבן מיר דורכגעשאָסן אויבן אויף אַן אויפֿלויף, אַרויפֿגעבראַכט דאָס שיפֿל אויף אַ שטיינערנער פּלאַזשע. דער קומעדיקער אויפֿלויף האָט אים אויפֿגעהויבן אַ ביסל ווײַטער. אָט דאָס איז געווען די ערשטע לאַנדונג ווענס אויף **העלפֿאַנד־אינדזל**, האָט מיר אײַנגעפֿאַלן דער געדאַנק אַז דער כּבֿוד געהערט דעם ייִנגסטן צווישן דער מאַנשאַפֿט, האָב איך געזאָגט צו **בלאַקבאָראָ** ער זאָל אַרויסשפּרינגען. ער האָט אויסגעזען כּמעט ווי אין אַ קאָמאַטאָזן מצבֿ, און כּדי אויסצומײַדן אָפּהאַלט האָב איך אים געהאָלפֿן, אפֿשר אַ ביסל צו גראָב, איבערן זײַט פֿון שיפֿל. האָט ער זיך באַלדיק אַוועקגעזעצט אינעם אײַנדנבראָך און ניט גערירט פֿון אָרט. האָב איך דעמאָלט מיט אַ מאָל פֿאַרשטאַנען וואָס איך האָב פֿאַרגעסן, אַז בײדע זײַנע פֿיס זײַנען שלעכט אָפּגעפֿרוירן געוואָרן. עטלעכע זײַנען אַריבער און אים געשלעפּט אין אַ טרוקענעם אָרט. ס'איז געווען גאָר אַ שרעקלעך איבערלעבונג פֿאַר **בלאַקבאָראָ**, נאָר סײַ ווי סײַ קען ער יאָ זאָגן אַז ער איז געווען דער ערשטער אויף דער וועלט זיך אַוועקצוזעצן אויף **העלפֿאַנד־אינדזל**. ס'האָט געקערט זײַן אַז דעמאָלט וואָלט ער געוואָלט מותּר זײַן אויף אַזאַ מין כּבֿוד. מיר האָבן געלאַנדעט דעם קוכער מיט זײַן טראָנאויוון, אַ זאַפּאַס ברענוואַרג, עטלעכע טאָרבעלעך געטריקנטע מילך, און אַ געציילטע מענטשן. זײַנען מיר אַנדערע אַרויסגעפֿאָרן נאָך אַ מאָל כּדי צו פֿירן די אַנדערע שיפֿלעך דורכן קאַנאַל. דער *דזשעמז קיירד* איז צו שווער געווען מע זאָל אים קענען ברענגען אויף דער פּלאַזשע דירעקט, איז נאָכדעם וואָס ס'רובֿ מענטשן פֿונעם *דאָדלי דאָקער* און דעם *סטענקאָם ווילס* זײַנען אויף דער יבשה, האָב איך אָנגעפֿירט מיטן איבערברענגען דאָס געצײַג פֿונעם *דזשעמז קיירד* אין דרויסן פֿונעם ריף. דערנאָך זײַנען מיר אַלע דורכגעקומען און מיט אַ פּאָר מינוט שפּעטער זײַנען די דרײַ שיפֿלעך אויף דער פּלאַזשע. אַ טשיקאַווער ספּעקטאַקל איז מיר פֿאַר די אויגן, ווען איך האָב דאָס צווייטע מאָל געלאַנדעט. עטלעכע פֿון די מענטשן האָבן זיך געוויגט אַרום דער פּלאַזשע, אַזוי ווי זיי האָבן געפֿונען אָן אַ

[149] blind rollers: הויכע כוואַליעס וואָס שיִער ניט צעברעכן זיך.

supply of alcoholic liquor on the desolate shore. They were laughing uproariously, picking up stones and letting handfuls of pebbles trickle between their fingers like misers gloating over hoarded gold. The smiles and laughter, which caused cracked lips to bleed afresh, and the gleeful exclamations at the sight of two live seals on the beach made me think for a moment of that glittering hour of childhood when the door is open at last and the Christmas-tree in all its wonder bursts upon the vision. I remember that Wild, who always rose superior to fortune, bad and good, came ashore as I was looking at the men and stood beside me as easy and unconcerned as if he had stepped out of his car for a stroll in the park.

Soon half a dozen of us had the stores ashore. Our strength was nearly exhausted and it was heavy work carrying our goods over the rough pebbles and rocks to the foot of the cliff, but we dare not leave anything within reach of the tide. We had to wade knee-deep in the icy water in order to lift the gear from the boats. When the work was done we pulled the three boats a little higher on the beach and turned gratefully to enjoy the hot drink the cook had prepared. Those of us who were comparatively fit had to wait until the weaker members of the party had been supplied; but every man had his pannikin of hot milk in the end, and never did anything taste better. Seal steak and blubber followed, for the seals that had been careless enough to await our arrival on the beach had already given up their lives. There was no rest for the cook. The blubber-stove flared and spluttered fiercely as he cooked, not one meal, but many meals, which merged into a day-long bout of eating. We drank water and ate seal meat until every man had reached the limit of his capacity.

The tents were pitched with oars for supports, and by 3 p.m. our camp was in order. The original framework of the tents had been cast adrift on one of the floes in order to save weight. Most of the men turned in early for a safe and glorious sleep, to be broken only by the call to take a turn on watch. The chief duty of the watchman was to keep the blubber-stove alight, and each man on duty appeared to find it necessary to cook himself a meal during his watch, and a supper before he turned in again.

שיעור בראָנפֿן אויף אָט דעם וויסטן ברעג. זיי האָבן שטאַרק געלאַכט, שטיינער אויפֿגעכאַפּט, הויפֿנס שטיינדלעך געלאָזט קאַפּען דורך די פֿינגער, ווי קמצנים מיט זייער אָנגעשפּאָרטן גאָלד. די שמייכלען און געלעכטער, וואָס האָבן נאָך אַ מאָל געבלוטיקט די צעשפּאָלטענע ליפּן, און די גדולהדיקע אויסרופֿן בײַם באַמערקן צוויי לעבעדיקע ים־הינט אויף דער פּלאַזשע האָט מיך דערמאָנט אויף אַ רגע אין יענער שימערירנדיקער שעה אין די קינדעריאָרן, ווען די טיר עפֿנט זיך צום סוף און דער ניטל־בוים מיט אַלע זײַן פּילאַי־פּלאָים שפּרינגט פֿאַר די אויגן. איך געדענק ווי ווילד, וואָס ער האָט שטענדיק גוט געמאַכט פֿון גורל, צי גוט צי שלעכט, איז אָנגעקומען אויפֿן ברעג בעת איך קוק אויף די לײַט, געשטאַנען לעבן מיר באַקוועם און אומבאַזאָרגט גלײַך ווי ער איז נאָר וואָס אַרויס פֿון אויטאָ אויף אַ שפּאַציר אין פּאַרק.

באַלד האָט אַ האַלב טוץ פֿון אונדז אַוועקגעלייגט די זאַפּאַסן אויף דער יבשה. מיר זײַנען כּמעט אויס כּוח, און ס'איז געווען שווערע אַרבעט טראָגן אונדזער האָב־און־גוטס איבער די רויע שטיינדלעך און פֿעלדזן צופֿוסנס פֿון דער סקאַלע, אָבער מע טאָר ניט קיין זאַך לאָזן ווו דערגרייכט דער ים־פֿלייץ. מיר האָבן געדאַרפֿט בראָדיען ביז די קני אין דעם אײַזיקן וואַסער כּדי אַרויסצוהייבן דאָס געצײַג פֿון די שיפֿלעך. ווען די אַרבעט איז שוין פֿאַרטיק, האָבן מיר געשלעפּט די דרײַ שיפֿלעך אַ ביסל העכער אויף דער פּלאַזשע, און זיך גערן גענומען געניסן דאָס הייסע געטראַנק וואָס דער קוכער האָט צוגעגרייט. די וואָס זײַנען געווען לפֿי־ערך שטאַרק האָבן געדאַרפֿט וואַרטן ביז די שוואַכערע האָבן זייערס געהאַט; נאָר יעדער איינער האָט לסוף געהאַט זײַן פּאַניקין[150] הייסע מילך, און קיין מאָל פֿריִער איז ניט געווען אַזאַ טעם. דערנאָך ים־הינט־סטייק מיט טראָן, וואָרן די ים־הינט וואָס זײַנען געווען גענוג אָפּגעלאָזן צו בלײַבן וואַרטן אויף אונדז האָבן מער ניט געלעבט. קיין רו איז ניט געווען פֿאַרן קוכער. דער טראָנאויוון האָט געפֿלאַקערט און הייס געשפּריצט בעת ער קאָכט ניט איין מאָלצײַט נאָר אַ סך, וואָס זײַנען צונויפֿגעקומען אין אַ גאַנצן טאָג פֿול מיט עסן. מיר האָבן געטרונקען וואַסער און געגעסן ים־הינט־פֿלייש ביז יעדער איז גאָר זאַט געוואָרן.

די געצעלטן האָט מען אויפֿגעשלאָגן מיט רודערס ווי סלופּעס, און ביז דרײַ אַ זייגער נ"מ איז דער לאַגער כּשורה געווען. דאָס אָריגינעלע גערעם פֿון די געצעלטן האָט מען געהאַט אַוועקגעוואָרפֿן אויף איינער אַ קריִע אָפּצושפּאָרן די וואָג. ס'רובֿ מענטשן האָבן זיך פֿרי אַוועקגעלייגט אויף אַ זיכערן און מחיהדיקן שלאָף, איבערגעריסן נאָר צו האַלטן וואַך נאָך דער ריי נאָך. דער הויפּט־חובֿ פֿונעם וועכטער איז געווען האַלטן דעם טראָנאויוון אָנגעצונדן, און יעדער אויף דיזשור, האָט זיך געדאַכט, האָט דווקא געקאָכט פֿאַר זיך אַ מאָלצײַט אין מיטן וואַך און אַ וועטשערע איידער ער לייגט זיך אַוועק שלאָפֿן נאָך אַ מאָל.

---

[150] pannikin: אַ פּלאַטשיקע שיסל, פֿון בלעך.

Wild, Worsley, and Hurley accompanied me on an inspection of our beach before getting into the tents. I almost wished then that I had postponed the examination until after sleep, but the sense of caution that the uncertainties of polar travel implant in one's mind had made me uneasy. The outlook we found to be anything but cheering. Obvious signs showed that at spring tides the little beach would be covered by the water right up to the foot of the cliffs. In a strong north-easterly gale, such as we might expect to experience at any time, the waves would pound over the scant barrier of the reef and break against the sheer sides of the rocky wall behind us. Well-marked terraces showed the effect of other gales, and right at the back of the beach was a small bit of wreckage not more than three feet long, rounded by the constant chafing it had endured. Obviously we must find some better resting-place. I decided not to share with the men the knowledge of the uncertainties of our situation until they had enjoyed the full sweetness of rest untroubled by the thought that at any minute they might be called to face peril again. The threat of the sea had been our portion during many, many days, and a respite meant much to weary bodies and jaded minds.

פֿיגור 7 דאָס ערשטע לאַנדן וועגס אויף העלפֿאַנד־אינדזל

ווילד, וואָרסלי, און הערלי האָבן מיך באַלייט דורכצוקוקן אונדזער פּלאַזשע, איידער מיר גייען אין געצעלטן אַרײַן. מיר האָט זיך דעמאָלט כּמעט געוואָלט אָפּלייגן דעם דורכקוק ביז נאָכן שלאָף, נאָר דאָס געפֿיל פֿון זהירות, וואָס מע קריגט צוליב די אומזיכערקייטן בײַ פּאָלאַרישע נסיעות, האָט מיך אומרויִק געמאַכט. דער אויסבליק פֿאַר אונדז איז געווען קיין פֿריילעכער ניט. קלאָרע סימנים האָבן באַוויזן ווי מיט די שפּרונג־פֿלייצן[151] וואָלט די קליינע פּלאַזשע אין גאַנצן באַדעקט מיט וואַסער געוואָרן, פּונקט ביז די סקאַלעס צופֿוסנס. מיט אַ שטאַרקן בלאָז פֿונעם צפֿון־מיזרח, וואָס מע האָט זיך דערויף אַלע מאָל געקענט ריכטן, וואָלטן די כוואַליעס אַריבערשלאָגן איבערן קנאַפּן באַריער־ריף, זיך צעברעכן אויף די שטאָציקע זײַטן פֿון די שטיינערנער וואַנט הינטער אונדז. קלאָר־באַצייכנטע טעראַסעס האָבן באַוויזן וואָס פֿריִערדיקע בורעס האָבן אָפּגעטאָן, און פּונקט הינטן פֿון פּלאַזשע איז געווען אַ קליין שטיקל וורעק, ניט מער ווי דרײַ פֿוס אין דער לענג, גאַנץ פֿאַרקײַלעכט דורכן לאַנגן כּסדרדיקן רײַבן. ס'איז געווען קלאָר אַז מיר מוזן געפֿינען אַ בעסערן רו־אָרט. איך האָב באַשלאָסן ניט צו געבן צו וויסן די מאַנשאַפֿט ווי אומזיכער איז געווען אונדזער לאַגע, ביז זיי האָבן גענאָסן פֿון די גאַנצע זיסקייט פֿון רו אָן שום געדאַנקען, אַז מיט אַ מאָל קען ווידער קומען סכּנת־נפֿשות. סכּנה פֿון ים איז געווען אונדזער חלק אַזוי פֿיל טעג, איז אַ חיי־שעה גאָר וויכטיק געווען פֿאַר אויסגעמאַטערטע לײַבער און אָפּגעטעמפּטע מוחות.

[151] spring-tides: הויכע ים־פֿלײצן, בײַ פֿולע אָדער נײַע לבֿנות; דער היפּוך דערפֿון רופֿט מען neap tides אויף ענגליש. דאָס האָט גאָרנישט וואָס צו טאָן מיט "פֿרילינג".

The accompanying plan will indicate our exact position more clearly than I can describe it. The cliffs at the back of the beach were inaccessible except at two points where there were steep snow-slopes. We were not worried now about food, for, apart from our own rations, there were seals on the beach and we could see others in the water outside the reef. Every now and then one of the animals would rise in the shallows and crawl up on the beach, which evidently was a recognized place of resort for its kind. A small rocky island which protected us to some extent from the north-westerly wind carried a ringed-penguin rookery. These birds were of migratory habit and might be expected to leave us before the winter set in fully, but in the meantime they were within our reach. These attractions, however, were overridden by the fact that the beach was open to the attack of wind and sea from the north-east and east. Easterly gales are more prevalent than western in that area of the Antarctic during the winter. Before turning in that night I studied the whole position and weighed every chance of getting the boats and our stores into a place of safety out of reach of the water. We

פֿיגור 8 דער ערשטער מאָלצײַט אויפֿן אינדזל

דער פּלאַן אונטן (זעט פֿיגור 9) באַווײַזט פּונקט וואָס טוט זיך בײַ אונדז בעסער ווי מײַן באַשרײַבונגען. די סקאַלעס אויף הינטן פֿון דער פּלאַזשע זײַנען געווען אומגרייכלעך אַחוץ בײַ צוויי פּונקטן ווו געפֿינען זיך שטאָציקע שניי־שיפּועים. מיר האָבן ניט איבערגעטראַכט וועגן עסן, ווײַל אַחוץ פֿון די אייגענע ראַציעס זײַנען געווען ים־הינט אויף דער פּלאַזשע און מיר האָבן געקענט זען אַנדערע אינעם וואַסער מחוץ דעם ריף. פֿון צײַט צו צײַט פֿלעגט איינער פֿון די חיות זיך אויפֿהייבן אין די פּליטקעס, אַרויפֿקריכן אויף דער פּלאַזשע, וואָס, ס'איז קלאָר געווען, איז געווען אַ באַקאַנטער קוראָרט פֿאַר זײַנע אייגענע. אַ קלײנער שטיינערדיקער אינדזל, וואָס האָט אונדז עפּעס באַשירעמט פֿונעם צפֿון־מערבֿדיקן ווינט, האָט געהאַלטן אַ נעסט־שטח[152] פֿון די פֿאַררינגלט־פּענגווינען. די דאָזיקע פֿייגל האָבן אַן איבערוואַנדערנדיקע טבֿע, האָט מען זיך געקענט ריכטן אויף זייער אָפּפֿליִען איידער דער ווינטער האָט זיך אין גאַנצן אײַנגעשטעלט, נאָר דערווײַל זײַנען זיי צו האַנט. די דאָזיקע אַטראַקציעס האָבן אָבער ניט געקענט אויסהאַלטן אַנטקעגן דעם וואָס די פּלאַזשע שטייט אָפֿן פֿאַרן אָנפֿאַל פֿונעם ווינט און ים פֿון צפֿון־מיזרח און מיזרח. בורעס פֿון מיזרח קומען פֿאָר עפּטער ווי פֿון מערבֿ אין דעם אָ געגנט פֿונעם אַנטאַרקטיק ווינטערצײַט. פֿאַרן לייגן זיך אַוועק שלאָפֿן די נאַכט האָב איך בודק געווען די גאַנצע מצבֿ און באַרעכנט די אַלע מיגלעכקייטן אַוועקצושטעלן די שיפֿלעך מיטן האָב־און־גוטס אין אַ זיכערן אָרט, דאָס וואַסער זאָל ניט דערגרייכן. מיר

rookery [152]

ourselves might have clambered a little way up the snow-slopes, but we could not have taken the boats with us. The interior of the island was quite inaccessible. We climbed up one of the slopes and found ourselves stopped soon by overhanging cliffs. The rocks behind the camp were much weathered, and we noticed the sharp, unworn boulders that had fallen from above. Clearly there was a danger from overhead if we camped at the back of the beach. We must move on. With that thought in mind I reached my tent and fell asleep on the rubbly ground, which gave a comforting sense of stability. The fairy princess who would not rest on her seven downy mattresses because a pea lay underneath the pile might not have understood the pleasure we all derived from the irregularities of the stones, which could not possibly break beneath us or drift away; the very searching lumps were sweet reminders of our safety.

Early next morning (April 15) all hands were astir. The sun soon shone brightly and we spread out our wet gear to dry, till the beach looked like a particularly disreputable gipsy camp. The boots and clothing had suffered considerably during our travels. I had decided to send Wild along the coast in the *Stancomb Wills* to look for a new camping-ground, and he and I discussed the details of the journey while eating our breakfast of hot seal steak and blubber. The camp I wished to find was one where the party could live for weeks or even months in safety, without danger from sea or wind in the heaviest winter gale. Wild was to proceed westwards along the coast and was to take with him four of the fittest men, Marston, Crean, Vincent, and McCarthy. If he did not return before dark we were to light a flare, which would serve him as a guide to the entrance of the channel. The *Stancomb Wills* pushed off at 11 a.m. and quickly passed out of sight around the island. Then Hurley and I walked along the beach towards the west, climbing through a gap between the cliff and a great detached pillar of basalt. The narrow strip of beach was cumbered with masses of rock that had fallen from the cliffs. We struggled along for two miles or more in the search for a place where we could get the boats ashore and make a permanent camp in the event of Wild's search proving fruitless, but after three hours' vain toil we had to turn back. We had found on the far side of the

אַליין האָבן אפֿשר געקענט אַרויפֿקריכן אַ קליינעם מהלך אַרויף אויף די שניי־שיפּועים, נאָר ניט מיט די שיפֿלעך. אינעווייניק איז דער אינדזל געווען אין גאַנצן ניט צו דערגרייכן. מיר זײַנען אַרויפֿגעקראָכן אויף איינעם אַ שיפּוע אָבער באַלד האָט אונדז אָפּגעשטעלט איבערהענגענדיקע סקאַלעס. די פֿעלדזן הינטערן לאַגער זײַנען געווען שטאַרק אויסגעריבן און מיר האָבן באַמערקט די שאַרפֿע, ניט־אויסגעריבענע שטיינער וואָס זײַ פֿאַלן אַראָפּ פֿון אויבן. קלאָר אַז ס'וואָלט געווען אַ סכּנה פֿון אויבן, אַז מע לאַגערט זיך דאָרט, הינטן אויף דער פּלאַזשע. מיר מוזן פֿאָרן ווײַטער. מיט די דאָזיקע רעיונות אין זינען בין איך אַרײַן אין געצעלט, אַנטשלאָפֿן געוואָרן אויף דער צעבראָכענער ערד, וואָס זי גיט אַ טרייסטנדיק געפֿיל פֿון פֿעסטקייט. די פֿעע־פּרינצעסין וואָס האָט ניט געקענט שלאָפֿן אויף די זיבן פּוכיקע מאַטראַצן צוליב אַן אַרבעס אונטן וואָלט אפֿשר ניט פֿאַרשטאַנען די הנאה אונדזערע פֿון די אומרעגולערקייטן פֿון די שטיינער, וואָס האָבן זיך גאָר ניט געקענט צעברעכן אונטער אונדז, אָדער טראָגן זיך אַוועק; די זוכנדיקע גרודעס אַליין זײַנען געווען זיסע דערמאָנונגען פֿון זיכערקייט.

פֿרי צו מאָרגנס (דעם 15טן אַפּריל) האָבן זיך אַלע אויפֿגעכאַפּט. באַלד האָט די זון העל געשײַנט, האָבן מיר דאָס נאַסע געצײַג אויסגעשפּרייט צו טריקענען, ביז די פּלאַזשע זעט אויס ווי אַ ספּעציעל אומחשובֿער יריד. די שטיוול און מלבושים האָבן שטאַרק געליטן אין דעם אַרומפֿאָרן. איך האָב געהאַט באַשטימט **ווי**לד זאָל זעגלען לענג־אויס דעם ברעג אינעם *סטענקאָם ווילס*, זוכן אַ נײַעם לאַגער־אָרט, האָבן מיר אַרומגערעדט די פּרטים פֿון דער נסיעה בײַם עסן אַ פֿרישטיק פֿון הייסן ים־הינט־סטייק מיט טראָן. וואָס איך האָב געוואָלט געפֿינען איז אַ לאַגער־אָרט ווו די פּאַרטיע זאָל קענען בלײַבן אָן סכּנה וואָכן אָדער אַפֿילו חדשים לאַנג, אָפּגעהיט פֿון ים און ווינט אין די שטאַרקסטע ווינטער־בורעס אַפֿילו. **ווי**לד האָט געזאָלט פֿאָרן אויף מערבֿ לענג־אויס דעם ברעג, צוזאַמען מיט פֿיר פֿון די שטאַרקסטע מענטשן: **מ**אַרסטאָן, **ק**רין, **ווי**נסענט, און **מ**קאַרטי[153]. אויב זיי זײַנען ניט צוריק פֿאַר נאַכט זאָלן מיר אָנצינדן אַ שײַנסיגנאַל, ווי אַ וועגווײַזער צום אַרײַנפֿאָר פֿונעם קאַנאַל. דער *סטענקאָם ווילס* איז אָפּגעפֿאָרן עלף אַ זייגער פֿ"מ, איז גיך ניט צו דערזען אַרום דעם אינדזל. דערנאָך זײַנען איך מיט **ה**ערלי געגאַנגען פֿאַזע פּלאַזשע אויף מערבֿ, אַרויפֿגעקראָכן דורך אַ שפּאַלט צווישן דער סקאַלע און אַ גרויסן אָפּגעזונדערטן זײַל פֿון באַסאַלט[154]. דער ענגער פּאַס פֿון פּלאַזשע איז בלאָקירט געוואָרן מיט מאַסן שטיינער וואָס פֿאַלן אַראָפּ פֿון די סקאַלעס. מיר האָבן געקעמפֿט אַ מײַל צוויי אָדער אַ ביסל מער, געזוכט אַן אָרט ווו מיר וואָלטן געקענט ברענגען די שיפֿלעך אויף דער יבשה און מאַכן אַ שטייַיקן לאַגער, טאָמער **ווי**לד האָט ניט געפֿועלט עפּעס אַזוינס צו געפֿינען, נאָר נאָך דרײַ שעה שווערע אומזיסטע אַרבעט, האָבן מיר זיך געדאַרפֿט צוריקקערן. מיר האָבן געפֿונען אויף דער צווייטער זײַט פֿונעם

---

[153] Geroge Marston: קינסטלער; Crean: זעט אויבן הערה 35; John Vincent: מאַטראָס; Timothy McCarthy: מאַטראָס

[154] basalt: אַ מין וווּלקאַנישער שטיין

pillar of basalt a crevice in the rocks beyond the reach of all but the heaviest gales. Rounded pebbles showed that the seas reached the spot on occasions. Here I decided to depot ten cases of Bovril sledging ration in case of our having to move away quickly. We could come back for the food at a later date if opportunity offered.

Returning to the camp, we found the men resting or attending to their gear. Clark had tried angling in the shallows off the rocks and had secured one or two small fish. The day passed quietly. Rusty needles were rubbed bright on the rocks and clothes were mended and darned. A feeling of tiredness--due, I suppose, to reaction after the strain of the preceding days--overtook us, but the rising tide, coming farther up the beach than it had done on the day before, forced us to labour at the boats, which we hauled slowly to a higher ledge. We found it necessary to move our makeshift camp nearer the cliff. I portioned out the available ground for the tents, the galley, and other purposes, as every foot was of value. When night arrived the *Stancomb Wills* was still away, so I had a blubber-flare lit at the head of the channel.

About 8 p.m. we heard a hail in the distance. We could see nothing, but soon like a pale ghost out of the darkness came the boat, the faces of the men showing white in the glare of the fire. Wild ran her on the beach with the swell, and within a couple of minutes

באַסאַלט־זײַל אַ שפּאַרע אין די שטיינער אָפּגעהיט פֿון אַלע חוץ די שווערסטע בורעס. פֿאַרקײַלעכטע שטיינדלעך זײַנען געווען אַ באַווײַז אַז אַ מאָל קומט דער ים אַזוי ווײַט אַרײַן. דאָ האָב איך באַשלאָסן מיר זאָלן איבערלאָזן צען קאַסטן באָוריל־שליטן־ראַציעס טאָמער מיר מוזן גיך אַוועק. מיר האָבן געקענט צוריקקומען קריגן דאָס עסן שפּעטער אויב ס'וועט קומען אַ געלעגנהייט.

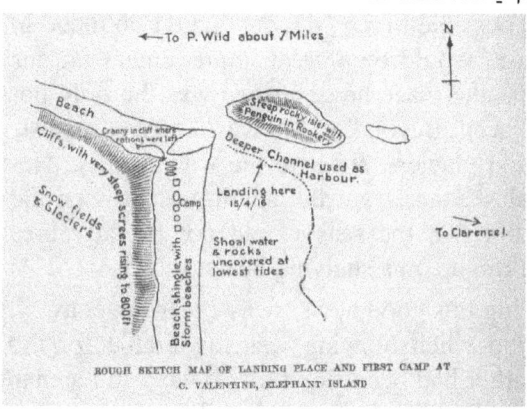

פֿיגור 9 קאַרטע פֿונעם לאַנדן

צוריק אין לאַגער האָבן מיר געפֿונען די מענטשן רוען אָדער פֿאַרריכטן די כּלים. קלאַרק[155] האָט אַ פּרווו געטאָן כאַפּן פֿיש אין די פּליטקעס לעבן די שטיינער און האָט געכאַפּט אַ צוויי קליינע פֿיש. דער טאָג איז שטיל פֿאַרבײַ. פֿאַרזשאַווערטע נאָדלען האָט מען געריבן ביז גלאַנציק אויף די שטיינער, מלבושים פֿאַרלאַטעט און פֿאַרצירעוועט. אַ געפֿיל פֿון מידקייט – צוליב, נעם איך אָן, אַן אָפּרוף נאָך די אָנשטרענגונגען פֿון די פֿאַרגאַנגענע טעג – האָט אונדז באַדעקט, נאָר דער אויפֿהייבנדיקער פֿלייץ, וואָס קומט העכער אויף דער פּלאַזשע ווי ער האָט געטאָן נעכטן, האָט אונדז געצווונגען אַרבעטן מיט די שיפֿלעך, וואָס מיר האָבן פּאַמעלעך געשלעפּט אויף אַ העכערן גזימס. מיר האָבן געדאַרפֿט איבעררוקן דעם נויטלאַגער נעענטער צו דער סקאַלע. איך האָב אויסגעטיילט די פֿאַראַנענע ערטער פֿאַר די געצעלטן, די קיך, אאַ"וו, וואָרן יעדער שטיקל איז געווען טײַער. ווען די נאַכט איז אָנגעקומען איז דער *סטענקאָם ווילס* נאָך אַלץ אַוועק, האָב איך געהייסן דאָס אָנצינדן פֿון אַ טראָן־שײַנסיגנאַל צוקאָפּנס פֿונעם קאַנאַל.

אַן ערך אַכט אַ זייגער נ"מ האָבן מיר דערהערט אַ צורוף אין דער ווײַטנס. מיר האָבן ניט געקענט זען גאָרנישט, נאָר באַלד, ווי אַ בלייכער גײַסט אַרויס פֿון אַ פֿינצטערניש קומט דאָס שיפֿל, די פּנימער באַווײַזן זיך ווײַס אינעם אָפּשײַן פֿונעם פֿײַער. ווילד האָט אים געלאָזט לויפֿן אויף דער פּלאַזשע מיטן אויפֿלויף, און אין אַ פּאָר מינוט אַרום האָבן

[155] Robert Clark: ביאָלאָג

we had dragged her to a place of safety. I was waiting Wild's report with keen anxiety, and my relief was great when he told me that he had discovered a sandy spit seven miles to the west, about 200 yds. long, running out at right angles to the coast and terminating at the seaward end in a mass of rock. A long snow-slope joined the spit at the shore end, and it seemed possible that a "dugout" could be made in the snow. The spit, in any case, would be a great improvement on our narrow beach. Wild added that the place he described was the only possible camping-ground he had seen. Beyond, to the west and south-west, lay a frowning line of cliffs and glaciers, sheer to the water's edge. He thought that in very heavy gales either from the south-west or east the spit would be spray-blown, but that the seas would not actually break over it. The boats could be run up on a shelving beach.

After hearing this good news I was eager to get away from the beach camp. The wind when blowing was favourable for the run along the coast. The weather had been fine for two days and a change might come at any hour. I told all hands that we would make a start early on the following morning. A newly killed seal provided a luxurious supper of steak and blubber, and then we slept comfortably till the dawn.

The morning of April 17 came fine and clear. The sea was smooth, but in the offing we could see a line of pack, which seemed to be approaching. We had noticed already pack and bergs being driven by the current to the east and then sometimes coming back with a rush to the west. The current ran as fast as five miles an hour, and it was a set of this kind that had delayed Wild on his return from the spit. The rise and fall of the tide was only about five feet at this time, but the moon was making for full and the tides were increasing. The appearance of ice emphasized the importance of getting away promptly. It would be a serious matter to be prisoned on the beach by the pack. The boats were soon afloat in the shallows, and after a hurried breakfast all hands worked hard getting our gear and stores aboard. A mishap befell us when we were launching the boats. We were using oars as rollers, and three of these were broken, leaving us short for the journey that had still to be undertaken. The preparations took longer

מיר אים געשלעפּט צו אַ זיכערן אָרט. איך האָב געוואַרט אויף **ווילדס** באַריכט מיט אַ שאַרפֿער אומרו און מיר איז געווען גאָר לײַכטער אויפֿן האַרצן, אַז ער זאָגט מיר ער האָט אויפֿגעדעקט אַ זאַמדיקע יבשה־צונג זיבן מײַלן אויף מערבֿ, אַ 200 יאַרדן אין דער לענג, פּירנדיק אַוועק פֿונעם ברעג אויף אַ גראַד־ווינקל, מיט אַ מאַסע שטיינער בײַם ים־עק. אַ לאַנגער שניי־שיפּוע פֿאַרבינדט זיך מיט דער צונג אויפֿן יבשה־עק, און ס'האָט אויסגעזען פֿאַר מיגלעך, אַז עפּעס אַן "אויסגראָב" האָט מען געקענט מאַכן אינעם שניי. די יבשה־צונג, ווייניקסטנס, וואָלט זײַן גאָר בעסער ווי אונדזער ענגער פּלאַזשע. **ווילד** האָט צוגעגעבן, אַז דער אָרט וואָס ער באַשאַריבט איז טאַקע דער איינציקער מיגלעך ווי ווײַט ער האָט געזוכט. ווײַטער, אויף מערבֿ און דרום־מערבֿ, איז געלעגן אַ סטראַשענדיקע ריי סקאַלעס מיט גלעטשערס, שטאָציק גלײַך אין ים אַרײַן. ער האָט געמיינט אַז מיט גאָר שטאַרקע בורעס פֿונעם דרום־מערבֿ אָדער מיזרח וואָלט די צונג פֿאַרשפּריצט ווערן, אָבער די כוואַליעס גופֿא וואָלטן זיך אויף איר ניט צעבראָכן. די שיפֿלעך האָט מען געקענט אַרויפֿשלעפּן אויף אַ ניט־שטאָציקער[156] פּלאַזשע.

מיט די גוטע ידיעות בין איך להוט געווען איבערצולאָזן דעם פּלאַזשע־לאַגער. דער ווינט, ווען ער בלאָזט, איז געווען גינציק פֿאַרן לויפֿן פּאַזע ברעג. דער וועטער איז שוין פֿײַן געווען צוויי טעג און ס'האָט זיך געקענט איבערבײַטן אַבי ווען. איך האָב געזאָגט די חבֿרה, מיר וועלן אָנהייבן פֿרי אויף צו מאָרגנס. אַ נײַ־געקוילעטער ים־הונט האָט אונדז געגעבן אַ לוקסוסדיקער וועטשערע פֿון סטייק מיט טראָן, און דערנאָך האָבן מיר באַקוועם געשלאָפֿן ביזן באַגינען.

דער אינדערפֿרי דעם 17טן אַפּריל איז אָנגעקומען פֿײַן און קלאָר. דער ים איז געווען גלאַט, נאָר אין דער ווײַטנס האָבן מיר געקענט זען אַ פּאַס פּאַק, וואָס, ס'האָט זיך געדאַכט, קומט נעענטער. מיר האָבן שוין געהאַט באַמערקט פּאַק און בערג געטריבן פֿונעם שטראָם אויף מיזרח און דערנאָך אַ מאָל צוריקגעקומען מיט אַ געיאָג אויף מערבֿ. דער שטראָם איז געלאָפֿן ביז פֿינף מײַל אַ שעה, און ס'איז געווען אַ שטראָם אַזוינער וואָס האָט פֿאַרהאַלטן **ווילד** בײַם צוריקקער פֿון דער צונג. דאָס אַרויף־און־אַראָפּ פֿונעם ים־פֿלייץ איז איצט געווען נאָר אַ פֿינף פֿוס, נאָר די לבֿנה וואַקסט און דער פֿלייץ דערמיט. דער אָנקום פֿונעם אײַז האָט אונטערגעשטראָכן ווי וויכטיק ס'איז געווען, אַז מיר זאָלן גיך אַוועק. מע האָט גאָר געדאַרפֿט אויסמײַדן דער פּאַק זאָל אונדז ניט פֿאַרשפּאַרן אויף דער פּלאַזשע. די שיפֿלעך זײַנען באַלד אויפֿן וואַסער אין די פּליטקעס, און נאָך אַ כאַפּיקן פֿרישטיק האָבן אַלע שווער געאַרבעט אַוועקשטעלן דאָס געצײַג און זאַפּאַסן. אַן אומגליק האָט אונדז געטראָפֿן, בעת מיר האָבן אַראָפּגעלאָזט די שיפֿלעך: מיר האָבן געניצט די רודערס ווי וואַליקעס און דרײַ זײַנען צעבראָכן געוואָרן, די איבעריקע וואָלטן קאַרג קלעקן אויף דער נסיעה וואָס ליגט פֿאַר אונדז. די הכנות האָבן געדויערט לענגער

---

[156] shelving

than I had expected; indeed, there seemed to be some reluctance on the part of several men to leave the barren safety of the little beach and venture once more on the ocean. But the move was imperative, and by 11 a.m. we were away, the *James Caird* leading. Just as we rounded the small island occupied by the ringed penguins the "willywaw" swooped down from the 2000-ft. cliffs behind us, a herald of the southerly gale that was to spring up within half an hour.

Soon we were straining at the oars with the gale on our bows. Never had we found a more severe task. The wind shifted from the south to the south-west, and the shortage of oars became a serious matter. The *James Caird*, being the heaviest boat, had to keep a full complement of rowers, while the *Dudley Docker* and the *Stancomb Wills* went short and took turns using the odd oar. A big swell was thundering against the cliffs and at times we were almost driven on to the rocks by swirling green waters. We had to keep close inshore in order to avoid being embroiled in the raging sea, which was lashed snow-white and quickened by the furious squalls into a living mass of sprays. After two hours of strenuous labour we were almost exhausted, but we were fortunate enough to find comparative shelter behind a point of rock. Overhead towered the sheer cliffs for hundreds of feet, the sea-birds that fluttered from the crannies of the rock dwarfed by the height. The boats rose and fell in the big swell, but the sea was not breaking in our little haven, and we rested there while we ate our cold ration. Some of the men had to stand by the oars in order to pole the boats off the cliff-face.

After half an hour's pause I gave the order to start again. The *Dudley Docker* was pulling with three oars, as the *Stancomb Wills* had the odd one, and she fell away to leeward in a particularly heavy squall. I anxiously watched her battling up against wind and sea. It would have been useless to take the *James Caird* back to the assistance of the *Dudley Docker* since we were hard pressed to make any progress ourselves in the heavier boat. The only thing was to go ahead and hope for the best. All hands were wet to the skin again

ווי איך האָב זיך גערעכנט; ס'האָט זיך געדאַכט אַפֿילו, אַז עטלעכע מענטשן האָבן ניט אין גאַנצן געוואָלט איבערלאָזן די ליידיקע זיכערקייט פֿון דער קליינער פּלאַזשע, פֿאָרן נאָך אַ מאָל אויפֿן ים. אָבער דאַרפֿן דאַרף מען, און ביז עלף אַ זייגער פֿ"מ זײַנען מיר אַוועק, דער *דזשעמז קיירד* אַפֿריִער. פּונקט ווען מיר פֿאָרן אַרום דעם קליינעם אינדזל באַזעצט פֿון די אײַנגערינגלט־פּענגווינען, האָט זיך געגעבן אַ לאָז אַראָפּ אַ "ווילִיוואַ"[157] פֿון די 2000-פֿוס סקאַלעס הינטער אונדז, אַן אָנזאָג פֿון דער דרומדיקער בורע וואָס האָט זיך באַוויזן אין אַ האַלבער שעה אַרום.

באַלד האָבן מיר זיך אָנגעשטרענגט בײַ די רודערס מיט דער בורע אויפֿן פֿאָדערבאָרד. קיין מאָל ניט געווען אַזאַ שווערע אַרבעט. דער ווינט האָט זיך געדרייט פֿון דרום אויף דרום־מערבֿ, איז דער דוחק אין רודערס געוואָרן אַן ערנסטער ענין. דער *דזשעמז קיירד*, דאָס שווערסטע שיפֿל, האָט געדאַרפֿט האַלטן אַ פֿולן עקיפּאַזש רודערערס, בעת דער *דאָדלי דאָקער* און דער *סטענקאָם ווילס* האָבן געטאָן מיט ווינציקער, געאַרבעט נאָך דער ריי מיטן איבעריקן רודער. אַ גרויסער אויפֿלויף האָט געדונערט אויף די סקאַלעס און צײַטנווײַז האָט דאָס ווירבלענדיקע גרינע וואַסער אונדז שיִער ניט געטירבן אויף די שטיינער. מיר האָבן געדאַרפֿט בלײַבן נאָענט צום ברעג כּדי אויסצומײַדן אַרויסגעצויגן ווערן אינעם בייזן ים, וואָס האָט זיך צעשמיסן שניי־ווײַס, פֿאַרגיכערט דורך די צעקאָכטע שקוואַלן, ביז אין אַ לעבעדיקער מאַסע שפּריצן. נאָך צוויי שעה שווערע אַרבעט זײַנען מיר שיִער ניט אויסגעמאַטערט געוואָרן, נאָר צום גליק האָבן מיר געפֿונען עפּעס אַן אָפּדאַך הינטער אַ שפּיץ שטיין. איבער אונדז טורעמען זיך די גאָר שטאָציקע סקאַלעס הונדערטער פֿיס, די ים־פֿייגל וואָס פֿלאַטערן פֿון די שפּאַרונעס אינעם שטיין זײַנען ווי פּיצינקע געוואָרן צוליב דער הייך. די שיפֿלעך זײַנען אַרויף און אַראָפּ אינעם גרויסן ים־אויפֿלויף, נאָר די כוואַליעס האָבן זיך ניט צעבראָכן אין אונדזער קליינעם האַרבעריק, האָבן מיר דאָרט גערוט און געגעסן די קאַלטע ראַציעס. געציילטע מענטשן האָבן געדאַרפֿט בלײַבן בײַ די רודערס כּדי אָפּצוהאַלטן די שיפֿלעך פֿונעם סקאַלע־פּנים.

נאָך אַ האַלבער שעה הפֿסקה האָב איך געהייסן אָנהייבן נאָך אַ מאָל. דעם *דאָדלי דאָקער* האָט מען געטריבן מיט דרײַ רודערס, ווײַל דער *סטענקאָם ווילס* האָט געהאַט דעם איבעריקן, און ער איז אַראָפּגעפֿאַלן[158] ווינט־אַראָפּ אין אַ ספּעציעל שווערן שקוואַל. מיט מורא האָב איך זיך צוגעקוקט צו אים קעמפֿן מיטן ווינט און ים. ס'וואָלט געווען גאָרנישט קיין הילף ניט, אַז דער *דזשעמז קיירד* זאָל פֿאָרן צו הילף דעם *דאָדלי דאָקער*, ווײַל מיר האָבן אַליין קוים געקענט פֿאָרן פֿאָרויס אינעם שווערערן שיפֿל. די איינציקע זאַך, ווײַטער צו פֿאָרן און האָפֿן. אַלע אין דער מאַנשאַפֿט זײַנען נאָך אַ מאָל דורכגעווייקט

[157] williwaw: אַ נאָמען צווישן מאַטראָסן פֿאַר אַ פּלוצעמדיקער שטאַרקער ווינט, וואָס בלאָזט אַראָפּ פֿון די הויכענישן.
[158] fell away to leeward …: ד"ה, געטריבן פֿון דעם ווינט.

שעקלטאָנס דרײַ נסים

and many men were feeling the cold severely. We forged on slowly and passed inside a great pillar of rock standing out to sea and towering to a height of about 2400 ft. A line of reef stretched between the shore and this pillar, and I thought as we approached that we would have to face the raging sea outside; but a break in the white surf revealed a gap in the reef and we laboured through, with the wind driving clouds of spray on our port beam. The *Stancomb Wills* followed safely. In the stinging spray I lost sight of the *Dudley Docker* altogether. It was obvious she would have to go outside the pillar as she was making so much leeway, but I could not see what happened to her and I dared not pause. It was a bad time. At last, about 5 p.m., the *James Caird* and the *Stancomb Wills* reached comparatively calm water and we saw Wild's beach just ahead of us. I looked back vainly for the *Dudley Docker*.

Rocks studded the shallow water round the spit and the sea surged amongst them. I ordered the *Stancomb Wills* to run on to the beach at the place that looked smoothest, and in a few moments the first boat was ashore, the men jumping out and holding her against the receding wave. Immediately I saw she was safe I ran the *James Caird* in. Some of us scrambled up the beach through the fringe of the surf and slipped the painter round a rock, so as to hold the boat against the backwash. Then we began to get the stores and gear out, working like men possessed, for the boats could not be pulled up till they had been emptied. The blubber-stove was quickly alight and the cook began to prepare a hot drink. We were labouring at the boats when I noticed Rickenson turn white and stagger in the surf. I pulled him out of reach of the water and sent him up to the stove, which had been placed in the shelter of some rocks. McIlroy went to him and found that his heart had been temporarily unequal to the strain placed upon it. He was in a bad way and needed prompt medical attention. There are some men who will do more than their share of

געוואָרן ביז צו דער הויט און אַ סך זײַנען שטאַרק דורכגעקילט. מיר זײַנען פֿאַמעלעך ווײַטער און זײַנען פֿאַרבײַ אַ גרויסן שטיינערנעם זײַל אַוועק אַ ביסל פֿון ברעג און אַ שטאָציקער 2,400 פֿוס אין דער הייך. אַ פּאַס ריף האָט זיך געצויגן צווישן ברעג און זײַל, האָב איך געמיינט בעת מיר קומען נעענטער, אַז מיר וועלן זײַן פּנים־אַל־פּנים מיטן צאָרנדיקן ים אין דרויסן; נאָר אַ ריס אינעם ווײַסן אינדנבראָך האָט באַוויזן אַ שפּאַלט אינעם ריף, זײַנען מיר אַדורך מיט שווערער אַרבעט, מיטן ווינט טרײַבן וואָלקנס שפּריץ איבער דער לינקער זײַט[159]. דער *סטענקאָם ווילס* איז בשלום נאָכגעפֿאָרן. אינעם שטעכנדיקן שפּריץ האָב איך אין גאַנצן ניט געקענט זען דעם *דאָדלי דאָקער*. ס'איז געווען קלאָר אַז זי וואָלט מוזן פֿאָרן אויסנווייניק פֿונעם זײַל, צוליב דעם וואָס זי גייט אַזוי פֿיל ווינט־אַראָפּ[160], אָבער איך האָב ניט געקענט זען וואָס איז מיט איר געשען און איך האָב ניט געקענט וואַרטן. ס'איז געווען אַ שלעכטע צײַט. סוף־כּל־סוף, בערך פֿינף אַ זייגער נ"מ, האָבן דער *דזשעמז קיירד* מיטן *סטענקאָם ווילס* דערגרייכט דאָס לפֿי־ערך שטילע וואַסער, האָבן מיר דערזען ווילדס פּלאַזשע פּונקט פֿאַר אונדז. איך האָב אומזיסט צוריקגעקוקט נאָכן *דאָדלי דאָקער*.

דאָס פּלאַטשיקע וואַסער אַרום דעם שפּיץ איז באַשאָטן געווען מיט שטיינער, האָט דער ים זיך געפּלייצט צווישן זיי. איך האָב געהייסן דער *סטענקאָם ווילס* זי זאָל אַרויפֿלויפֿן אויף דער פּלאַזשע ווו עס זעט אויס דאָס גלאַטסטע, און אין אַ פּאָר מינוט אַרום איז דאָס ערשטע שיפֿל אויפֿן ברעג, די מענטשן אַרויסגעשפּרונגען, האַלטנדיק זי אַקעגן דער אָפּגייענדיקער כוואַליע. באַלד ווי איך האָב געזען אַז זי איז זיכער, האָב איך גענומען דעם *דזשעמז קיירד* אַרײַן. עטלעכע פֿון אונדז האָבן זיך געדראַפּעט אויף דער פּלאַזשע דורכן ראַנד פֿונעם אינדנבראָך, אַרומגעדרייט דאָס שטריקל אַרום אַ שטיין כּדי צו האַלטן דאָס שיפֿל קעגן דעם צוריקפֿלייץ[161]. דערנאָך האָבן מיר אָנגעהויבן אַרויסנעמען די זאַפּאַסן און געצײַג, אַרבעטן ווי באַנומענע, ווײַל מע האָט ניט געקענט אַרויפֿשלעפּן די שיפֿלעך איידער מע האָט זיי אויסגעליידיקט. דעם טראָנאַויוון האָט מען גיך אָנגעצונדן, האָט דער קוכער אָנגעהויבן צוגרייטן הייסע געטראַנקען. בעת מיר האָבן געאַרבעט מיט די שיפֿלעך האָב איך באַמערקט ריקענזון,[162] ווי ער ווערט בלאַס און זיך שאַטײַעט אינעם אינדנבראָך. איך האָב אים געשלעפּט אַוועק פֿונעם וואַסער, אים צוגעשיקט צום אויוון, וואָס שטייט אינעם אָפּדאַך פֿון אַ פּאָר שטיינער. מקילרוי איז צו אים צוגעגאַנגען און געפֿונען אַז זײַן האַרץ האָט אין דער רגע געגנוג כּוח ניט געהאַט פֿאַר די אָנשטרענגונגען. אים איז גאָר שלעכט געווען, האָט ער געדאַרפֿט באַלדיקע מעדיצינישע הילף. ס'זײַנען פֿאַראַן מענטשן וואָס זיי טוען מער ווי די אייגענעם פּאָרציע

---

[159] port beam
[160] … was making so much leeway
[161] backwash
[162] Lewis Rickenson: הויפּט־אינזשעניר

work and who will attempt more than they are physically able to accomplish. Rickenson was one of these eager souls. He was suffering, like many other members of the Expedition, from bad salt-water boils. Our wrists, arms, and legs were attacked. Apparently this infliction was due to constant soaking with sea-water, the chafing of wet clothes, and exposure.

I was very anxious about the *Dudley Docker*, and my eyes as well as my thoughts were turned eastward as we carried the stores ashore; but within half an hour the missing boat appeared, labouring through the spume-white sea, and presently she reached the comparative calm of the bay. We watched her coming with that sense of relief that the mariner feels when he crosses the harbour-bar. The tide was going out rapidly, and Worsley lightened the *Dudley Docker* by placing some cases on an outer rock, where they were retrieved subsequently. Then he beached his boat, and with many hands at work we soon had our belongings ashore and our three craft above high-water mark. The spit was by no means an ideal camping-ground; it was rough, bleak, and inhospitable--just an acre or two of rock and shingle, with the sea foaming around it except where the snow-slope, running up to a glacier, formed the landward boundary. But some of the larger rocks provided a measure of shelter from the wind, and as we clustered round the blubber-stove, with the acrid smoke blowing into our faces, we were quite a cheerful company. After all, another stage of the homeward journey had been accomplished and we could afford to forget for an hour the problems of the future. Life was not so bad. We ate our evening meal while the snow drifted down from the surface of the glacier, and our chilled bodies grew warm. Then we dried a little tobacco at the stove and enjoyed our pipes before we crawled into our tents. The snow had made it impossible for us to find the tide-line and we were uncertain how far the sea was going to encroach upon our beach. I pitched my tent on the seaward side of the camp so that I might have early warning of danger, and,

אַרבעט, פּרוּוון טאָן מער ווי דאָס וואָס זיי קענען יאָ אויפֿטאָן. **ר**יקענזון איז געווען איינער פֿון אָט די פֿאַרברענטע נשמות. ער האָט געליטן, ווי אַ סך אַנדערע מיטגלידער אויף דער **ע**קספּעדיציע, פֿון שלעכטע זאַלץ־וואַסער־געשווירן, וואָס האָבן באַפֿאַלן די הענטגעלענקען, די אָרעמס, און די פֿיס. עס האָט זיך געדאַכט, אַז דאָס אָנשיקעניש איז צוליב דעם כּסדרדיקן דורכווייקן מיט זאַלץ־וואַסער, אָנרײַבן פֿון די נאַסע מלבושים, און די שווערע אויסגעשטעלטקייט[163].

איך בין געווען שטאַרק באַזאָרגט וועגן דעם **ד**אָדלי **ד**אָקער, האָבן זיך די אויגן און די מחשבֿות מײַנע אויף מיזרח געדרייט בעת מיר טראָגן די זאַפּאַסן אויף דער יבשה, נאָר מיט ניט מער ווי אַ האַלבער שעה האָט זיך באַוויזן דאָס פֿעלנדיקע שיפֿל, אַרבעטנדיק שווער דורכן שוים־ווײַס[164] ים, און באַלד איז זי אַרײַן אינעם לפֿי־ערך שטילקייט אין דער בוכטע. מיר האָבן זיך צו איר אָנקום צוגעקוקט מיט אַ געפֿיל פֿון פֿאַרלײַכטערונג ווי בײַ אַ מאַטראָס וואָס איז נאָר וואָס אָנגעקומען אין האַוון. דער ים־פֿלייץ איז גיך אַרויסגעגאַנגען, האָט **וו**אָרסלי פֿאַרלײַכטערט דעם **ד**אָדלי **ד**אָקער, אַוועקגעלייגט עטלעכע קאַסטנס אויף אַן אויסנווייניקסטן שטיין פֿון וואַנען מע האָט זיי שפּעטער געקראָגן. דערנאָך איז זײַן שיפֿל אויף דער יבשה, און מיט אַ סך הענט אַרבעטן האָבן מיר באַלד געהאַט דאָס האָב־און־גוטס אויף דער יבשה, די דרײַ שיפֿלעך איבער דער הויך־וואַסער־ליניע. די יבשה־צונג איז בשום־אופֿן ניט געווען קיין אידעאַלער לאַגער־אָרט; ס'איז געווען רוי, וויסט, אומבאַקוועם – נאָר אַ מאָרג צוויי שטיין און זשוויר[165], מיטן ים שוימענדיק אַרום און אַרום אַחוץ וווּ דער שניי־שיפּוע, וואָס פֿירט אַרויף ביז אַ גלעטשער, האָט געפֿורעמט דעם גרענעץ פֿון אינעווייניק[166]. נאָר עטלעכע פֿון די גרעסערע שטיינער האָבן געגעבן אַ ביסל באַשיצונג פֿונעם ווינט, און בעת מיר האָבן זיך געהײַפֿלט אַרום דעם טראָנאויוון, מיטן עסריקן רויך בלאָזן אין די פּנימער, זײַנען מיר געווען טאַקע גאָר אַ פֿריילעכע כאַליאַסטרע. נאָך אַלעמען נאָך אַן עטאַפּ אַהיימפֿאָרן האָבן מיר אויפֿגעטאָן, האָבן מיר געקענט אויף אַ שעה פֿאַרגעסן די צרות פֿאָרויס. נישקשה איז דאָס לעבן געווען. מיר האָבן געגעסן וועטשערע בעת דער שניי האָט זיך געדרייפֿט אַראָפּ פֿון דער גלעטשער־אייבערפֿלאַך, זײַנען די דורכגעקילטע קערפּערס וואַרעם געוואָרן. דערנאָך האָבן מיר אויסגעטריקנט אַ שטיקל טאַבאַק בײַם אויוון, הנאה געהאַט פֿון די ליולקעס איידער מיר זײַנען אַרײַנגעקראָכן אין די געצעלטן. דער שניי האָט אונדז ניט געלאָזט געפֿינען דעם פֿלייץ־גרענעץ, האָבן מיר ניט געוווּסט ווי ווײַט וועט אַרויפֿקומען דער ים אויף דער פּלאַזשע. איך האָב אויפֿגעשלאָגן מײַן געצעלט צום ים צו פֿונעם לאַגער, איך זאָל פֿרי האָבן וואָרענונג פֿון סכּנה, און

---

[163] exposure
[164] … spume-white …
[165] shingle
[166] "… formed the landward boundary"

sure enough, about 2 a.m. a little wave forced its way under the tent-cloth. This was a practical demonstration that we had not gone far enough back from the sea, but in the semi-darkness it was difficult to see where we could find safety. Perhaps it was fortunate that experience had inured us to the unpleasantness of sudden forced changes of camp. We took down the tents and re-pitched them close against the high rocks at the seaward end of the spit, where large boulders made an uncomfortable resting-place. Snow was falling heavily. Then all hands had to assist in pulling the boats farther up the beach, and at this task we suffered a serious misfortune. Two of our four bags of clothing had been placed under the bilge of the *James Caird*, and before we realized the danger a wave had lifted the boat and carried the two bags back into the surf. We had no chance of recovering them. This accident did not complete the tale of the night's misfortunes. The big eight-man tent was blown to pieces in the early morning. Some of the men who had occupied it took refuge in other tents, but several remained in their sleeping-bags under the fragments of cloth until it was time to turn out.

A southerly gale was blowing on the morning of April 18 and the drifting snow was covering everything. The outlook was cheerless indeed, but much work had to be done and we could not yield to the desire to remain in the sleeping-bags. Some sea-elephants were lying about the beach above high-water mark, and we killed several of the younger ones for their meat and blubber. The big tent could not be replaced, and in order to provide shelter for the men we turned the *Dudley Docker* upside down and wedged up the weather side with boulders. We also lashed the painter and stern-rope round the heaviest rocks we could find, so as to guard against the danger of the boat being moved by the wind. The two bags of clothing were bobbing about amid the brash and glacier-ice to the windward side of the spit, and it did not seem possible to reach them. The gale continued all day, and the fine drift from the surface of the glacier was added to the big flakes of snow falling from the sky. I made a careful examination of the spit with the object of ascertaining its possibilities as a camping-ground. Apparently, some of the beach lay above high-water mark and the rocks that stood above

אַוודאי, צוויי אַ זייגער אין דער פֿרי האָט זיך אַ קליינע כוואַליע אַרײַנגערוקט אונטערן געצעלט־טוך, אַ תּכליתדיקער באַוויַז, אַז מיר זײַנען ניט געגוג ווײַט פֿונעם ים, אָבער אינעם האַלב־פֿינצטערניש איז געווען שווער צו וויסן ווו וועט זײַן זיכערער. אפֿשר איז געווען מזלדיק, וואָס די איבערלעבונגען האָבן אונדז צוגעוווינט צו דער פּריקרעקייט פֿון פּלוצעמדיקע געצוווּנגענע איבערבײַטן דעם לאַגער. מיר האָבן אָפּגעשלאָגן די געצעלטן און זיי אויפֿגעשלאָגן נאָך אַ מאָל גאָר נאָענט אַקעגן די הויכע שטיינער בײַם ים־עק פֿון דער צונג[167], ווו גרויסע פֿעלדזן האָבן געמאַכט אַן אומבאַקוועמען רו־אָרט. אַ שווערער שניי איז געפֿאַלן. האָט די גאַנצע מאַנשאַפֿט געדאַרפֿט העלפֿן שלעפּן די שיפֿלעך ווײַטער אַרויף אויף דער פּלאַזשע, און בשעת־מעשׂה איז אונדז געקומען זייער אַן אומגליק. צוויי פֿון די פֿיר זעקל קליידער האָט מען אַוועקגעלייגט אונטערן דנאָ[168] פֿונעם ***דזשעמז קיירד*** און איידער מיר האָבן געקענט זען די סכּנה, האָט אַ כוואַליע אויפֿגעהויבן דאָס שיפֿל און אַוועקגעטראָגן די צוויי זעק צוריק אינעם אינדנבראָך. ס'איז אוממיגלעך געווען זיי צוריקצוקריגן. דאָס דאָזיקע אומגליק איז ניט געווען דער סוף פֿון די צרות די נאַכט. דאָס גרויסע אַכט־אירעדיקע געצעלט איז צעבלאָזן געוואָרן אין שטיקער פֿרי אין דער פֿרי. עטלעכע פֿון די אײַנוווינערס פֿון דעם דאָזיקן געצעלט האָבן געפֿונען אַנטרינונג אין אַנדערע, נאָר אַ פּאָר האָבן געבליבן אין די שלאָפֿזעק אונטער די פֿראַגמענטן טוך ביז דער צײַט פֿון אויפֿכאַפּן.

ס'האָט געבלאָזן אַ בורע פֿון דרום אין דער פֿרי דעם 18טן אַפּריל, האָט דער דרײַפֿנדיקער שניי פֿאַרדעקט אַלצדינג. דער אַרויסקוק איז טאַקע געווען אַן עצבֿותדיקער, נאָר אַ סך אַרבעט איז געבליבן און מיר האָבן ניט געקענט ניכשל ווערן אין בלײַבן אין די שלאָפֿזעק. עטלעכע ים־העלפֿאַנדן זײַנען געלעגן אַרום אויף דער פּלאַזשע איבער דער הויך־וואַסער־ליניע, האָבן מיר געקײַלט אַ פּאָר ייִנגערע צוליב פֿלייש און טראָן. דאָס גרויסע געצעלט איז ניט צו פֿאַרבײַטן; צוליב אָפּדאַך פֿאַר די מענטשן האָבן מיר קאַפּויערגעשטעלט דעם ***דאָדלי דאָקער***, אַרײַנגעשפּאַרט די ווינט־אַרויפֿיקע[169] זײַט מיט פֿעלדזן. דערצו האָבן מיר צוגעבונדן דאָס שטריקל און הינטערבאָרד־שטריקל צו די שווערסטע שטיינער אַרום, דער ווינט זאָל ניט רירן דאָס שיפֿל פֿון אָרט. די צוויי זעק קליידער האָבן געשוווּמען אַרום אין מיטן אײַז־שטיקלעך און גלעטשער־אײַז ווינט־אַרויף פֿון דער צונג, און ס'האָט זיך געדאַכט פֿאַר אוממיגלעך זיי צו קריגן. די בורע האָט געדויערט דעם גאַנצן טאָג, האָט זיך דאָס פֿײַנע דרייף פֿון דער גלעטשער־אייבערפֿלאַך צוגעגעבן צו די גרויסע שנייעלעך פֿאַלנדיק פֿון אויבן. איך האָב שאַרף איבערגעקוקט די יבשה־צונג כּדי געוויר צו ווערן צי ס'וועט טויגן פֿאַר אַ לאַגער־אָרט. אַ פּנים איז אַ טייל פֿון דער פּלאַזשע געלעגן איבערן הויך־וואַסער־ליניע און די פֿעלדזן וואָס שטייען איבערן

---

[167] "... at the seaward end of the spit, ..."

[168] bilge

[169] windward side אָדער weather side

the shingle gave a measure of shelter. It would be possible to mount the snow-slope towards the glacier in fine weather, but I did not push my exploration in that direction during the gale. At the seaward end of the spit was the mass of rock already mentioned. A few thousand ringed penguins, with some gentoos, were on these rocks, and we had noted this fact with a great deal of satisfaction at the time of our landing. The ringed penguin is by no means the best of the penguins from the point of view of the hungry traveller, but it represents food. At 8 a.m. that morning I noticed the ringed penguins mustering in orderly fashion close to the water's edge, and thought that they were preparing for the daily fishing excursion; but presently it became apparent that some important move was on foot. They were going to migrate, and with their departure much valuable food would pass beyond our reach. Hurriedly we armed ourselves with pieces of sledge-runner and other improvised clubs, and started towards the rookery. We were too late. The leaders gave their squawk of command and the columns took to the sea in unbroken ranks. Following their leaders, the penguins dived through the surf and reappeared in the heaving water beyond. A very few of the weaker birds took fright and made their way back to the beach, where they fell victims later to our needs; but the main army went northwards and we saw them no more. We feared that the gentoo penguins might follow the example of their ringed cousins, but they stayed with us; apparently they had not the migratory habit. They were comparatively few in number, but from time to time they would come in from the sea and walk up our beach. The gentoo is the most strongly marked of all the smaller varieties of penguins as far as colouring is concerned, and it far surpasses the adelie in weight of legs and breast, the points that particularly appealed to us.

    The deserted rookery was sure to be above high-water mark at all times; and we mounted the rocky ledge in search of a place to pitch our tents. The penguins knew better than to rest where the sea could reach them even when the highest tide was supported by the strongest gale. The disadvantages of a camp on the rookery were obvious. The smell was strong, to put it mildly, and was not likely to grow less pronounced when the warmth of our bodies thawed the surface. But our choice of places was not wide, and that afternoon we dug out a site for two tents in the debris of the

זשוויר האָבן געגעבן אַ שטיקל אָפּדאַך. ס'וואָלט געווען מיגלעך אַרויפֿצוגיין אויפֿן שניי־שיפּוע צום גלעטשער צו בײַ פֿײַנעם וועטער, נאָר איך האָב ניט געפּרוּווט אַ קוק טאָן אין דער ריכטונג אין מיטן בורע. בײַם ים־עק פֿון דער צונג איז געווען דער מאַסע שטיין פֿריער דערמאָנט. עטלעכע טויזנטער אײַנגערינגלט־פּענגווינען, מיט אַ געציילטע זשענטוס[170], זײַנען געשטאַנען אויף די דאָזיקע שטיינער; מיר האָבן זיי דערזען ערשט בײַם לאַנדן מיט אַ סך צופֿרידנקייט. דער אײַנגערינגלט־פּענגווין איז ניט דער בעסטער פֿונעם קוקווינקל פֿונעם הונגעריקן פֿאָרער, נאָר ס'איז פֿאָרט עסעוודיק. אַכט אַ זייגער פֿ"מ האָב איך באַמערקט די אײַנגערינגלט־פּענגווינען אַז זיי זאַמלען זיך על־פּי סדר נאָענט צום ברעג, האָב איך געמיינט אַז זיי גרייטן זיך צו פֿאַר דער טעגלעכער עקסקורסיע נאָך פֿיש, נאָר באַלד איז קלאָר געוואָרן אַז עפּעס אַ וויכטיק געשעעניש קומט פֿאָר. זיי האָבן זיך געקליבן אַוועקצוּוואַנדערן, און מיטן אָפּגאַנג וואָלט געגאַנגען אַ סך ווערטיק עסן אויסער גרייך. גיך האָבן מיר זיך באַוואָפֿנט מיט שטיקער גרינדזשעלע און אַזעלכע אימפּראָוויזירטע פֿלאָקנס, געגאַנגען צום נעסט־שטח צו. צו שפּעט. די אָנפֿירערס האָבן געגעבן זייער באַפֿעל־קוויטש, זײַנען די קאָלאָנעס אין ים אַרײַן ריי נאָך ריי אָן אויפֿהאַלט. שווימען נאָך די אָנפֿירערס האָבן די פּענגווינען זיך אונטערגעטונקט דורכן אינדנבראָך און זיך נאָך אַ מאָל באַוויזן אינעם הייבנדיקן וואַסער ווײַטער. נאָר אַ פּאָר פֿון די שוואַכערע פֿייגל האָבן זיך דערשראָקן, צוריקגעשווּמען אויף דער פּלאַזשע, ווו זיי זײַנען קרבנות צוליב אונדזערע נייטיקייטן, איז די הויפּט־אַרמיי אַוועק אויף צפֿון, האָבן מיר זיי קיין מאָל ווידער ניט געזען. מיר האָבן מורא געהאַט, די זשענטו־פּענגווינען זאָלן ניט אָנכאַפּן זייערע אײַנגערינגלטע שוועסטערקינדער, נאָר זיי זײַנען געבליבן בײַ אונדז; דאַכט זיך,אַז זיי זײַנען ניט איבערוואַנדערנדיקע בײַ טבֿע. אין צאָל זײַנען זיי ניט געווען קיין סך, נאָר פֿון צײַט צו צײַט זײַנען זיי אַרויס פֿון ים און געקומען צו פֿוס אויף אונדזער פּלאַזשע. די זשענטו איז די שטאַרקסטע בנוגע פֿאַרבן פֿון די אַלע קלענערע מינים פּענגווינען, און גרעסער פֿון די אַדעלי[171] אין וואָג פֿון פֿיס און ברוסט, די טיילן וואָס זײַנען אונדז ספּעציעל געפֿעלן.

דער פֿאַרלאָזענער נעסט־שטח איז דווקא שטענדיק געווען איבער דער הויך־וואַסער־ליניע, זײַנען מיר אַרויף אויפֿן שטיינערנעם גזימס זוכנדיק אַן אָרט פֿאַר די געצעלטן. די פּענגווינען האָבן בעסער געוווּסט ווי צו מאַכן די נעסטן אין גרייך פֿונעם ים, אַפֿילו זאָל דער העכסטער ים־פֿלייץ קומען צוזאַמען מיט דער שטאַרקסטע בורע. די חסרונים פֿון לאַגערן אויפֿן נעסט־שטח זײַנען געווען בולט. דער ריח איז געווען שטאַרק, אײדל גערעדט, און וועט ווערן מסתּמא ניט בעסער, אַז די וואַרעמקייט פֿון די קערפּערס האָט געלאָזט צעגיין די אייבערפֿלאַך. נאָר מיר האָבן ניט געהאַט קיין סך ברירות, און דעם נאָכמיטאָג האָבן מיר אויסגעגראָבן אַן אָרט פֿאַר צוויי געצעלטן אינעם רים פֿונעם

---

[170] ringed and gentoo penguins
[171] Adelie penguin

rookery, levelling it off with snow and rocks. My tent, No. 1, was pitched close under the cliff, and there during my stay on Elephant Island I lived. Crean's tent was close by, and the other three tents, which had fairly clean snow under them, were some yards away. The fifth tent was a ramshackle affair. The material of the torn eight-man tent had been drawn over a rough framework of oars, and shelter of a kind provided for the men who occupied it.

The arrangement of our camp, the checking of our gear, the killing and skinning of seals and sea-elephants occupied us during the day, and we took to our sleeping-bags early. I and my companions in No. 1 tent were not destined to spend a pleasant night. The heat of our bodies soon melted the snow and refuse beneath us and the floor of the tent became an evil smelling yellow mud. The snow drifting from the cliff above us weighted the sides of the tent, and during the night a particularly stormy gust brought our little home down on top of us. We stayed underneath the snow-laden cloth till the morning, for it seemed a hopeless business to set about re-pitching the tent amid the storm that was raging in the darkness of the night.

The weather was still bad on the morning of April 19. Some of the men were showing signs of demoralization. They were disinclined to leave the tents when the hour came for turning out, and it was apparent they were thinking more of the discomforts of the moment than of the good fortune that had brought us to sound ground and comparative safety. The condition of the gloves and headgear shown me by some discouraged men illustrated the proverbial carelessness of the sailor. The articles had frozen stiff during the night, and the owners considered, it appeared, that this state of affairs provided them with a grievance, or at any rate gave them the right to grumble. They said they wanted dry clothes and that their health would not admit of their doing any work. Only by rather drastic methods were they induced to turn to. Frozen gloves and helmets undoubtedly are very uncomfortable, and the proper thing is to keep these articles thawed by placing them inside one's shirt during the night.

The southerly gale, bringing with it much snow, was so severe that as I went along

נעסט־שטח, אים אויסגעגלײַכט מיט שניי און שטיינער. מײַן געצעלט, נומער איינס, איז אויפֿגעשלאָגן געוואָרן נאָענט אונטער דער סקאַלע, און דאָרט בעת איך בין אויף העלפֿאַנד־אינדזל האָב איך געוווינט. קרינס געצעלט איז געווען נאָענט און די דרײַ אַנדערע, וואָס שטייען אויף לפֿי־ערך ריינעם שניי, זײַנען געווען עטלעכע יאַרדן אַוועק. דאָס פֿינפֿטע געצעלט איז געווען אַ וואַקלדיקע זאַך. דער שטאָף פֿונעם צעריסענעם אַכט־אירעדיקן געצעלט איז געצויגן געוואָרן איבער אַ גראָב געריעם פֿון רודערס, וואָס האָט געגעבן אַ ביסל אָפּדאַך פֿאַר די וואָס זיי האָבן דאָס באַוווינט.

די צוגרייטונג פֿונעם לאַגער, דאָס קאָנטראָלירן דאָס געצײַג, דערהרגענען און אָפּשינדן ים־הינט און ים־העלפֿאַנדן האָט אָנגעפֿילט דעם טאָג, און דערנאָך זײַנען מיר פֿרי אַרײַן אין די שלאָפֿזעק. פֿאַר מיר מיט די באַלייטערס אין געצעלט נומער איינס איז ניט באַשערט געוואָרן אַ באַקוועמע נאַכט. די וואַרעמקייט פֿון די קערפּערס האָט באַלד צעשמאָלצן דעם שניי און מיסט אונטן, איז די פֿאָדלאָגע פֿונעם געצעלט אָן עיפּושדיקע געלע בלאָטע געוואָרן. דער שניי, וואָס דרייפֿט אַראָפּ פֿון די סקאַלעס אויבן, איז געלעגן ווי אַ וואָג אויף די זײַטן פֿון געצעלט, און בעת דער נאַכט האָט אַ ספּעציעל שטורעמדיקער בלאָז אַראָפּגעשטויסן אונדזער קליין שטיבל אויף אונדז אַראָפּ. מיר זײַנען געבליבן ליגן אונטער דעם שניי־באַלאָדענעם שטאָף ביזן פֿרימאָרגן, וואָרן דאָס פּרוּוון ווידער אויפֿצושלאָגן דאָס געצעלט אין מיטן אַזאַ שרײַענדיקן שטורעם אין דער שטאָק־פֿינצטערער נאַכט וואָלט געווען אָן אַ תּכלית.

דער וועטער איז נאָך אַלץ געווען שלעכט אין דער פֿרי דעם 19טן אַפּריל. עטלעכע פֿון דער מאַנשאַפֿט האָבן באַוויזן סימנים פֿון דעמאָראַליזירונג. זיי האָבן ניט געוואָלט אַרויסקומען פֿון די געצעלטן, ווען ס'קומט אָן די צײַט זיך אויפֿצוכאַפּן, און ס'איז געווען קלאָר אַז זיי טראַכטן מער וועגן דער איצטיקער אומבאַקוועמלעכקייט ווי פֿונעם מזל וואָס עס האָט אונדז געבראַכט אויף האַרטער ערד, לפֿי־ערך בשלום. די מצבֿ פֿון די ענטשקעס און היטלען וואָס עטלעכע אָפּהענטיקע מענטשן האָבן מיר זיי באַוויזן האָט אילוסטרירט די באַרימטע אָפּגעלאָזנקייט פֿון מאַטראָסן. די חפֿצים זײַנען שטײַף פֿאַרפֿרוירן געוואָרן אין דער נאַכט, און די וואָס זיי האָבן דאָס געלאָזט געשען האָט געטענהט, ס'האָט זיך געדאַכט, אַז צוליב דעם האָבן זיי געהאַט אַ קריוודע, אָדער ווייניקסטנס אַ חזקה אויף בורטשען. זיי האָבן געזאָגט אַז זיי ווילן טרוקענע קליידער, און זייער געזונט לאָזט זיי ניט אַרבעטן. נאָר דורך גאָר דראַסטישע מיטלען האָט מען בײַ זיי געפּועלט זיי זאָלן טאָן זייערס. פֿאַרפֿרוירענע הענטשקעס און קאָסקעס זײַנען בלי־ספֿק גאָר אומבאַקוועם, און די געהעריקע זאַך וואָס מע דאַרף טאָן איז האַלטן די זאַכן אינעווייניק אין די העמדער, זיי זאָלן ניט פֿרירן אין דער נאַכט.

די דרומדיקע בורע, טראָגנדיק מיט זיך אַ סך שניי, איז אַזוי שטרענג געווען, אַז ס'האָט מיך אַראָפּגעבלאָזן אַ שטאַרקער פּלאָש בעת איך בין געגאַנגען לענג־אויס דער

the beach to kill a seal I was blown down by a gust. The cooking-pots from No. 2 tent took a flying run into the sea at the same moment. A case of provisions which had been placed on them to keep them safe had been capsized by a squall. These pots, fortunately, were not essential, since nearly all our cooking was done over the blubber-stove. The galley was set up by the rocks close to my tent, in a hole we had dug through the debris of the penguin rookery. Cases of stores gave some shelter from the wind and a spread sail kept some of the snow off the cook when he was at work. He had not much idle time. The amount of seal and sea-elephant steak and blubber consumed by our hungry party was almost incredible. He did not lack assistance--the neighbourhood of the blubber-stove had attractions for every member of the party; but he earned everybody's gratitude by his unflagging energy in preparing meals that to us at least were savoury and satisfying. Frankly, we needed all the comfort that the hot food could give us. The icy fingers of the gale searched every cranny of our beach and pushed relentlessly through our worn garments and tattered tents. The snow, drifting from the glacier and falling from the skies, swathed us and our gear and set traps for our stumbling feet. The rising sea beat against the rocks and shingle and tossed fragments of floe-ice within a few feet of our boats. Once during the morning the sun shone through the racing clouds and we had a glimpse of blue sky; but the promise of fair weather was not redeemed. The consoling feature of the situation was that our camp was safe. We could endure the discomforts, and I felt that all hands would be benefited by the opportunity for rest and recuperation.

[And if that's not enough, ...]

פֿלאַזשע כּדי צו דערהרגענען אַ ים־הונט. די טעפּ פֿון געצעלט נומער צוויי האָבן אַ פֿליִענדיקן לויף געטאָן אין ים אַרײַן אין דער זעלבער רגע. אַ קאַסטן זאַפּאַסן, וואָס מע האָט אים אויף זיי אַוועקגעלייגט, זיי זאָלן בלײַבן שטיין, איז איבערגעקערט געוואָרן דורך אַ שקוואַל. צום גליק זײַנען די דאָזיקע טעפּ ניט נייטיק, ווײַל כּמעט דאָס גאַנצע קאָכן האָט מען געטאָן אויפֿן טראָנאויוון. די קיך האָט מען אויפֿגעשטעלט לעבן די שטיינער בײַ מײַן געצעלט, אין אַ לאָך וואָס מיר האָבן אויסגעגראָבן אינעם רים פֿונעם פּענגווינען־נעסט־שטח. קאַסטנס זאַפּאַסן האָבן געגעבן עפּעס אַן אָפּדאַך פֿונעם ווינט און אַ פֿאַרשפּרייטער זעגל האָט געהאָלפֿן, דער קוכער זאָל ניט פֿאַרשנייט ווערן בײַ דער אַרבעט. ער איז שטענדיק פֿאַרנומען געווען. דער סכום ים־הינט און ים־העלפֿאַנד סטייק און טראָן וואָס מיר האָבן פֿאַרשלונגען איז געווען קוים צו גלייבן. ער האָט אַ סך הילף – דער געגנט אַרום דעם טראָנאויוון האָט צוציִונגען געהאַט פֿאַר אַלע, נאָר ער האָט פֿאַרדינט דאַנקשאַפֿט פֿון אַלעמען מיט זײַן שטענדיקער ענערגיע בײַם צוגרייטן מאָלצײַטן, וואָס זײַנען אונדז געווען געשמאַק און צופֿרידנשטעליק. אָפֿן גערעדט האָבן מיר באַדאַרפֿט אַבי וואָס פֿאַר אַ באַקוועמלעכקייט דאָס הייסע עסן האָט געגעבן. די אײַזיקע פֿינגער פֿון דער בורע האָבן דורכגעזוכט יעדער ווינקל פֿון דער פּלאַזשע, זיך אַרײַנגעשטויסן דורך די אָפּגעטראָגענע קליידער און צעריסענע געצעלטן. דער שניי, דרייפֿנדיק פֿונעם גלעטשער און פֿאַלנדיק פֿון הימל, האָט אונדז מיטן האָב־און־גוטס גאַנץ באַדעקט, געלייגט פֿאַסטקעס פֿאַר די שטאָמפּערנדיקע פֿיס. דער הייבנדיקער ים האָט זיך געשלאָגן אויף די שטיינער און זשוויר, געוואָרפֿן שטיקער קריִע־אײַז ביז געציילטע פֿיס פֿון די שיפֿלעך. איין מאָל בעתן אינדערפֿרי האָט די זון געשײַנט דורך די יאָגנדיקע וואָלקנס, האָבן מיר געכאַפּט אַ בליק אויפֿן בלאָען הימל, נאָר דער צוזאָג אויף גוטן וועטער האָט ניט געהאַלטן וואָרט. דער טרייסטנדיקער שטריך פֿון דער סיטואַציע איז געווען, אַז דער לאַגער איז זיכער. מיר האָבן געקענט פֿאַרטראָגן די אומבאַקוועמלעכקייטן און איך האָב געמיינט אַז ס'וועט זײַן אַ געזונט אויף דער גאַנצער מאַנשאַפֿט, די געלעגנהייט אָפּצורוען און קומען צו זיך.

[און אויב דאָס איז אײַך ווייניק ...]

שעקלטאָנס דרט נסים

THE BOAT JOURNEY
The Second Miracle

The increasing sea made it necessary for us to drag the boats farther up the beach. This was a task for all hands, and after much labour we got the boats into safe positions among the rocks and made fast the painters to big boulders. Then I discussed with Wild and Worsley the chances of reaching South Georgia before the winter locked the seas against us. Some effort had to be made to secure relief. Privation and exposure had left their mark on the party, and the health and mental condition of several men were causing me serious anxiety. Blackborrow's feet, which had been frost-bitten during the boat journey, were in a bad way, and the two doctors feared that an operation would be necessary. They told me that the toes would have to be amputated unless animation could be restored within a short period. Then the food-supply was a vital consideration. We had left ten cases of provisions in the crevice of the rocks at our first camping-place on the island. An examination of our stores showed that we had full rations for the whole party for a period of five weeks. The rations could be spread over three months on a reduced allowance and probably would be supplemented by seals and sea-elephants to some extent. I did not dare to count with full confidence on supplies of meat and blubber, for the animals seemed to have deserted the beach and the winter was near. Our stocks included three seals and two and a half skins (with blubber attached). We were mainly dependent on the blubber for fuel, and, after making a preliminary survey of the situation, I decided that the party must be limited to one hot meal a day.

A boat journey in search of relief was necessary and must not be delayed. That conclusion was forced upon me. The nearest port where assistance could certainly be secured was Port Stanley, in the Falkland Islands, 540 miles away, but we could scarcely hope to beat up against the prevailing north-westerly wind in a frail and weakened boat with a small sail area. South Georgia was over 800 miles away, but lay in the area of the west winds, and I could count upon finding whalers at any

די שיפֿל־נסיעה
דער צווייטער נס

די וואַקסנדיקע כוואַליעס האָבן אונדז געצוווּנגען אַרויפֿשלעפּן די שיפֿלעך ווײַטער אַרויף אויף דער פּלאַזשע. דאָס איז געווען אַן אַרבעט פֿאַר דער גאַנצער מאַנשאַפֿט, און נאָך שווערע אָנשטרענגונגען האָבן מיר אַוועקגעשטעלט די שיפֿלעך אין זיכערע ערטער צווישן די שטיינער, און צוגעבונדן די שטריקלעך אַרום גרויסע פֿעלדזן. דערנאָך האָב איך אַרומגערעדט מיט **ווי**לד און **וו**אָרסלי, וואָס זײַנען די שאַנסן מע זאָל דערגרייכן **ד**רום־**ד**זשאָרדזשע איידער דער ווינטער פֿאַרשליסט די ימים פֿאַר אונדז. מע האָט געדאַרפֿט עפּעס טאָן צו קריגן הילף. דוחק און די שווערע אויסגעשטעלטקייט האָבן שווער געהאַנדלט מיט די לײַט, דאָס געזונט און די גײַסטיקע מצבֿ פֿון עטלעכע מענטשן זײַנען מיר געווען גאָר שווער אויפֿן האַרצן. **ב**לאַקבאָראָס פֿיס, וואָס זיי זײַנען געהאַט אָפּגעפֿרוירן געוואָרן בעת דער שיפֿל־נסיעה, זײַנען שלעכט געגאַנגען, האָבן די צוויי דאָקטוירים געהאַלטן אַז ס'וועט זײַן נייטיק אַן אָפּעראַציע. זיי האָבן מיר געזאָגט אַז מע וועט דאַרפֿן אַמפּוטירן די פֿוס־פֿינגער סײַדן זיי זײַנען באַלד צו זיך צוריקגעקומען. דערצו איז דער פּראָוויאַנט געווען אַן ערנסטער ענין. מיר האָבן איבערגעלאָזט צען קאַסטנס פּראָוויאַנט אין דער שפּאַרע אין די שטיינער בײַם ערשטן לאַגער־אָרט אויפֿן אינדזל. אַ דורכקוק אויף די זאַפּאַסן האָט באַוויזן אַז מיר האָבן פֿולע ראַציעס צו יעדער אויף פֿינף וואָכן. די ראַציעס וואָלט געקלעקט אויף דרײַ חדשים מיט אַ פֿאַרקלענערטער פּאָרציע און מסתּמא וואָלט געווען דערצו ים־הינט און ים־העלפֿאַנדן אויף אַ געוויסער מאָס. איך האָב זיך ניט געקענט זיכער פֿאַרלאָזן אויף אַ זאַפּאַס פֿון פֿלייש און טראָן, וואָרן די חיות, ס'האָט זיך געדאַכט, האָבן פֿאַרלאָזן די פּלאַזשע און דער ווינטער איז שיִער ניט אָנגעקומען. צו דער האַנט האָבן מיר דרײַ ים־הינט און צוויי מיט אַ האַלב פֿעלן (מיט טראָן צוגעטשעפּעט). דער עיקר זײַנען מיר געווען אָפּהענגיק אינעם טראָן פֿאַר ברענוואַרג, און נאָך אַ קורצן איבערבליק אויף דער מצבֿ, האָב איך באַשלאָסן אַז די פּאַרטיע וועט האָבן בלויז איין הייסן מאָלצײַט אַ טאָג.

אַ שיפֿל־נסיעה זוכן הילף איז געווען אומגעזאַמט נייטיק. אָט דער אויספֿיר איז אויף מיר פֿאָרסירט געוואָרן. דער נאָענסטער פּאָרט ווו מע קען זיכער געפֿינען הילף איז געווען **פּ**אָרט **ס**טענלי, אין די **פֿ**אַלקלענדער־**א**ינדזלען[172], ווײַט 540 מײַלן, נאָר מיר האָבן קוים געקענט האָפֿן זעגלען ווינט־אַרויף[173] אַקעגן די געוויינטלעכע ווינטן פֿונעם צפֿון־מערבֿ אין אַ ברעכיק און פֿאַרשוואַכט שיפֿל מיט אַ קליינעם שטח זעגל. **ד**רום־**ד**זשאָדזשע איז ווײַט געווען מער ווי 800 מײַלן, נאָר ער איז געלעגן אינעם געגנט פֿון די ווינטן פֿון מערבֿ, און איך האָב זיך געקענט פֿאַרלאָזן אויף געפֿינען וואַלפֿיש־יעגערס בײַ איינעם אַ

---

[172] Port Stanley, in the Falkland Islands

[173] beat up

of the whaling-stations on the east coast. A boat party might make the voyage and be back with relief within a month, provided that the sea was clear of ice and the boat survive the great seas. It was not difficult to decide that South Georgia must be the objective, and I proceeded to plan ways and means. The hazards of a boat journey across 800 miles of stormy sub-Antarctic ocean were obvious, but I calculated that at worst the venture would add nothing to the risks of the men left on the island. There would be fewer mouths to feed during the winter and the boat would not require to take more than one month's provisions for six men, for if we did not make South Georgia in that time we were sure to go under. A consideration that had weight with me was that there was no chance at all of any search being made for us on Elephant Island.

The case required to be argued in some detail, since all hands knew that the perils of the proposed journey were extreme. The risk was justified solely by our urgent need of assistance. The ocean south of Cape Horn in the middle of May is known to be the most tempestuous storm-swept area of water in the world. The weather then is unsettled, the skies are dull and overcast, and the gales are almost unceasing. We had to face these conditions in a small and weather-beaten boat, already strained by the work of the months that had passed. Worsley and Wild realized that the attempt must be made, and they both asked to be allowed to accompany me on the voyage. I told Wild at once that he would have to stay behind. I relied upon him to hold the party together while I was away and to make the best of his way to Deception Island with the men in the spring in the event of our failure to bring help. Worsley I would take with me, for I had a very high opinion of his accuracy and quickness as a navigator, and especially in the snapping and working out of positions in difficult circumstances--an opinion that was only enhanced during the actual journey. Four other men would be required, and I decided to call for volunteers, although, as a matter of fact, I pretty well knew which of the people I would select. Crean I proposed to leave on the island as a right-hand man for Wild, but he begged so hard to be allowed to come in the boat that, after consultation with Wild, I promised to take him. I called the men together, explained my plan, and asked for volunteers. Many came forward at once. Some were not fit enough for the work that would have to be done, and others would not have been

וואַלפֿיש־סטאַנציע אויפֿן מיזרחדיקן ברעג. אַ שיפֿל־פּאַרטיע האָט אפֿשר געקענט מאַכן אַזאַ נסיעה, צוריקקערן מיט הילף אין ניט מער ווי אַ חודש, בתּנאַי אַז דער ים איז פּטור פֿון אײַז און דאָס שיפֿל זאָל איבערלעבן די ריזיקע כוואַליעס. ס'איז געווען גרינג צו זען, אַז דרום־דזשאָרדזשע מוז זײַן דער ציל, האָב איך אָנגעהויבן מאַכן פּלענער ווי אַזוי. די סכּנות בײַ אַ שיפֿל־נסיעה איבער 800 מײַלן שטורעמדיקער סובאַנטאַרקטישער אָקעאַן זײַנען בולט געווען, נאָר איך האָב גערעכנט אַז צום ערגסטן וועט דער פּרוּוו ניט שאַטן די שאַנסן פֿון די וואָס בלײַבן אויפֿן אינדזל. בעתןווינטער וואָלט געווען ווייניקער וואָס דאַרפֿן עסן, וואָלט דאָס שיפֿל געדאַרפֿט נעמען זאַפּאַסן נאָר פֿאַר זעקס מענטשן אויף אַ חודש, ווײַל קומען מיר ניט אָן בײַ דרום־דזשאָרדזשע אין אָט דער צײַט, זײַנען מיר זיכער דערטרונקען צו ווערן. מיר איז געווען וויכטיק, אַז ס'איז אין גאַנצן אוממיגלעך, מע זאָל נאָך אונדז אַרומזוכן אויף העלפֿאַנד־אינדזל[174].

די לאַגע האָט מען געדאַרפֿט דערקלערן מיט אַלע פּרטים, ווײַל די גאַנצע מאַנשאַפֿט האָט גוט געוווּסט וואָס פֿאַר אַ סכּנהדיקע נסיעה לייגט מען פֿאָר. דער אײַנשטעל איז געווען כּדאַי נאָר צוליב אונדזער דרינגלעך נייטיקן זיך אין הילף. דער אָקעאַן אויף דרום פֿון קאַפּ־האָרן אין מיטן מײַ איז באַרימט ווי דער שטורעמדיקסטער צעבלאָזענער שטח וואַסער אויף דער גאָרער וועלט. דער וועטער איז דעמאָלט ניט־אײַנגעאָרדנט, די הימלען טעמפּע, פֿאַרצויגענע, די בורעס קומען נאָך אַנאַנד שיִער ניט אָן אויפֿהער. דאָס אַלץ האָבן מיר געדאַרפֿט דורכגיין אין אַ קליין, וועטער־צעשלאָגן[175] שיפֿל, שוין אָפּגעניצט פֿון דער אַרבעט אין די פֿאַרגאַנגענע חדשים. וואָרסלי און ווילד האָבן דערזען אַז מע מוז דעם פּרוּוו טאָן, האָט יעדער געבעטן ער זאָל מיטפֿאָרן מיט מיר אויף דער דאָזיקער נסיעה. איך האָב ווילד גלײַך געזאָגט אַז ער מוז בלײַבן דאָ. איך האָב זיך אויף אים פֿאַרלאָזט, ער זאָל האַלטן די פּאַרטיע צוזאַמען בעת איך בין אַוועק, און טאָמער מיר קומען ניט צוריק מיט הילף, זאָל ער גיין אויף וויפֿל ער קען פּרילינגצײַט קיין אָפּנאַר־אינדזל. וואָרסלי קומט מיט מיר, ווײַל איך האָב שטאַרק געהאַלטן פֿון זײַן גענויקייט און גיכקייט ווי אַ נאַוויגאַטאָר, בפֿרט בײַם כאַפּן און אויסרעכענען די פּלאַציר אין שווערע באַדינגונגען – וואָס מיינונג איז נאָר שטאַרקער געוואָרן אויף דער נסיעה אַליין. נאָך פֿיר מענטשן האָבן מיר געדאַרפֿט, האָב איך באַשלאָסן פֿרעגן נאָך בעלנים, כאָטש דעם אמת געזאָגט, האָב איך שוין געוווּסט ווער עס איז וואָס זיי זאָלן מיטפֿאָרן מיט אונדז. קרין, האָב איך פֿירגעלייגט, זאָל בלײַבן אויפֿן אינדזל ווי אַ הויפּט־געהילף פֿאַר ווילד, נאָר ער האָט אַזוי שטאַרק געבעטן איך זאָל אים מיטנעמען אינעם שיפֿל, האָב איך דאָס איבערגערעדט מיט ווילד און אים צוגעזאָגט, ער זאָל מיטפֿאָרן. איך האָב די מענטשן צונויפֿגערופֿן, דערקלערט דעם פּלאַן, און געבעטן בעלנים. אַ סך זײַנען תּיכּף פֿאָרויסגעקומען. עטלעכע זײַנען געווען ניט גענוג געזונט פֿאַר דער נייטיקער אַרבעט, אַנדערע וואָלטן ניט געווען

---

[174] במשהך פֿון דער גאַנצע העלדישער תּקופֿה פֿון אַנטאַרקרישער אויספֿאָרשונג איז ראַדיאָ אָדער ניט פֿאַראַן אָדער ניט ניצלעך.

[175] weather-beaten

much use in the boat since they were not seasoned sailors, though the experiences of recent months entitled them to some consideration as seafaring men. McIlroy and Macklin were both anxious to go but realized that their duty lay on the island with the sick men. They suggested that I should take Blackborrow in order that he might have shelter and warmth as quickly as possible, but I had to veto this idea. It would be hard enough for fit men to live in the boat. Indeed, I did not see how a sick man, lying helpless in the bottom of the boat, could possibly survive in the heavy weather we were sure to encounter. I finally selected McNeish, McCarthy, and Vincent in addition to Worsley and Crean. The crew seemed a strong one, and as I looked at the men I felt confidence increasing.

The decision made, I walked through the blizzard with Worsley and Wild to examine the *James Caird*. The 20-ft. boat had never looked big; she appeared to have shrunk in some mysterious way when I viewed her in the light of our new undertaking. She was an ordinary ship's whaler, fairly strong, but showing signs of the strains she had endured since the crushing of the *Endurance*. Where she was holed in leaving the pack was, fortunately, about the water-line and easily patched. Standing beside her, we glanced at the fringe of the storm-swept, tumultuous sea that formed our path. Clearly, our voyage would be a big adventure. I called the carpenter and asked him if he could do anything to make the boat more seaworthy. He first inquired if he was to go with me, and seemed quite pleased when I said "Yes." He was over fifty years of age and not altogether fit, but he had a good knowledge of sailing-boats and was very quick. McCarthy said that he could contrive some sort of covering for the *James Caird* if he might use the lids of the cases and the four sledge-runners that we had lashed inside the boat for use in the event of a landing on Graham Land at Wilhelmina Bay. This bay, at one time the goal of our desire, had been left behind in the course of our drift, but we had retained the runners. The carpenter

קיין הילף אינעם שיפֿל, ווײַל זיי זײַנען ניט געווען געניטע מאַטראָסן, כאָטש די איבערלעבונגען די פֿאַרגאַנגענע חדשים האָבן זיי גוט געלערנט. מקילרוי און מאַקלין האָבן שטאַרק געוואָלט מיטפֿאָרן אָבער האָבן פֿאַרשטאַנען אַז זייער חובֿ ליגט דאָ אויפֿן אינדזל מיט די קראַנקע. זיי האָבן פֿירגעלייגט איך זאָל מיטנעמען בלאַקבאָראָ, ער זאָל אָנקומען בײַ אָפּדאַך און וואַרעמקייט וואָס גיכער, נאָר דאָס האָב איך ניט געקענט דערלאָזן. ס'וועט שווער גענוג זײַן פֿאַר געזונטע מענטשן אינעם שיפֿל. באמת איז מיר אוממיגלעך געווען, אַז אַ קראַנקער, ליגנדיק הילפֿלאָז אונטן אין שיפֿל, זאָל קענען ניצול ווערן אינעם שווערן וועטער וואָס מוז קומען. סוף־כּל־סוף האָב איך אויסגעקליבן מקניש[176], מקאַרטי, און ווינסענט, מיט וואָרסלי און קרין. די מאַנשאַפֿט האָט אויסגעזען אַ שטאַרקע, און בעת איך האָב געקוקט אויף די מענטשן האָב איך בײַ זיך זיכערער געפֿילט.

דאָס אָפּגעמאַכט, בין איך מיט וואָרסלי און ווילד דורך דער זאַווערוכע געגאַנגען אַ קוק צו טאָן אויפֿן *דזשעמז קיירד*. דאָס 20-פֿוסיק שיפֿל האָט קיין מאָל ניט אויסגעזען ווי עפּעס גרויס; איצט האָט זי זיך אַ פּנים אײַנגעצויגן, אַז מע קוקט אויף איר און טראַכט פֿון דער קומעדיקער אונטערנעמונג. זי איז געווען סתּם אַ שיפֿס וואַלפֿיש־שיפֿל, נישקשהדיק שטאַרק, אָבער שוין מיט סימנים פֿון די אָנשטרענגונגען וואָס זי האָט פֿאַרטראָגן זינט די *אויסהאַלט* איז צונויפֿגעשטויסן געוואָרן. דער אָרט, ווו זי האָט אַ לאָך באַקומען בעת מיר זײַנען אַרויס פֿונעם פּאַק, איז, צום גליק, העכער געווען פֿון דער וואַסער־ליניע, איז דאָס גרינג פֿאַרלאַטעט. שטייענדיק לעבן איר האָבן מיר אַ קוק געטאָן אויפֿן ראַנד פֿונעם שטורעמדיקן, מהומהדיקן ים ווּהין מיר דאַרפֿן פֿאָרן. בולט, אַז די נסיעה אונדזערע וועט זײַן אַ גרויסע אַוואַנטורע. איך האָב צוגערופֿן דעם סטאָליער, אים געפֿרעגט צי קען ער עפּעס טאָן, דאָס שיפֿל זאָל זײַן ים־ווערדיק. האָט ער ערשט געפֿרעגט צי ער פֿאָרט מיט און ס'איז אים גאָר געפֿעלן, אַז איך האָב אים געזאָגט אַז "יאָ." ער איז געווען אַלט מער ווי פֿופֿציק יאָר, און ניט אין גאַנצן געזונט און שטאַרק, נאָר ער האָט גוט געוווּסט פֿון זעגל־שיפֿלעך, און איז זייער אַ פֿעיִקער[177]. מקניש[178] האָט געזאָגט, אַז ער קען אויסטראַכטן עפּעס אַ דעקונג פֿאַרן *דזשעמז קיירד*, אויב ער קען ניצן די דעקן פֿון די קאַסטנס און די פֿיר גרינדזשעלעך, וואָס מיר האָבן צוגעבונדן אינעווייניק אינעם שיפֿל, טאָמער מיר זאָלן לאַנדן אויף גראַהאַם־לאַנד בײַ ווילהעלמינע־בוכטע[179]. די דאָזיקע בוכטע, אַ מאָל דער ציל אונדזערער, איז איבערגעלאָזט געוואָרן אויף הינטן בעת מיר דרייפֿן, אָבער די גרינדזשעלעך זײַנען בײַ אונדז געבליבן. דער סטאָליער האָט

---

176 Harry “Chippy” McN[e]ish: סטאָליער (“Chippy” איז אַ געוויינטלעך צונעמעניש בײַ שיפֿס־סטאָליערס).

177 מע זאָגט אַז אַחוץ דער דערמאָנטע סיבה, האָט ער מקניש מיטגענומען, ווײַל ער האָט אַ מאָל געפּרוּווט אַ בונט אָפּצוטאָן, האָט שעקלטאָן געוואָלט "האַלטן די שונאים [אָדער די שטערערס] נעענטער."

178 אינעם ענגלישן טעקסט שטייט "McCarthy"; איך מיין אַז דאָס איז אַ טעות. מקאַרטי איז אַ מאַטראָס געווען, מקניש דער סטאָליער.

179 Graham Land at Wilhelmina Bay

proposed to complete the covering with some of our canvas; and he set about making his plans at once.

Noon had passed and the gale was more severe than ever. We could not proceed with our preparations that day. The tents were suffering in the wind and the sea was rising. We made our way to the snow-slope at the shoreward end of the spit, with the intention of digging a hole in the snow large enough to provide shelter for the party. I had an idea that Wild and his men might camp there during my absence, since it seemed impossible that the tents could hold together for many more days against the attacks of the wind; but an examination of the spot indicated that any hole we could dig probably would be filled quickly by the drift. At dark, about 5 p.m., we all turned in, after a supper consisting of a pannikin of hot milk, one of our precious biscuits, and a cold penguin leg each.

The gale was stronger than ever on the following morning (April 20). No work could be done. Blizzard and snow, snow and blizzard, sudden lulls and fierce returns. During the lulls we could see on the far horizon to the north-east bergs of all shapes and sizes driving along before the gale, and the sinister appearance of the swift-moving masses made us thankful indeed that, instead of battling with the storm amid the ice, we were required only to face the drift from the glaciers and the inland heights. The gusts might throw us off our feet, but at least we fell on solid ground and not on the rocking floes. Two seals came up on the beach that day, one of them within ten yards of my tent. So urgent was our need of food and blubber that I called all hands and organized a line of beaters instead of simply walking up to the seal and hitting it on the nose. We were prepared to fall upon this seal en masse if it attempted to escape. The kill was made with a pick-handle, and in a few minutes five days' food and six days' fuel were stowed in a place of safety among the boulders above high-water mark. During this day the cook, who had worked well on the floe and throughout the boat journey, suddenly collapsed. I happened to be at the galley at the moment and saw him fall. I pulled him down the slope to his tent and pushed

פֿירגעלייגט ער זאָל דערגאַנצן די דעקונג מיט אַ טייל פֿון אונדזער קאַנווע, האָט ער תּיכּף אָנגעהויבן פּלאַנירן.

ס'איז שוין געווען נאָך האַלבן טאָג, איז די בורע גאָר שטאַרקער געוואָרן ווי פֿריִער. מיר האָבן ניט געקענט ווײַטער גיין מיט די צוגרייטונגען דעם טאָג. די געצעלטן האָבן געליטן אינעם ווינט, און דער ים האָט זיך אויפֿגעהויבן. מיר זײַנען צוגעגאַנגען צו דער שניי־שיפּוע בײַם באָרטנדיקן[180] עק שפּיץ, האָבן מיר בדעה געהאַט אויסצוגראָבן אַ לאָך אינעם שניי גענוג גרויס צו באַשיצן די גאַנצע מאַנשאַפֿט. איך האָב געהאַט אין זינען, אַז ווילד מיט זײַן מענטשן קענען זיך דאָרט לאַגערן בעת איך בין אַוועק, ווײַל ס'האָט זיך אויסגעזען אוממיגלעך, די געצעלטן זאָלן אויסהאַלטן קיין סך טעג מער אַקעגן דעם אָנפֿאַל פֿונעם ווינט; נאָר אַ קוק אויף דעם אָרט האָט באַוויזן אַז אַבי וואָס פֿאַר אַ לאָך מיר זאָלן אויסגראָבן, וואָלט זי גיך אָנגעפֿילט ווערן מיטן דרייף. פֿאַר נאַכט, בערך פֿינף אַ זייגער נ"מ האָבן מיר אַלע זיך אַוועקגעלייגט שלאָפֿן, נאָך אַ וועטשערע צו אַ פֿאַניקין הייסע מילך, איינעם אַ טײַערער ביסקוויט, און אַ קאַלטן פּענגווין־פֿוס.

די בורע איז נאָך שטאַרקער געוואָרן אויף מאָרגן (דעם 20סטן אַפּריל), האָט מען ניט געקענט אַרבעטן. זאַווערוכע מיט שניי, שניי מיט זאַווערוכע, מיט אַ מאָל שטיל און דערנאָך נאָך אַ מאָל צאָרנדיק. אין די אײַנשטילן האָבן מיר געקענט זען אויפֿן ווײַטן האָריזאָנט אויף צפֿון־מיזרח בערג אין אַלע גרייסן, אין אַלע פֿאָרמען, געטריבן פֿאַר דער בורע. דער בייזער אויסזע פֿון די לויפֿנדיקע מאַסן האָט אונדז גאָר דאַנקבאַר געמאַכט, אַז אָנשטאָט קאַמפֿן מיטן שטורעם אין מיטן אײַז, האָבן מיר בלויז געדאַרפֿט פֿאַרטראָגן דעם דרייף פֿון די גלעטשערס און אינלענדישע הייכן. די פּלאָשן האָבן אונדז געקערט אַראָפּוואַרפֿן פֿון די פֿיס, אָבער בעסער אַז מיר פֿאַלן אַראָפּ אויף דער האַרטער ערד ווי אויף די וויגנדיקע קריִעס. צוויי ים־הינט זײַנען אַרויפֿגעקומען אויף דער פּלאַזשע דעם טאָג, איינער נעענטער ווי אַ צען יאַרדן פֿון מײַן געצעלט. אַזוי דרינגלעך איז געווען אונדזער נויט פֿאַר עסן און טראָן, אַז איך האָב צוגערופֿן די גאַנצע מאַנשאַפֿט און אָרגאַניזירט אַ ריי טרײַבערס, אָנשטאָט פּשוט צוגיין צו דעם ים־הונט און אים אַ שלאָג געבן אויפֿן נאָז. האָט ער אַ פּרווו געטאָן אַנטלויפֿן, זײַנען מיר אַלע געווען גרייט אויף אים אָנצופֿאַלן. מע האָט אים דערהרגעט מיט אַ קירקע־הענטל און אין אַ פּאָר מינוט אַרום האָבן מיר אַוועקגעלייגט עסן אויף פֿינף טעג מיט טראָן אויף זעקס טעג אין אַ זיכערן אָרט צווישן די שטיינער העכער פֿון דער הויך־וואַסער־ליניע. דעם טאָג איז דער קוכער, וואָס האָט גוט געאַרבעט אויף דער קריִע און אויף דער גאַנצער נסיעה, פּלוצעם אײַנגעפֿאַלן. בין איך צופֿעליק געווען בײַ דער קיך[181] פּונקט דעמאָלט, האָב איך אים געזען פֿאַלן. איך האָב אים אַראָפּגעשלעפּט באַרג־אַראָפּ צו זײַן געצעלט און אים אַרײַנגעשטעקט

---

[180] shoreward
[181] galley

him into its shelter with orders to his tent-mates to keep him in his sleeping-bag until I allowed him to come out or the doctors said he was fit enough. Then I took out to replace the cook one of the men who had expressed a desire to lie down and die. The task of keeping the galley fire alight was both difficult and strenuous, and it took his thoughts away from the chances of immediate dissolution. In fact, I found him a little later gravely concerned over the drying of a naturally not over-clean pair of socks which were hung up in close proximity to our evening milk. Occupation had brought his thoughts back to the ordinary cares of life.

There was a lull in the bad weather on April 21, and the carpenter started to collect material for the decking of the *James Caird*. He fitted the mast of the *Stancomb Wills* fore and aft inside the *James Caird* as a hog-back and thus strengthened the keel with the object of preventing our boat "hogging"--that is, buckling in heavy seas. He had not sufficient wood to provide a deck, but by using the sledge-runners and box-lids he made a framework extending from the forecastle aft to a well. It was a patched-up affair, but it provided a base for a canvas covering. We had a bolt of canvas frozen stiff, and this material had to be cut and then thawed out over the blubber-stove, foot by foot, in order that it might be sewn into the form of a cover. When it had been nailed and screwed into position it certainly gave an appearance of safety to the boat, though I had an uneasy feeling that it bore a strong likeness to stage scenery, which may look like a granite wall and is in fact nothing better than canvas and lath. As events proved, the covering served its purpose well. We certainly could not have lived through the voyage without it.

Another fierce gale was blowing on April 22, interfering with our preparations for the voyage. The cooker from No. 5 tent came adrift in a gust, and, although it was chased to the water's edge, it disappeared for good. Blackborrow's feet were giving him much pain, and McIlroy and Macklin thought it would be necessary for them to operate soon. They were under the impression then that they had no chloroform, but they found some subsequently in the medicine-chest after we had left.

אינעם אָפּדאַך, געהייסן די געצעלט־מיטוווינערס זיי זאָלן אים האַלטן אין שלאָפֿזאַק ביז איך גיב אים דערלויבעניש אַרויסצוקומען אָדער ביז דער דאָקטאָר זאָגט ער איז געזונט. איך האָב דעמאָלט געמאַכט פֿאַרן קוכער אײנעם וואָס האָט זיך געוואָלט אַוועקלייגן שטאַרבן. די עובֿדה האַלטן דעם קיך־פֿײַער אָנגעצונדן איז געווען סך שווער סך אָנשטרענגיק, האָט דאָס אים מבֿטל געווען פֿון די געלעגנהייטן פֿון באַלדיקער צערינונג. אין דער אמתן האָב איך אים אַ ביסל שפּעטער געפֿונען טיף באַזאָרגט מיטן אויסטריקענען אַ ניט־איבערציכטיק פּאָר זאָקן, וואָס זיי העגגען זייער נאָענט צו דער אָוונט־מילך. דאָס טועכץ האָט זײַן מוח צוריקגעבראַכט בײַ טאָג־טעגלעכע זאַכן.

ס'איז געווען אַן אײַנשטיל אינעם שלעכטן וועטער דעם 21סטן אַפּריל, האָט דער סטאָליער אָנגעהויבן אויסקלײַבן מאַטעריאַל פֿאַרן באַדעקן דעם **דזשעמז** *קיירד*. ער האָט צוגעפּאַסט דעם מאַסטבוים פֿונעם **סטענקאָם** *ווילס* פֿון פֿאָרנט ביז הינטן[182] אינעווייניק אינעם **דזשעמז** *קיירד* ווי אַ חזיר־רוקן[183], כּדי צו פֿאַרשטאַרקן דעם קיל, דאָס שיפֿל זאָל ניט "חזירן" – ד"ה, צעבייגן זיך אין שווערע כוואַליעס. ער האָט ניט גענוג האָלץ געהאַט צו שאַפֿן אַ דעק, נאָר מיט די גרינדזשעלעך און קאַסטן־דעקלעך האָט ער געמאַכט אַ גערעם פֿון דעם פֿאָדערדעק[184] אַהינטער ביז דער פּירער־פּלאַץ[185]. ס'איז געווען אַ געלאַטעכץ, נאָר האָט צוגעשטעלט אַ באַזע פֿאַר אַ קאַנווענער דעקונג. מיר האָבן געהאַט אַ ראָלקע פֿאַרפֿרוירענע קאַנווע, וואָס מע האָט זי געדאַרפֿט אָפּשניטן, לאָזן צעגיין איבערן טראָנאַויוון, פֿוס נאָך פֿוס, איידער מע האָט זי געקענט צונייען ווי אַ דעקונג. ווען מע האָט זי פֿעסט צוגענאָגלט און צוגעשרויפֿט אין אָרט, האָט זי אַוודאי אויסגעזען ווי אַ זיכער שיפֿל, כאָטש איך בין געווען אומרויִק, אַז ס'איז טאַקע עפּעס ווי דעקאָראַציע, וואָס קען אויסזען ווי אַ גראַניטענע וואַנט אָבער וואָס איז פֿאַקטיש מער ניט ווי קאַנווע און שטיקלעך האָלץ. ווי ס'האָט זיך אויסגעפֿאַלן האָט דער דאָזיקע דעקונג גאָר גוט געטויגט. געוויס וואָלטן מיר ניט דורכגעלעבט די נסיעה אָן איר.

נאָך אַ רציחהדיקע בורע האָט געבלאָזן דעם 22סטן אַפּריל, שטערנדיק די צוגרייטונגען פֿאַר דער נסיעה. דער אויוון פֿון געצעלט נומער פֿינף איז אַוועק[186] אין אַ פֿלאָש, און כאָטש מע האָט זיך נאָך אים געיאָגט ביזן ברעג וואַסער, איז ער פֿאַרשוווּנדן געוואָרן אויף אייביק. בלאַקבאָראָס פֿיס האָבן אים אַ סך וויי געטאָן, האָבן מקילרוי און מאַקלין געמיינט אַז זיי וועלן באַלד דאַרפֿן אָפּערירן. זיי האָבן געמיינט אַז ס'איז ניטאָ קיין קלאָראָפֿאָרם, אָבער זיי האָבן אַ ביסל געפֿונען אינעם אַפּטייקל נאָכדעם ווי מיר זײַנען

[182] fore and aft

[183] hog-back: אַ נאָמען נאָך דעם פֿאָרעם פֿון אַ חזירס רוקן, אַ לינדער בויגן. אין דעם פֿאַל איז דאָס אַ שטאַרקער באַלקן צו פֿאַרמײַדן "חזירן".

[184] forecastle: דער פֿאָדערשטער טייל פֿון אַ שיף (אַרויסגערעדט אויף ענגליש ווי "פֿאָקסל"), די קוואַרטיר פֿאַר די מאַטראָסן.

[185] well, or cockpit: ווו מע פֿירט דאָס שיפֿל (ווו געפֿינט זיך די קערמע); אויך פֿון וואַנען מע קריכט אַרונטער. פּשוט אַן עפֿענונג אין דער דעקונג.

[186] came adrift

Some cases of stores left on a rock off the spit on the day of our arrival were retrieved during this day. We were setting aside stores for the boat journey and choosing the essential equipment from the scanty stock at our disposal. Two ten-gallon casks had to be filled with water melted down from ice collected at the foot of the glacier. This was a rather slow business. The blubber-stove was kept going all night, and the watchmen emptied the water into the casks from the pot in which the ice was melted. A working party started to dig a hole in the snow-slope about forty feet above sea-level with the object of providing a site for a camp. They made fairly good progress at first, but the snow drifted down unceasingly from the inland ice, and in the end the party had to give up the project.

The weather was fine on April 23, and we hurried forward our preparations. It was on this day I decided finally that the crew for the *James Caird* should consist of Worsley, Crean, McNeish, McCarthy, Vincent, and myself. A storm came on about noon, with driving snow and heavy squalls. Occasionally the air would clear for a few minutes, and we could see a line of pack-ice, five miles out, driving across from west to east. This sight increased my anxiety to get away quickly. Winter was advancing, and soon the pack might close completely round the island and stay our departure for days or even for weeks, I did not think that ice would remain around Elephant Island continuously during the winter, since the strong winds and fast currents would keep it in motion. We had noticed ice and bergs, going past at the rate of four or five knots. A certain amount of ice was held up about the end of our spit, but the sea was clear where the boat would have to be launched.

Worsley, Wild, and I climbed to the summit of the seaward rocks and examined the ice from a better vantage-point than the beach offered. The belt of pack outside appeared to be sufficiently broken for our purposes, and I decided that, unless the conditions forbade it, we would make a start in the *James Caird* on the following morning. Obviously the pack might close at any time. This decision made, I spent the rest of the day looking over the boat, gear, and stores, and discussing plans with Worsley and Wild.

Our last night on the solid ground of Elephant Island was cold and uncomfortable. We turned out at dawn and had breakfast. Then we launched the *Stancomb Wills* and loaded her with stores, gear, and

אַוועק. עטלעכע קאַסטנס זאַפּאַסן וואָס מע האָט זיי איבערגעלאָזט אויף אַ שטיין בײַם יבשה־צונג ווען מיר זײַנען ערשט אָנגעקומען האָט מען צוריקגעקראָגן דעם טאָג. מיר האָבן געהאַלטן אין אָפּלייגן זאַפּאַסן פֿאַר דער שיפֿל־נסיעה און אויסקלײַבן דעם נייטיקן אויסריכט פֿונעם קנאַפּן אינווענטאַר אין אונדזער רשות. צוויי צען־גאַלאָן פֿעסלעך האָבן מיר געדאַרפֿט אָנגיסן מיט וואַסער פֿון אײַז געזאַמלט צופֿוסנס פֿונעם גלעטשער. דאָס איז געווען גאָר אַ פֿאַמעלעכער עסק. דער טראָנאויוון האָט געברענט די גאַנצע נאַכט, האָט דער וועכטער אויסגעגאָסן דאָס וואַסער אין די פֿעסלעך אַרײַן פֿונעם טאָפּ וווּ דאָס אײַז שמעלצט. אַן אַרבעטספּאַרטיע האָט אָנגעהויבן אויסגראָבן אַ לאָך אינעם שניי־שיפּוע אַ פֿערציק פֿוס איבער דער הויך־וואַסער־ליניע צו מאַכן אַ לאַגער־אָרט. תּחילת איז דאָס גוט געגאַנגען אָבער דער שניי האָט זיך אַראָפּגעדרייפֿט אָן אויפֿהער פֿונעם אינלאַנדישן אײַז, האָבן זיי סוף־כּל־סוף געדאַרפֿט אָפּלאָזן דעם פּראָיעקט.

דער וועטער איז גוט געווען דעם 23סטן אַפּריל, האָבן מיר זיך געאײַלט מיט די צוגרייטונגען. אָט דעם טאָג האָב איך לסוף באַשלאָסן אַז די מאַנשאַפֿט אויפֿן *דזשעמז קיירד* זאָל זײַן **וו**אָרסלי, **ק**רין, מקניש, **מ**קאַרטי, און **וו**ינסענט מיט מיר. אַ שטורעם איז אָנגעקומען מיטאָג, מיט טרײַבנדיקן שניי און שווערע שקוואַלן. טייל מאָל איז די לופֿט קלאָר געוואָרן אויף אַ פּאָר מינוטן, האָבן מיר געקענט זען אַ ריי פּאַק־אײַז, ווײַט פֿינף מײַלן, פֿאַרבײַגעטריבן פֿון מערבֿ אויף מיזרח. דאָס בילד האָט מיך געטריבן גיך אָפּצופֿאָרן. דער ווינטער איז נענטער געקומען, באַלד האָט געקענט דער פּאַק זיך צומאַכן אין גאַנצן אַרום דעם אינדזל, פֿאַרהאַלטן דעם אָפּפֿאָר אויף טעג, אַפֿילו וואָכן. איך האָב ניט געמיינט, אַז דער אײַז בלײַבט אַ גאַנצן ווינטער פֿעסט אַרום **ה**עלפֿאַנד־**א**ינדזל, ווײַל די שטאַרקע ווינטן מיט גיכע שטראָמען האַלטן אין איין דאָס באַוועגן. מיר האָבן באַמערקט אײַז און בערג פֿירן זיך פֿאַרבײַ אַ פֿיר־פֿינף מײַל אַ שעה. אַ געוויסע מאָס אײַז האָט זיך צוגעקלעפּט צום עק שפּיץ, אָבער דער ים איז אָפֿן געווען וווּ מיר דאַרפֿן לאַנצירן דאָס שיפֿל.

וואָרסלי און **וו**ילד זײַנען מיט מיר אַרויף אויפֿן הויכפּונקט פֿון די שטיינער בײַם ים, גוט באַטראַכט דעם אײַז פֿון אַ בעסערן קוקווינקל ווי פֿון דער פּלאַזשע. דער פּאַס פּאַק־אײַז אין דרויסן האָט אויסגעזען גענוג צעבראָכן פֿאַר דעם וואָס מיר דאַרפֿן טאָן, האָב איך באַשלאָסן, אַז מאָרגן פֿאָרן מיר אָפּ אינעם *דזשעמז קיירד*, כּל־זמן דער מצבֿ ווערט ניט ערגער. שוין באַשלאָסן, האָב איך פֿאַרבראַכט דעם טאָג איבערקוקן דאָס שיפֿל, דאָס געצײַג, און די זאַפּאַסן, און אַרומרעדן מיט **וו**אָרסלי און **וו**ילד די פּלענער.

אונדזער לעצטע נאַכט אויף דער האַרטער ערד פֿון **ה**עלפֿאַנד־**א**ינדזל איז געווען אַ קאַלטע און אומבאַקוועמע. מיר האָבן זיך אויפֿגעכאַפּט באַגינען, געגעסן פֿרישטיק. דערנאָך האָבן מיר לאַנצירט דעם *סטענקאָם ווילס*, זי געלאָדן מיט זאַפּאַסן, געצײַג, און

ballast, which would be transferred to the *James Caird* when the heavier boat had been launched. The ballast consisted of bags made from blankets and filled with sand, making a total weight of about 1000 lbs. In addition we had gathered a number of round boulders and about 250 lbs. of ice, which would supplement our two casks of water.

    The stores taken in the *James Caird*, which would last six men for one month, were as follows:

30 boxes of matches.
6" gallons paraffin.
1 tin methylated spirit.
10 boxes of flamers.
1 box of blue lights.
2 Primus stoves with spare parts and prickers.
1 Nansen aluminium cooker.
6 sleeping-bags.
A few spare socks.
A few candles and some blubber-oil in an oil-bag.

Food:
3 cases sledging rations = 300 rations.
2 cases nut food = 200 "
2 cases biscuits = 600 biscuits.
1 case lump sugar.
30 packets of Trumilk.
1 tin. of Bovril cubes.
1 tin of Cerebos salt.
36 gallons of water.
250 lbs. of ice.

באַלאַסט[187], וואָס דאָס אַלץ וועט מען אַריבערטראָגן אינעם ***דזשעמז קיירד*** ווען דאָס שווערערע שיפֿל איז אַרײַן אויפֿן וואַסער. דעם באַלאַסט האָט מען געשאַפֿן פֿון זעקלעך געמאַכט פֿון קאָלדרעס, אָנגעפֿילט מיט זאַמד, אַ וואָג סך־הכּל פֿון אַ 1000 פֿונטן. דערצו האָבן מיר אָנגעקליבן אַ געציילטע קײַלעכדיקע שטיינער מיט אַ 250 פֿונטן אײַז, ווי אַ צוגאָב צו די צוויי פֿעסלעך וואַסער.

די זאַפּאַסן אַרײַנגענומען אינעם ***דזשעמז קיירד***, וואָס זאָל קלעקן זעקס מענטשן אויף אַ חודש, זײַנען געווען אַזוי:

30 קעסטלעך שוועבעלעך
6½ גאַלאָנען נאַפֿט
1 בלעכל אַלקאָהאָל[188]
10 קעסטלעך פֿלאַמערס[189]
1 קעסטל בלאָע ליכט[190]
2 פּרימוס־אויוונס מיט פֿאַרבײַטטיילן און שטעכערס[191]
1 נאַנסען אַלומיניום קאָכער[192]
6 שלאָפֿזעק
אַ פּאָר זאַפּאַסיקע זאָקן
עטלעכע ליכט און אַ ביסל טראָן־אייל אין אַן אייל־זאַק[193].

עסן:

3 קאַסטנס שליטן־ראַציעס = 300 פּאָרציעס
2 קאַסטנס ניס־עסן = 200 "
2 קאַסטנס ביסקוויטן = 600 ביסקוויטן
1 קאַסטן שטיקצוקער
30 פּעקלעך טרומילך[194]
1 בלעכל באָוריל־קובן
1 בלעכל קערעבאָס־זאַלץ[195]
36 גאַלאָנען וואַסער
250 פֿונטן אײַז

[187] ballast
[188] methylated spirit; אָנצוצינדן דעם נאַפֿט
[189] flamers: אפֿשר אַ מין סיגנאַל?
[190] blue lights: נאָך אַ מין סיגנאַל
[191] prickers: קלײנע נאָדלען וואָס מע ניצט אויסצורייניקן סאַזשע פֿונעם נאַפֿט־לעכל.
[192] אַ נאָמען נאָך Fridtjof Nansen, אַ באַרימטער נאָרוועגישער אויספֿאָרשער, דיפּלאָמאַט, אאַ"וו, און דער אויסגעפֿינער פֿון דעם מין קאָכער.
[193] אין שטורעמדיקן וועטער לאָזט מען דעם אייל פּאַמעלעך רינען אַרויס דורכן זאַק, צו פֿאַרשטילן די כוואַליעס.
[194] Trumilk: אַ מין מילך־פּראָשיק
[195] Cerebos salt: פּשוטע זאַלץ – "קערעבאָס", ווײַזט אויס, איז אַ מאַרקע־נאָמען אין ענגלאַנד.

שעקלטאָנס דרײ נסים

Instruments:
　Sextant.
　Sea-anchor.
　Binoculars.
　Charts.
　Prismatic compass.
　Aneroid.

　　The swell was slight when the *Stancomb Wills* was launched and the boat got under way without any difficulty; but half an hour later, when we were pulling down the *James Caird*, the swell increased suddenly. Apparently the movement of the ice outside had made an opening and allowed the sea to run in without being blanketed by the line of pack. The swell made things difficult. Many of us got wet to the waist while dragging the boat out--a serious matter in that climate. When the *James Caird* was afloat in the surf she nearly capsized among the rocks before we could get her clear, and Vincent and the carpenter, who were on the deck, were thrown into the water. This was really bad luck, for the two men would have small chance of drying their clothes after we had got under way. Hurley, who had the eye of the professional photographer for "incidents," secured a picture of the upset, and I firmly believe that he would have liked the two unfortunate men to remain in the water until he could get a "snap" at close quarters; but we hauled them out immediately, regardless of his feelings.

　　The *James Caird* was soon clear of the breakers. We used all the available ropes as a long painter to prevent her drifting away to the north-east, and then the *Stancomb Wills* came alongside, transferred her load, and went back to the shore for more. As she was being beached this time the sea took her stern and half filled her with water. She had to be turned over and emptied before the return journey could be made. Every member of the crew of the *Stancomb Wills* was wet to the skin. The water-casks were towed behind the *Stancomb Wills* on this second

כּלים:
זעקסטאַנט[196]
ים־אַנקער
בינאָקל
ים־קאַרטעס
פּריזמאַטיק־קאָמפּאַס[197]
אַנערויד[198]

ס'איז נאָר געווען אַ קליינער ים־אויפֿלויף ווען מע לאַנצירט דאָס *סטענקאָם ווילס*, איז דאָס שיפֿל אַראָפּ אויפֿן וואַסער אָן צרות; נאָר מיט אַ האַלבער שעה שפּעטער, אַז מיר ברענגען אַראָפּ דעם *דזשעמז קיירד*, האָט זיך דער אויפֿלויף פּלוצעם פֿאַרגרעסערט. אַ פּנים האָט די באַוועגונג פֿונעם דרויסנדיקן אײַז געמאַכט אַן עפֿענונג, געלאָזט דעם ים אַרײַן, ניט אײַנגעשטילט דורך דער ריי פּאַק־אײַז. דער אויפֿלויף האָט אַלץ געמאַכט שווער. אַ סך פֿון אונדז זײַנען דורכגעווייקט געוואָרן ביז דער טאַליע בײַם אַראָפּשלעפּן דאָס שיפֿל – אַן ערנסטער ענין אין דעם אָ קלימאַט. ווען דער *דזשעמז קיירד* איז אויפֿן וואַסער אינעם אינדנבראָך האָט זי זיך כּמעט קאַפּויערגעוואָרפֿן[199] צווישן די שטיינער איידער מיר האָבן זי געקענט פֿרײַ ברענגען, זײַנען ווינסענט מיטן סטאָליער, וואָס זײַנען געווען אויפֿן דעק, אַראָפּ אין וואַסער אַרײַן. טאַקע אַן אומגליק, ווײַל די צוויי וואָלטן קוים האָבן אַ געלעגנהייט אויסצוטריקענען די קליידער ווען נאָר מיר פֿאָרן אָפּ. הערלי, וואָס האָט אַן אויג פֿון אַ פּראָפֿעסיאָנעלן פֿאָטאָגראַף צו דערזען "געשעענישן", האָט פֿאָטאָגראַפֿירט דאָס איבערקערעניש, און איך גלייב גאָר, אַז ער וואָלט געוואָלט די צוויי אומגליקלעכע מענטשן זאָלן בלײַבן אינעם וואַסער, ביז ער קען כאַפּן אַ בילד פֿון נאָענט; נאָר מיר האָבן זיי תּיכּף אַרויסגעצויגן, מילא וואָס ער זאָל ניט ווילן.

דער *דזשעמז קיירד* איז באַלד אַרויס פֿון די ברעכנדיקע כוואַליעס[200]. מיר האָבן געניצט די אַלע פֿאַראַנענע שנורן ווי אַ לאַנג שטריקל זי זאָל ניט אַוועקדרייפֿן אויף צפֿון־מיזרח, איז דער *סטענקאָם ווילס* דעמאָלט געקומען זײַט בײַ זײַט, איבערגעגעבן די לאַסט, און צוריקגעפֿאָרן צום ברעג קריגן נאָך מער. ווען מע האָט זי גענומען אויף דער פּלאַזשע, האָט אַ כוואַליע גענומען איר הינטערבאָרד, זי האַלב אָנגעפֿילט מיט וואַסער. מע האָט זי געמוזט איבערקערן, אויסגיסן דאָס וואַסער איידער זיי קענען קומען צוריק. יעדער פֿון דער מאַנשאַפֿט פֿונעם *סטענקאָם ווילס* איז דורכגעווייקט געוואָרן ביז דער הויט. די וואַסער־פֿעסלעך האָבן מיר געשלעפּט הינטערן *סטענקאָם ווילס* אויפֿן צווייטן

---

[196] sextant
[197] prismatic compass
[198] aneroid: באַראָמעטער
[199] nearly capsized
[200] breakers

journey, and the swell, which was increasing rapidly, drove the boat on to the rocks, where one of the casks was slightly stove in. This accident proved later to be a serious one, since some sea-water had entered the cask and the contents were now brackish.

By midday the *James Caird* was ready for the voyage. Vincent and the carpenter had secured some dry clothes by exchange with members of the shore party (I heard afterwards that it was a full fortnight before the soaked garments were finally dried), and the boat's crew was standing by waiting for the order to cast off. A moderate westerly breeze was blowing. I went ashore in the *Stancomb Wills* and had a last word with Wild, who was remaining in full command, with directions as to his course of action in the event of our failure to bring relief, but I practically left the whole situation and scope of action and decision to his own judgment, secure in the knowledge that he would act wisely. I told him that I trusted the party to him and said good-bye to the men. Then we pushed off for the last time, and within a few minutes I was aboard the *James Caird*. The crew of the *Stancomb Wills* shook hands with us as the boats bumped together and offered us the last good wishes. Then, setting our jib, we cut the painter and moved away to the north-east. The men who were staying behind made a pathetic little group on the beach, with the

פֿאָר, האָט דער אויפֿלויף, וואָס וואַקסט גיך, דאָס שיפֿל געטריבן אויף די שטיינער, ווו איינער פֿון די פֿעסלעך איז אַ ביסל צעבראָכן געוואָרן[201]. די דאָזיקע סיבה האָט זיך שפּעטער באַוויזן פֿאַר אַן ערנסטער, ווײַל אַ ביסל זאַלץ־וואַסער האָט זיך אַרײַנגעדריפּעט אין פֿעסל אַרײַן, איז דאָס וואַסער אַ ביסל געזאַלצן געוואָרן.

פֿיגור 10 אַראָפּלאָזן דעם **דזשעמז** קיירד אויפֿן וואַסער

מיטאָגצײַט איז דער *דזשעמז קיירד* שוין גרייט געווען פֿאַר דער נסיעה. **ווינסענט** און דער סטאָליער האָבן געקראָגן טרוקענע קליידער פֿון עטלעכע וואָס בלײַבן דאָ (שפּעטער האָב איך געהערט אַז ס'האָט געדויערט אַ גאַנצע צוויי וואָכן איידער די נאַסע קליידער זײַנען אויסגעטריקנט געוואָרן), און די שיפֿסלײַט זײַנען גרייט געווען, וואַרטנדיק אויפֿן באַפֿעל זיך לאָזן אין וועג אַרײַן[202]. אַ מאָסיקער ווינט פֿון מערבֿ האָט געבלאָזן. איך בין אויף דער יבשה געפֿאָרן אינעם *סטענקאָם ווילס*, גערעדט אַ לעצט וואָרט מיט **ווילד**, וואָס ער בלײַבט דאָ דער פֿולער שעף, מיט אָנווײַזונגען וועגן וואָס ער זאָל טאָן טאָמער מיר פֿאַלן דורך אין ברענגען הילף, אָבער איך האָב עס אין זײַנע הענט כּמעט די גאַנצע זאַך געלאָזט, וויסנדיק גוט אַז ער וועט קלוג פֿירן. איך האָב אים געזאָגט, אַז איך געטרוי אים אָן די פּאַרטיע, און זיך געזעגנט מיט די מענטשן. דערנאָך זיינען מיר דאָס לעצטע מאָל אַרויס אויפֿן וואַסער[203], מיט עטלעכע מינוט שפּעטער בין איך אַריבער אינעם *דזשעמז קיירד*. די מאַנשאַפֿט פֿונעם *סטענקאָם ווילס* האָט אונדז געדריקט די האַנט בעת די שיפֿלעך בוצקען זיך, געגעבן די לעצטע גוטע ווונטשן. דערנאָך האָבן מיר אויפֿגעשלאָגן דעם דזשיב[204], געשניטן דאָס שטריקל, און אָפּגעזעגלט צפֿון־מיזרח צו. די וואָס בלײַבן האָבן אויסגעזען ווי אַ קלאָגעדיק קליין רעדל, שטייענדיק אויף דער פּלאַזשע מיט די

[201] stove in
[202] … for the order to cast off
[203] pushed off
[204] "… set the jib"

grim heights of the island behind them and the sea seething at their feet, but they waved to us and gave three hearty cheers. There was hope in their hearts and they trusted us to bring the help that they needed.

I had all sails set, and the *James Caird* quickly dipped the beach and its line of dark figures. The westerly wind took us rapidly to the line of pack, and as we entered it I stood up with my arm around the mast, directing the steering, so as to avoid the great lumps of ice that were flung about in the heave of the sea. The pack thickened and we were forced to turn almost due east, running before the wind towards a gap I had seen in the morning from the high ground. I could not see the gap now, but we had come out on its bearing and I was prepared to find that it had been influenced by the easterly drift. At four o'clock in the afternoon we found the channel, much narrower than it had seemed in the morning but still navigable. Dropping sail, we rowed through without touching the ice anywhere, and by 5.30 p.m. we were clear of the pack with open water before us. We passed one more piece of ice in the darkness an hour later, but the pack lay behind, and with a fair wind swelling the sails we steered our little craft through the night, our hopes centred on our distant goal. The swell was very heavy now, and when the time came for our first evening meal we found great difficulty in keeping the Primus lamp alight and preventing the hoosh splashing out of the pot. Three men were needed to attend to the cooking, one man holding the lamp and two men guarding the aluminium cooking-pot, which had to be lifted clear of the Primus whenever the movement of the boat threatened to cause a disaster. Then the lamp had to be protected from water, for sprays were coming over the bows and our flimsy decking was by no means watertight. All these operations were conducted in the confined space under the decking, where the men lay or knelt and adjusted themselves as best they could to the angles of our cases and ballast. It was uncomfortable, but we found consolation in the reflection that without the decking we could not have used the cooker at all.

The tale of the next sixteen days is one of supreme strife amid heaving waters. The sub-Antarctic Ocean lived up to its evil winter reputation. I decided to run north for at least two days while the wind

פֿאַרביסענע הויכענישן הינטער זיי און דעם זידנדיקן ים צופֿוסנס, נאָר זיי האָבן געפֿאָכעט מיט די הענט און געגעבן דרײַ שטאַרקע וויוואַטן. ס'איז געווען אַ האָפֿענונג אין זייערע האַרצן, האָבן זיי אונדז געטרויט ברענגען די נייטיקע הילף.

איך האָב געהאַט די אַלע זעגלען אויפֿגעשלאָגן, האָט דער *דזשעמז קיירד* גיך געלאָזט די פּלאַזשע מיט דער ריי טונקעלע פֿיגורן הינטערן האָריזאָנט[205]. דער ווינט פֿון מערבֿ האָט אונדז גיך געבראַכט צו דער ריי פּאַק־אײַז, און בעת מיר זײַנען אַרײַן אין דעם, בין איך אויפֿגעשטאַנען מיטן אָרעם אַרום דעם מאַסטבוים, באַוויזן אַ וועג כּדי אויסצומײַדן די גרויסע פּײַדעס אײַז וואָס דער הייב פֿונעם ים וואַרפֿט אַרום און אַרום. דער פּאַק איז געדיכטער געוואָרן, האָט אונדז געצוווּנגען זיך דרייען כּמעט גלײַך אויף מיזרח, צוגעלאָפֿן פֿאַרן ווינט צו אַן אײַנרײַס וואָס איך האָב פֿריִער געהאַט געזען אין דער פֿרי פֿונעם העכערן גרונד. איצט האָב איך ניט געקענט זען דעם אײַנרײַס, נאָר מיר זײַנען אַרויס אין זײַן ריכטונג און איך בין צוגעגרייט טאָמער ער איז געגאַנגען מיטן מיזרחדיקן דרייף. פֿיר אַ זייגער נ"מ האָבן מיר געפֿונען דעם קאַנאַל, גאָר ענגער ווי ס'האָט אויסגעזען אין דער פֿרי, נאָך אַלץ שיפֿיק. אַראָפּלאָזן די זעגלען, האָבן מיר דורכגערודערט אָן שום קאָנטאַקט מיטן אײַז, און ערשט האַלב זעקס נ"מ זײַנען מיר אַרויס פֿונעם פּאַק מיט אָפֿן וואַסער פֿאָרויס. מיר זײַנען פֿאַרבײַ נאָך איין שטיק אײַז אין דער פֿינצטער מיט אַ שעה שפּעטער, נאָר דער פּאַק איז הינטער אונדז, און מיט אַ גוטן ווינט אָנפֿילנדיק די זעגלען, האָבן מיר געקערעוועט דאָס קליין שיפֿל דורך דער נאַכט, די האָפֿענונגען קאָנצענטרירט אויפֿן ווײַטן ציל. דער אויפֿלויף איז איצט געווען זייער שווער, און ווען ס'איז אָנגעקומען די צײַט פֿאַרן אָוונט־מאָלצײַט, האָבן מיר קוים־קוים געקענט האַלטן דעם פּרימוס־לאָמפּ אָנגעצונדן, אָפּהאַלטן דער הוש זאָל ניט פּליושקען פֿון טעפּ אַרויס. דאָס קאָכן האָט געפֿאָדערט דרײַ מענטשן, איינער זאָל האַלטן דעם לאָמפּ, די אַנדערע צוויי פּרוּוון אָפּהיטן דאָס אַלומיניענע טאָפּ, וואָס מע האָט געדאַרפֿט אויפֿהייבן פֿונעם פּרימוס, אַז די באַוועגונג פֿונעם שיפֿל וואָלט געמאַכט אַ תּל. דערצו האָט מען געדאַרפֿט באַשירעמען דעם לאָמפּ פֿונעם וואַסער, ווײַל שפּריצן זײַנען אַריבערגעקומען איבערן פֿאָדערבאָרד, און די נישטיקע דעקונג איז בשום־אופֿן ניט וואַסער־באַוואָרנט. די גאַנצע אַרבעט האָט מען דורכגעפֿירט אינעם ענגן אָרט אונטער דער דעקונג, ווו די מענטשן ליגן צי קניִען, זיך אויסגלײַכן וויפֿל זיי קענען אויף די עקן פֿון די קאַסטנס און באַלאַסט. ס'איז געווען אומבאַקוועם, נאָר מיר האָבן זיך געטרייסט מיטן געדאַנק, אַז אָן דער דעקונג וואָלטן מיר ניט געקענט אַפֿילו אָנהייבן קאָכן.

די מעשׂה פֿון די קומעדיקע זעכצן טעג נעמט אַרײַן דעם שטרענגסטן קאַמף אין מיטן הייבנדיקע וואַסערן. דער סובאַנטאַרקטישער אָקעאַן האָט אויסגעהאַלטן זײַן בייזן ווינטער־שם. איך האָב באַשלאָסן לויפֿן צפֿון צו ווייניקסטנס צוויי טעג, בעת דער ווינט

[205] ... dipped the beach ...

held and so get into warmer weather before turning to the east and laying a course for South Georgia. We took two-hourly spells at the tiller. The men who were not on watch crawled into the sodden sleeping-bags and tried to forget their troubles for a period; but there was no comfort in the boat. The bags and cases seemed to be alive in the unfailing knack of presenting their most uncomfortable angles to our rest-seeking bodies. A man might imagine for a moment that he had found a position of ease, but always discovered quickly that some unyielding point was impinging on muscle or bone. The first night aboard the boat was one of acute discomfort for us all, and we were heartily glad when the dawn came and we could set about the preparation of a hot breakfast.

This record of the voyage to South Georgia is based upon scanty notes made day by day. The notes dealt usually with the bare facts of distances, positions, and weather, but our memories retained the incidents of the passing days in a period never to be forgotten. By running north for the first two days I hoped to get warmer weather and also to avoid lines of pack that might be extending beyond the main body. We needed all the advantage that we could obtain from the higher latitude for sailing on the great circle, but we had to be cautious regarding possible ice-streams. Cramped in our narrow quarters and continually wet by the spray, we suffered severely from cold throughout the journey. We fought the seas and the winds and at the same time had a daily struggle to keep ourselves alive. At times we were in dire peril. Generally we were upheld by the knowledge that we were making progress towards the land where we would be, but there were days and nights when we lay hove to, drifting across the storm-whitened seas and watching with eyes interested rather than apprehensive the uprearing masses of water, flung to and fro by Nature in the pride of her strength. Deep seemed the valleys when we lay between the reeling seas. High were the hills when we perched momentarily on the tops of giant combers. Nearly always there were gales. So small was our boat and so great were the seas that often our sail flapped idly in the calm between the crests of two waves. Then we would climb the next slope and catch

בלײַבט, כּדי אָנצוקומען אין וואַרעמערן וועטער אײדער מיר בייגן זיך אויף מיזרח, אויף אַ קורס קיין **דרום־דזשאָרדזשע**. מיר זײַנען געגאַנגען נאָך דער ריי צו צוויי שעה אויף דער קערמע. די וואָס זײַנען ניט געווען אויף דער וואַך האָבן אַרײַנגעקראָכן אין די דורכגעווייקטע שלאָפֿזעק, געפּרוּווט פֿאַרגעסט די צרות אויף אַ ווײַלע, נאָר ס'איז ניט געווען קיין באַקוועמלעכקייט אינעם שיפֿל. די זעק און קאַסטנס האָבן זיך אויפֿגעפֿירט ווי לעבעדיקע זאַכן, מיט אַ כּסדרדיקער טבֿע אַלע מאָל שטורכען מיט די אומבאַקוועמסטע עקן אונדזערע רו־זוכנדיקע גופֿים. אַ מענטש האָט זיך געקענט פֿאַרשטעלן אויף אַ רגע אַז ער האָט געפֿונען אַ רחבֿותדיקע פּאָזיציע, נאָר ער איז גיך געוווּיר געוואָרן אַז עפּעס אַ האַרטער שפּיץ שטופּט אויף מוסקל צי ביין. די ערשטע נאַכט אויפֿן שיפֿל איז געווען גאָר אַן אומבאַקוועמע פֿאַר אונדז אַלע, זײַנען מיר אַלע שטאַרק גליקלעך געווען אַז ס'קומט אָן דער קאַיאָר, קענען מיר אָנהייבן צוגרייטן אַ הייסן פֿרישטיק.

אָט דער באַריכט פֿון דער נסיעה קיין **דרום־דזשאָרדזשע** קומט פֿון קנאַפּע נאָטיצן אָנגעשריבן טאָג פֿאַר טאָג. די נאָטיצן האָבן געוויינטלעך באַהאַנדלט די הוילע פֿאַקטן – ווײַטקייטן, פּאָזיציעס, וועטער – נאָר אין זכרונות אונדזערע זײַנען געבליבן די געשעענישן פֿון די דאָזיקע טעג אין אַן אומפֿאַרגעסלעכער צײַט. מיט די ערשטע צוויי טעג פֿאָרן אויף צפֿון האָב איך געהאָפֿט צו געפֿינען וואַרעמערן וועטער און דערצו אויסצומײַדן שערענגעס פּאַק וואָס קערן זיך ציִען אַוועק פֿונעם פּאַק גופֿא. מיר האָבן באַדאַרפֿט די אַלע מעלות פֿון דער העכערער געאָגראַפֿישער ברייט צוליב פֿאָרן אויפֿן גרויסן קרײַז[206], נאָר אויך האָבן מיר געדאַרפֿט זיך אָפּהיטן פֿאַר די מיגלעכע אײַז־שטראָמען. אַרײַנגעשטאָפּט אין די ענגע קוואַרטירן און שטענדיק באַנעצט פֿונעם שפּריץ, האָבן מיר שטאַרק געליטן פֿון קעלט במשך פֿון דער גאַנצער נסיעה. מיר האָבן געקעמפֿט מיט די ימים און מיט די ווינטן, און אין דער זעלבער רגע האָבן מיר געהאַט אַ טעגלעכע טירחה זיך צו האַלטן בײַם לעבן. ס'האָט אונדז צײַטנווײַז געשטעלט אין אַ גרויליקער סכּנה. געוויינטלעך האָבן מיר זיך געמונטערט מיטן געדאַנק אַז מיר פֿאָרן נעענטער צו דעם לאַנד צו ווו מיר ווילן שוין אָנקומען, נאָר עס זײַנען געווען טעג און נעכט ווען מיר האָבן געהאַלטן שטיין, דרייפֿן איבערן שטורעם־ווײַסן ים, אָנקוקן מיט אויגן מער נײַגעריק ווי אומרויִק די אויפֿהייבנדיקע מאַסעס וואַסער, וואָס די נאַטור וואַרפֿט אַהין און צוריק, שטאָלץ מיט אירע אייגענעם כּוח. טיף האָבן אויסגעזען די טאָלן ווען מיר ליגן צווישן די וויגנדיקע כוואַליעס. הויך זײַנען געווען די בערגלעך ווען מיר זיצן אויף אַ רגע אויף די שפּיצן פֿון ריזיקע הויפֿנס וואַסער[207]. כּמעט שטענדיק זײַנען געווען בורעס. אַזוי קליין איז געווען דאָס שיפֿל אונדזערס און אַזוי גרויס זײַנען געווען די כוואַליעס, אַז אָפֿט האָט דער זעגל נאָר ווייך געפֿאָכעט אין דער שטילקייט צווישן די קאַמען פֿון צוויי כוואַליעס. דערנאָך זײַנען מיר אַרויף אויפֿן נאָענסטן שיפּוע, געכאַפּט

---

[206] great circle: די קירצסטע רוטע צווישן צוויי פּונקטן אויף אַ גלאָבוס.

[207] combers

the full fury of the gale where the wool-like whiteness of the breaking water surged around us. We had our moments of laughter--rare, it is true, but hearty enough. Even when cracked lips and swollen mouths checked the outward and visible signs of amusement we could see a joke of the primitive kind. Man's sense of humour is always most easily stirred by the petty misfortunes of his neighbours, and I shall never forget Worsley's efforts on one occasion to place the hot aluminium stand on top of the Primus stove after it had fallen off in an extra heavy roll. With his frost-bitten fingers he picked it up, dropped it, picked it up again, and toyed with it gingerly as though it were some fragile article of lady's wear. We laughed, or rather gurgled with laughter.

    The wind came up strong and worked into a gale from the northwest on the third day out. We stood away to the east. The increasing seas discovered the weaknesses of our decking. The continuous blows shifted the box-lids and sledge-runners so that the canvas sagged down and accumulated water. Then icy trickles, distinct from the driving sprays, poured fore and aft into the boat. The nails that the carpenter had extracted from cases at Elephant Island and used to fasten down the battens were too short to make firm the decking. We did what we could to secure it, but our means were very limited, and the water continued to enter the boat at a dozen points. Much baling was necessary, and nothing that we could do prevented our gear from becoming sodden. The searching runnels from the canvas were really more unpleasant than the sudden definite douches of the sprays. Lying under the thwarts during watches below, we tried vainly to avoid them. There were no dry places in the boat, and at last we simply covered our heads with our Burberrys and endured the all-pervading water. The baling was work for the watch. Real rest we had none. The perpetual motion of the boat made repose impossible; we were cold, sore, and anxious. We moved on hands and knees in the semi-darkness of the day under the

דעם פֿולן צאָרן פֿון דער בורע ווו די וואָלענע ווײַסקייט פֿונעם ברעכנדיקן וואַסער האָט אַרום אונדז געפּלייצט. מיר האָבן געהאַט מאָמענטן מיט געלעכטער – זעלטענע, זיכער, נאָר האַרציקע. אַפֿילו ווען צעשפּאָלטענע ליפּן און געשוואָלענע מײַלער האָבן געהאַמעוועט דרויסנדיקע און אָנזעעוודיקע סימנים פֿון פֿאַרווײַלונג, האָבן מיר געקענט פֿאַרשטיין אַ וויץ פֿונעם פּרימיטיוון מין. דעם מענטשלעכן הומאָר איז אַלע מאָל גרינג געריזט דורך די קליינע צרות פֿון די שכנים, וועל איך קיין מאָל ניט פֿאַרגעסן וואָרסליס אָנשטרענגונגען איין מאָל צו שטעלן דעם הייסן אַלומיניענעם שטענדער אויבן אויפֿן פּרימוס־אויוון ווען ס'איז אַראָפּגעפֿאַלן צוליב אַ היפּש שווערן דרייי[208]. מיט די אָפּגעפּרוירענע פֿינגער האָט ער עס אויפֿגעהויבן, געלאָזט פֿאַלן, און עס געהאַלטן געוואָרנט אַזוי ווי ס'איז עפּעס אַ דעליקאַט שטיקל פּרויען־קליידער. מיר האָבן זיך צעלאַכט, אָדער גיכער געריזלט מיט געלעכטער.

דער ווינט איז אָנגעקומען אַ שטאַרקער, זיך געמאַכט פֿאַר אַ בורע פֿונעם צפֿון־מערבֿ דעם דריטן טאָג אויפֿן וועג. מיר זײַנען אַוועק[209] מיזרח צו. די וואַקסנדיקע כוואַליעס האָבן געפֿונען די שוואַכקייטן אין דער דעקונג. דאָס כּסדרדיקע שלאָגן האָט גערוקט די קאַסטן־דעקלעך און גרינדזשעלעך אַזוי אַז די קאַנווע איז אַראָפּגעהאַנגען, אָנגעזאַמלט וואַסער. אײַזיקע ריטשקעלעך, באַזונדער פֿון די געטריבענע שפּריצן, האָבן זיך דעמאָלט געגאָסן אויף פֿאָרנט און הינטן אין שיפֿל אַרײַן. די נאָגלען וואָס דער סטאָליער האָט אַרויסגענומען פֿון די קאַסטנס בײַ **ה**עלפֿאַנד־**א**ינדזל כּדי צו פֿאַרפֿעסטיקן די ברעטלעך[210] זײַנען געווען צו קורץ פֿעסט צו האַלטן די דעקונג. מיר האָבן געטאָן וואָס מע קען דאָס פֿעסט צו מאַכן נאָר מיט גאָר באַגרענעצטע מיטלען, איז דאָס וואַסער ווײַטער אַרײַן אין שיפֿל בײַ אַ טוץ ערטער. מע האָט גדאַרפֿט אָפֿט מאָל אַרויסוואַרפֿן וואַסער, און ס'איז גאָר אוממיגלעך געווען צו פֿאַרמײַדן דאָס געצײַג זאָל ניט דורכגעווייקט ווערן. די זוכנדיקע שטראָמעלעך פֿון דער קאַנווע זײַנען טאַקע מער אומאײַנגענעם ווי די פּלוצעמדיקע, באַשטימטע פּליושקן פֿון די שפּריץ־אָנפֿאַלן. ליגנדיק אונטער די קווערברעטער[211] אונטן פֿרײַ פֿון דיזשור, האָבן מיר אומזיסט געפּרוּווט זיי אויסצומײַדן. עס זײַנען ניט געווען קיין טרוקענע ערטער ערגעץ ווו אין שיפֿל, און סוף־כּל־סוף האָבן מיר פּשוט באַדעקט די קעפּ מיט די **ב**ערבעריס, און אויסגעהאַלטן דאָס אומעטום־דורכדרינגלעכע וואַסער. דאָס אַרויסוואַרפֿן וואַסער איז געווען אַרבעט פֿאַר דער וואַך. אמתע רו האָבן מיר קיין שטיק ניט געהאַט. די אייביקע באַוועגונג פֿונעם שיפֿל האָט צעשטערט אַלע רו; מיר זײַנען געווען קאַלטע, אָנגעווייטיקטע, באַזאָרגטע. מיר האָבן אַרומגעקראָכן אויף אַלע פֿיר אינעם האַלבפֿינצטערניש בײַ טאָג אונטער דער

---

[208] roll

[209] stood away

[210] battens: דינע ברעטלעך וואָס אין דעם פֿאַל טשעפּען צו דאָס דעקונג־טוך צו דעם שיפֿל גופֿא

[211] thwarts: ברעטער וואָס גייען פֿון זײַט צו זײַט, האַלטן, פֿאַרשטאַרקן דאָס שיפֿל אין דער ברייט.

decking. The darkness was complete by 6 p.m., and not until 7 a.m. of the following day could we see one another under the thwarts. We had a few scraps of candle, and they were preserved carefully in order that we might have light at meal-times. There was one fairly dry spot in the boat, under the solid original decking at the bows, and we managed to protect some of our biscuit from the salt water; but I do not think any of us got the taste of salt out of our mouths during the voyage.

The difficulty of movement in the boat would have had its humorous side if it had not involved us in so many aches and pains. We had to crawl under the thwarts in order to move along the boat, and our knees suffered considerably. When watch turned out it was necessary for me to direct each man by name when and where to move, since if all hands had crawled about at the same time the result would have been dire confusion and many bruises. Then there was the trim of the boat to be considered. The order of the watch was four hours on and four hours off, three men to the watch. One man had the tiller-ropes, the second man attended to the sail, and the third baled for all he was worth. Sometimes when the water in the boat had been reduced to reasonable proportions, our pump could be used. This pump, which Hurley had made from the Flinder's bar case of our ship's standard compass, was quite effective, though its capacity was not large. The man who was attending the sail could pump into the big outer cooker, which was lifted and emptied overboard when filled. We had a device by which the water could go direct from the pump into the sea through a hole in the gunwale, but this hole had to be blocked at an early stage of the voyage, since we found that it admitted water when the boat rolled.

While a new watch was shivering in the wind and spray, the men who had been relieved groped hurriedly among the soaked sleeping-bags and tried to steal a little of the warmth created by the last occupants; but it was not always possible for us to find even this comfort when we went off watch. The boulders that we had taken aboard for ballast had to be shifted continually in order to trim the boat and give access to the

דעקונג. ס'איז גאָר פֿינצטער געוואָרן שוין ביז זעקס אַ זייגער נ"מ, און ערשט זיבן אַ זייגער פֿ"מ צו מאָרגנס האָבן מיר זיך געקענט זען אונטער די קווערברעטער. מיר האָבן געהאַט אַ פּאָר שטיקלעך ליכט, וואָס מיר האָבן זיי פֿאַרשפּאָרט צוליב ליכט בײַ מאָלצײַטן. ס'איז יאָ געווען איין עפּעס אַ טרוקענער אָרט אינעם שיפֿל, אונטער דער אָריגינעלער דעקונג בײַם פֿאָדערבאָרד, האָבן מיר באַוויזן אויסצוהיטן אַ טייל פֿונעם ביסקוויט פֿונעם זאַלץ־וואַסער. נאָר איך מיין אַז דער טעם פֿון זאַלץ איז בײַ אונדז אַלע געבליבן אין די מײַלער בשעת דער גאַנצער נסיעה.

די שוועריקייטן מיטן באַוועגן זיך אינעם שיפֿל וואָלט געווען שפּאַסיק אויב ניט פֿאַר די סך ווייטיקן און יסורים. מע האָט געדאַרפֿט פּויזען אונטער די ברעטער כּדי צו גיין לענג־אויס דעם שיפֿל, זײַנען די קני̄ען גאָר אויסגעריסן געוואָרן. אַז ס'קומט אַרויס די צוויטע וואַך, האָב איך געמוזט הייסן יעדער מיטן נאָמען ווו און ווען זיך צו באַוועגן, ווײַל אויב זיי אַלע וואָלטן געקראָכן אין איין צײַט וואָלט געווען אַ גאַנצע בהלה מיט אַ סך קלעפּ. דערצו האָט מען געמוזט האַלטן אין אַכט ווי עס ליגט דאָס שיפֿל[212]. דער סדר פֿון דער וואַך איז געווען פֿיר שעה אויף דיזשור, פֿיר שעה פֿרײַ, צו דרײַ מענטשן אַ וואַך. איינער האָט געהאַלטן די קערמע־שנורן, אַ צווייטער פֿאַרנעמט זיך מיטן זעגל, און דער דריטער האָט אַרויסגעוואָרפֿן וואַסער מיט אַלע כּוחות. אַ מאָל אַז דאָס וואַסער אין שיפֿל איז ניט צו טיף, האָט מען געקענט ניצן די פּאָמפּע. די דאָזיקע פּאָמפּע, וואָס **ה**ערלי האָט געשאַפֿן פֿון דעם קאַסטן פֿונעם **פֿ**לינדערס־**ש**טאַנג[213] פֿון דער שיפֿס נאָרמאַלן קאָמפּאַס, איז געווען גאָר עפֿעקטיוו, כאָטש זײַן קאַפּאַציטעט איז ניט געווען קיין גרויסע. דער וואָס האַנדלט דעם זעגל האָט געקענט פּאָמפּעווען אינעם גרויסן דרויסנדיקן קאָכער אַרײַן, וואָס מע הייבט אים אויף און גיסט אים אויס אין וואַסער אַרײַן[214] אַז ער ווערט אָנגעפֿילט. מיר האָבן געהאַט אַ המצאה וואָס מיט איר גייט דאָס וואַסער פֿון פּאָמפּע דירעקט אין ים אַרײַן, דורך אַ לאָך בײַם שיפֿסקאַנט, נאָר די לאָך האָבן מיר געדאַרפֿט פֿאַרשטאָפּן פֿרי אין דער נסיעה, ווײַל זי לאָזט וואַסער אין שיפֿל אַרײַן אַרײַן אַז דאָס שיפֿל קאַטשעט זיך.

בעת די נײַע וואַך ציטערט אינעם ווינט און שפּריץ, האָבן די נאָר וואָס באַפֿרײַטע מענטשן גיך גענישטערט אין די דורכגעווייקטע שלאָפֿזעק, געפּרוּווט כאַפּן אַ שטיקל וואַרעמקייט איבערגעלאָזט פֿון די פֿרי̄ערדיקע באַווינערס, נאָר ס'איז ניט אַלע מאָל מיגלעך געווען מיר זאָלן געפֿינען אַפֿילו די דאָזיקע באַקוועמלעכקייט ווען מיר זײַנען פֿרײַ פֿון דיזשור. די שטיינער, וואָס מיר האָבן אָנגעלאָדן פֿאַר באַלאַסט, האָט מען געדאַרפֿט איבעררוקן כּדי צו קאָנטראָלירן ווי עס ליגט דאָס שיפֿל און אויך צוליב צוטריט צו דער

---

[212] "the trim of the boat...

[213] Flinder's bar: אַ שטאַנג פֿון ווייכן אײַזן וואָס מע ניצט אים צו פֿאַרריכטן ווו דער קאָמפּאַס ווײַזט.

[214] overboard

שעקלטאָנס דרײ נסים

pump, which became choked with hairs from the moulting sleeping-bags and finneskoe. The four reindeer-skin sleeping-bags shed their hair freely owing to the continuous wetting, and soon became quite bald in appearance. The moving of the boulders was weary and painful work. We came to know every one of the stones by sight and touch, and I have vivid memories of their angular peculiarities even to-day. They might have been of considerable interest as geological specimens to a scientific man under happier conditions. As ballast they were useful. As weights to be moved about in cramped quarters they were simply appalling. They spared no portion of our poor bodies. Another of our troubles, worth mention here, was the chafing of our legs by our wet clothes, which had not been changed now for seven months. The insides of our thighs were rubbed raw, and the one tube of Hazeline cream in our medicine-chest did not go far in alleviating our pain, which was increased by the bite of the salt water. We thought at the time that we never slept. The fact was that we would doze off uncomfortably, to be aroused quickly by some new ache or another call to effort. My own share of the general unpleasantness was accentuated by a finely developed bout of sciatica. I had become possessor of this originally on the floe several months earlier.

Our meals were regular in spite of the gales. Attention to this point was essential, since the conditions of the voyage made increasing calls upon our vitality. Breakfast, at 8 a.m., consisted of a pannikin of hot hoosh made from Bovril sledging ration, two biscuits, and some lumps of sugar. Lunch came at 1 p.m., and comprised Bovril sledging ration, eaten raw, and a pannikin of hot milk for each man. Tea, at 5 p.m., had the same menu. Then during the night we had a hot drink, generally of milk. The meals were the bright beacons in those cold and stormy days. The glow of warmth and comfort produced by the food and drink made optimists of us all. We had two tins of Virol, which we were keeping for an emergency; but, finding ourselves in need of an oil- lamp to eke out our supply of candles, we emptied

פּאָמפּע, וואָס איז אַלע מאָל פֿאַרשטאָפּט געוואָרן מיט האָר פֿון די אַראָפּוואַרפֿנדיקע[215] שלאָפֿזעק און פֿינעסקאָ[216]. די פֿיר שלאָפֿזעק פֿון רעניפֿער־הויט האָבן זיך פֿרײַ אַראָפּגעוואָרפֿן מיט האָר צוליב דער כּסדרדיקער נאַסקייט, האָבן זיי באַלד ליסע אויסגעזען. דאָס איבעררוקן די שטיינער איז געווען פֿאַרמאַטערנדיקע און ווייטיקדיקע אַרבעט. מיט דער צײַט זײַנען מיר געקומען צו דערקענען יעדער שטיין דורך ראיה און חוש־המישוש, און עד־היום האָב איך בולטע זכרונס פֿון זייערע קאַנטיקע אייגנקייטן. אפֿשר וואָלטן זיי שטאַרק פֿאַראינטערעסירט אַ וויסנשאַפֿטלער ווי געאָלאָגישע עקזעמפּלאַרן אין גליקלעכערע צושטאַנדן. ווי באַלאַסט זײַנען זיי געווען ניצלעך. ווי געוויכטן וואָס מע האָט זיי געדאַרפֿט אַרומרוקן, זײַנען זיי געווען פּשוט שרעקלעך. זיי האָבן ניט פֿאַרשפּאָרט קיין איינציקן אָרט אויף אונדזערע אָרעמע קערפּערס, דערצו אַ צרה, כּדאַי דאָ צו דערמאָנען, איז געווען דאָס אָנרײַבן די פֿיס פֿון די נאַסע קליידער, וואָס מיר האָבן זיי ניט איבערגעביטן שוין זיבן חדשים. אינעווייניק אויף די דיכן איז רוי אָנגעריבן, האָט די איינציקע טובֿע הייזעלײַן־קרעם[217] אינעם אַפּטייקל ניט געקלעקט אין לינדערן דעם וויי, וואָס איז פֿאַרשטאַרקט געוואָרן דורכן ביס פֿונעם זאַלץ־וואַסער. דעמאָלט האָבן מיר געמיינט אַז מיר האָבן קיין מאָל ניט געשלאָפֿן. אין דער אמתן פֿלעגן מיר דרעמלען, אומבאַקוועם, ביז אַ גיכן אויפֿוועקן צוליב אַ נײַעם וויי אָדער נאָך אַ רוף אויף דער אַרבעט. ווי אַ צוגאָב צו דער אַלגעמיינער אומבאַקוועמלעכקייט איז מיר אָנגעפֿאַלן אַ שטאַרקע סײַאַטיקע[218]. דאָס איז מיר ערשט אָנגעקומען אויף דער קריִע מיט אַ פּאָר חדשים צוריק.

די מאָלצײַטן זײַנען רעגולער געווען, מילא די בורעס. אַכט אין דעם ענין איז געווען גאָר וויכטיק, וואָרן די באַדינגונגען פֿון דער נסיעה האָבן געמאַכט אַלץ שטאַרקערע פֿאָדערונגען אויף אונדזער לעבעדיקייט. פֿרישטיק, אַכט אַ זייגער פֿ"מ איז געווען אַ פּאַניקין הייסער הוש, פֿון באָווריל שליטן־ראַציעס געמאַכט, צוויי ביסקוויטן, און אַ געציילטע פּײַדעס צוקער. דאָס אָנבײַסן איז געקומען איינס אַ זייגער נ"מ, באַשטאַנען פֿון באָווריל שליטן־ראַציעס, געגעסן רוי, און אַ פּאַניקין הייסע מילך צו יעדן. טיי, פֿינף אַ זייגער נ"מ, מיט דעם זעלבן מעניו. בעת דער נאַכט האָבן מיר געהאַט אַ הייסן טרונק, געווײנטלעך מילך. די מאָלצײַטן זײַנען געווען ווי העלע שײַנטורעמס אין יענע קאַלטע און שטורעמדיקע טעג. דער גלי פֿון וואַרעמקייט און באַקוועמלעכקייט געשאַפֿן פֿון דאָס עסן און געטראַנק האָבן אונדז אַלע געמאַכט פֿאַר בעלי־בטחון. מיר האָבן געהאַט צוויי בלעכלעך וויראָל[219], וואָס מיר האָבן זיי אָפּגעלייגט צוליב אַ נויט־מצבֿ, נאָר אַז מיר האָבן זיך געניײטיקט אין אַן אייל־לאָמפּ צו דערגאַנצן דעם זאַפּאַס ליכט, האָבן מיר אויסגעגאָסן

215 moulting
216 finneskoe: אַ מין ווייכער שטיוול פֿון רעניפֿער־הויט מיט פּעלץ, גאָר וואַרעם.
217 Hazeline cream: מסתּמא אַ מין Vaseline.
218 sciatica
219 Virol: אַ וויטאַמין־פּרעפּאַראַט געמאַכט פֿון מאַלץ־עקסטראַקט.

one of the tins in the manner that most appealed to us, and fitted it with a wick made by shredding a bit of canvas. When this lamp was filled with oil it gave a certain amount of light, though it was easily blown out, and was of great assistance to us at night. We were fairly well off as regarded fuel, since we had 6" gallons of petroleum.

A severe south-westerly gale on the fourth day out forced us to heave to. I would have liked to have run before the wind, but the sea was very high and the *James Caird* was in danger of broaching to and swamping. The delay was vexatious, since up to that time we had been making sixty or seventy miles a day, good going with our limited sail area. We hove to under double-reefed mainsail and our little jigger, and waited for the gale to blow itself out. During that afternoon we saw bits of wreckage, the remains probably of some unfortunate vessel that had failed to weather the strong gales south of Cape Horn. The weather conditions did not improve, and on the fifth day out the gale was so fierce that we were compelled to take in the double-reefed mainsail and hoist our small jib instead. We put out a sea-anchor to keep the *James Caird*s' head up to the sea. This anchor consisted of a triangular canvas bag fastened to the end of the painter and allowed to stream out from the bows. The boat was high enough to catch the wind, and, as she drifted to leeward, the drag of the anchor kept her head to windward. Thus our boat took most of the seas more or less end on. Even then the crests of the waves often would curl right over us and we shipped a great deal of water, which necessitated unceasing baling and pumping. Looking out abeam, we would see a hollow like a tunnel formed as the crest of a big wave toppled over on to the swelling body of water. A thousand times it appeared as though the *James Caird* must be engulfed; but the boat lived. The south-westerly gale had its birthplace above the Antarctic Continent, and its freezing breath lowered the temperature far

איינס פֿון די בלעכלעך, אין אַן אופֿן וואָס איז אונדז גאָר געפֿעלן, און אַרײַנגעשטעלט אַ קנויט פֿון דרויבלעך קאַנווע. אָנגעפֿילט מיט אייל האָט דער אָ לאָמפּ געגעבן אַ געוויסער מאָס ליכט, כאָטש ס'ווערט גרינג אויסגעלאָשן אינעם ווינט, איז דאָס אונדז געווען אַ גרויסע הילף בײַ נאַכט. אונדז איז געווען גוט, וואָס שייך ברענוואַרג, ווײַל מיר האָבן געהאַט זעקס מיט אַ האַלב גאַלאָנען נאַפֿט.

אַ שווערע בורע פֿון דרום־מערבֿ דעם פֿערטן טאָג אויפֿן וועג האָט אונדז געצוווּנגען האַלטן שטיין. איך וואָלט געוואָלט לויפֿן פֿאַרן ווינט, נאָר דער ים איז געווען זײַער הויך, אַ סכּנה, אויב דער *דזשעמז קיירד* וואָלט זיך געדרייט אין דער קוווער[220] און אָנגעפֿילט געוואָרן מיט וואַסער[221]. דער אָפּהאַלט איז געווען אַ רייצונג, ווײַל ביז דעמאָלט האָבן מיר געמאַכט אַ זעכציק־זיבעציק מײַל אַ טאָג, אַ גוטער מהלך מיט דעם באַגרענעצטן שטח זעגל. מיר האָבן געהאַלטן שטיין מיט טאָפּל־פֿאַרקלענערטן[222] הויפּט־זעגל און דעם קליינעם דזשיגער[223], געוואַרט ביז די בורע זאָל זיך אויסבלאָזן. דעם נאָכמיטאָג האָבן מיר דערזען שטיקלעך וראַק, דאָס איבערבלײַבס מסתּמא פֿון אַ נעבעכדיקער שיף וואָס איר איז ניט געלונגען אויסהאַלטן די שטאַרקע בורעס אויף דרום פֿון קאַפּ־האָרן. דער וועטער האָט זיך ניט פֿאַרבעסערט, און דעם פֿינפֿטן טאָג איז די בורע אַזוי שרעקלעך געוואָרן אַז מיר מוזן אַראָפּרײַסן דעם טאָפּל־פֿאַרקלענערטן הויפּט־זעגל, אַרויפֿציִען די קליינע דזשיב[224] אינעם אָרט. מיר האָבן אַרויסגעשטעלט אַ ים־אַנקער כּדי צו האַלטן דעם *דזשעמז קיירדס* קאָפּ פּנים־אל־פּנים מיט די כוואַליעס[225]. דעם דאָזיקן אַנקער האָט מען געשאַפֿן פֿון אַ דרײַעקיקן קאַנוועוועם זאַק צוגעבונדן צום עק שטריקל און געלאָזט אַרויסשטראָמען פֿונעם פֿאָדערבאָרד. דאָס שיפֿל איז געווען הויך גענוג צו כאַפּן דעם ווינט און אַז ער דרייפֿט ווינט־אַראָפּ, האָט די שלעפּקראַפֿט פֿונעם אַנקער געהאַלטן דעם קאָפּ ווינט־אַרויף. דערפֿאַר האָט דאָס שיפֿל גענומען ס'רובֿ כוואַליעס פֿון פֿאָרנט. אַפֿילו דעמאָלט האָבן זיך די קאַמען פֿון די כוואַליעס אָפֿט איבערגעגרײַזלט פּונקט איבער אונדז, האָבן מיר אַרײַנגענומען[226] גאָר אַ סך וואַסער, פֿאָדערן אומאויפֿהעריקן אַרויסוואַרפֿן וואַסער און פּאָמפּעווען. קוקנדיק אויף אַ זײַט[227] זעט מען אַ חלל ווי אַ טונעל געפֿורעמט ווען דער קאַם פֿון אַ גרויסער כוואַליע פֿאַלט אַריבער אויף אַ וואַקסנדיקער מאַסע וואַסער. אַ טויזנט מאָל האָט זיך געדאַכט, אַז דער *דזשעמז קיירד* מוז דערטרונקען ווערן, נאָר זי איז געבליבן לעבן. די דרום־מערבֿדיקע בורע איז געבוירן געוואָרן איבערן אַנטאַרקטישן וועלטטייל, האָט איר פֿרירנדיקער אָטעם מינערט די טעמפּעראַטור שיִער

[220] broach: דרייען זיך מיט אַ זײַט ווינט־אַרויף.
[221] swamp
[222] double-reefed: אַ "ריף" אין דעם זינען איז אַ פֿאַרקלערונג פֿונעם זעגל־שטח צוליב צו־שטאַרקע ווינטן.
[223] jigger: "דער קלענערער מאַסט אויף הינטן" אָבער אין דעם פֿאַל מיין איך אַז דאָס איז אַ מין דזשיב (זעט הערה 224).
[224] jib: אַ קליינער דרײַעקיקער זעגל, געווײנטלעך אויפֿגשלאָגן אויפֿן מאַסטבוים אויף פֿאָרנט.
[225] "… head up to the sea."
[226] shipped
[227] abeam

towards zero. The sprays froze upon the boat and gave bows, sides, and decking a heavy coat of mail. This accumulation of ice reduced the buoyancy of the boat, and to that extent was an added peril; but it possessed a notable advantage from one point of view. The water ceased to drop and trickle from the canvas, and the spray came in solely at the well in the after part of the boat. We could not allow the load of ice to grow beyond a certain point, and in turns we crawled about the decking forward, chipping and picking at it with the available tools.

When daylight came on the morning of the sixth day out we saw and felt that the *James Caird* had lost her resiliency. She was not rising to the oncoming seas. The weight of the ice that had formed in her and upon her during the night was having its effect, and she was becoming more like a log than a boat. The situation called for immediate action. We first broke away the spare oars, which were encased in ice and frozen to the sides of the boat, and threw them overboard. We retained two oars for use when we got inshore. Two of the fur sleeping- bags went over the side; they were thoroughly wet, weighing probably 40 lbs. each, and they had frozen stiff during the night. Three men constituted the watch below, and when a man went down it was better to turn into the wet bag just vacated by another man than to thaw out a frozen bag with the heat of his unfortunate body. We now had four bags, three in use and one for emergency use in case a member of the party should break down permanently. The reduction of weight relieved the boat to some extent, and vigorous chipping and scraping did more. We had to be very careful not to put axe or knife through the frozen canvas of the decking as we crawled over it, but gradually we got rid of a lot of ice. The *James Caird* lifted to the endless waves as though she lived again.

About 11 a.m. the boat suddenly fell off into the trough of the sea. The painter had parted and the sea-anchor had gone. This was serious. The *James Caird* went away to leeward, and we had no chance at all of recovering the anchor and our valuable rope, which had been our only means of keeping the boat's head up to the seas without the

ניט ביז נול. די שפּריצן זײַנען פֿאַרפֿרוירן געוואָרן אויפֿן שיפֿל, געגעבן דעם פּאָדערבאָרד, די זײַטן, און די דעקונג אַ שווערן מאַנטל פֿון פּאַנצער. דאָס אָנגעקליבענע אײַז האָט פֿאַרקלענערט די שווימיקייט פֿונעם שיפֿל, וואָס איז יאָ אַ צוגעגעבענע סכּנה, אָבער ס'האָט מיט זיך געבראַכט איין מערקווערדיקע מעלה פֿון איין קוקווינקל. דאָס וואַסער האָט אויפֿגעהערט טריפֿן און רינען פֿון דער קאַנווע, איז דער שפּרייץ אַרײַנגעקומען נאָר אין דער קאַבינע אויף הינטן. מיר האָבן ניט געקענט צולאָזן, אַז די לאַסט אײַז זאָל ניט וואַקסן איבער אַ געוויסער מאָס, האָבן מיר נאָך דער רײ געקראָכן אויף דער דעקונג פֿאָרנט, אָפּשפּרינגען און פּיקן אויף איר מיט די פֿאַראַנענע כּלים.

באַגינען דעם זעקסטן טאָג אויפֿן וועג האָבן מיר געזען און געפֿילט אַז דער *דזשעמז קיירד* האָט פֿאַרלוירן איר פּעדערדיקייט. זי האָט זיך ניט אויפֿגעהויבן אויף די אָנקומענדיקע כוואַליעס. די וואָג פֿון אײַז וואָס האָט זיך געפֿורעמט אַרונטער און אויבן האָט געהאַט איר ווירקונג, איז דאָס שיפֿל מער און מער ניט קיין שיפֿל, נאָר אַ קלאָץ. מע האָט יאָ געדאַרפֿט עפּעס תּיכּף טאָן. קודם־כּל האָבן מיר אַוועקגעבראָכן די איבעריקע רודערס, וואָס זײַנען אין גאַנצן פֿאַרהילט געוואָרן מיט אײַז, פֿאַרפֿרוירן געוואָרן אויף די שיפֿל־זײַטן, און זיי אַרויסגעוואָרפֿן אין וואַסער אַרײַן. צוויי רודערס האָבן מיר בײַ זיך געהאַלטן, ווען זיי נייטיק זײַן ווען מיר קומען צו צו דער יבשה. צוויי פֿון די פּעלצענע שלאָפֿזעק זײַנען אַרויס איבער דער זײַט, גאַנץ דורכגעווייקט, צו אַ פּערציק פֿונטן אין דער וואָג, שטײַף פֿאַרפֿרוירן אין דער נאַכט. דרײַ מענטשן זײַנען אויס וואַך אין איין צײַט, אונטן, און אַז מע לייגט זיך אַוועק שלאָפֿן, איז בעסער אַרײַנצוקריכן אין אַ נאַסן זאַק וואָס אַן אַנדער איז נאָר וואָס אַרויס דערפֿון, איידער צעלאָזן אַ פֿאַרפֿרוירענעם זאַק מיט דער אייגענער היץ נעבעך. איצט האָבן מיר געהאַט פֿיר זעק, דרײַ גענוצטע און איינער אָפּגעלייגט טאָמער קומט אַ נויטפֿאַל, זאָל איינער פֿון אונדז אין גאַנצן פֿאַרקריפּלט ווערן. די פֿאַרקלענערונג אין דער וואָג האָט פֿאַרלײַכטערט דאָס שיפֿל ביז אַ געוויסער מאָס, און קראַפּטיק אָפּשפּרינגען און אָפּקראַצן האָט נאָך מער געהאָלפֿן. מיר האָבן געדאַרפֿט זײַן זייער זאָרגעוודיק, מיר זאָלן ניט דורכשטעכן די פֿאַרפֿרוירענע קאַנווע מיט האַק אָדער מעסער, בעת מע קריכט איבער איר, נאָר ביסלעכווײַז האָבן מיר אַוועקגעבראָכן אַ סך אײַז. דער *דזשעמז קיירד* האָט זיך אויפֿגעהויבן אויף די אייביקע כוואַליעס ווי אַ לעבעדיקע נאָך אַ מאָל.

בערך עלף אַ זייגער פֿ"מ האָט דאָס שיפֿל זיך פּלוצעם אַ דריי געטאָן[228] אינעם טאָל צווישן כוואַליעס. דאָס שטריקל האָט זיך צעשיידט, איז דער ים־אַנקער אַוועק. סכּנת־נפֿשות. דער *דזשעמז קיירד* איז אַוועק ווינט־אַראָפּ, ס'איז געווען גאָר אוממיגלעך צוריקצוקריגן דעם אַנקער מיט דעם ווערטיקן שנור, וואָס זיי זײַנען געווען דער איינציקער מיטל צו האַלטן דעם שיפֿלס קאָפּ פּנים־אל־פּנים מיט די כוואַליעס אָן דער

[228] "... fell off ...": ד"ה, מיט די זײַטן ווינט־אַראָפּ און ־אַרויף.

risk of hoisting sail in a gale. Now we had to set the sail and trust to its holding. While the *James Caird* rolled heavily in the trough, we beat the frozen canvas until the bulk of the ice had cracked off it and then hoisted it. The frozen gear worked protestingly, but after a struggle our little craft came up to the wind again, and we breathed more freely. Skin frost-bites were troubling us, and we had developed large blisters on our fingers and hands. I shall always carry the scar of one of these frost-bites on my left hand, which became badly inflamed after the skin had burst and the cold had bitten deeply.

We held the boat up to the gale during that day, enduring as best we could discomforts that amounted to pain. The boat tossed interminably on the big waves under grey, threatening skies. Our thoughts did not embrace much more than the necessities of the hour. Every surge of the sea was an enemy to be watched and circumvented. We ate our scanty meals, treated our frost-bites, and hoped for the improved conditions that the morrow might bring. Night fell early, and in the lagging hours of darkness we were cheered by a change for the better in the weather. The wind dropped, the snow-squalls became less frequent, and the sea moderated. When the morning of the seventh day dawned there was not much wind. We shook the reef out of the sail and laid our course once more for South Georgia. The sun came out bright and clear, and presently Worsley got a snap for longitude. We hoped that the sky would remain clear until noon, so that we could get the latitude. We had been six days out without an observation, and our dead reckoning naturally was uncertain. The boat must have presented a strange appearance that morning. All hands basked in the sun. We hung our sleeping-bags to the mast and spread our socks and other gear all over the deck. Some of the ice had melted off the *James Caird* in the early morning after the gale began to slacken; and dry patches were appearing in the decking. Porpoises came blowing round the boat, and Cape pigeons wheeled and

ריזיקע פֿון אַרויפֿציִען אַ זעגל אין מיטן בורע. איצט האָבן מיר געמוזט אויפֿשלאָגן דעם זעגל און האָפֿן אַז ס'וועט זיך ניט צערײַסן. בעת דער *דזשעמז קיירד* קאַטשעט זיך שווער אינעם טיפֿפּונקט, האָבן מיר געשלאָגן די פֿאַרפֿרוירענע קאַנווע ביז ס'רובֿ אײַז איז אַוועקגעשפּאָלטן געוואָרן, דערנאָך אַרויפֿגעצויגן דעם זעגל. דאָס פֿאַרפֿרוירענע צי־מיטל האָט זיך שווער געלאָזט אַרבעטן, נאָר נאָך אַ סך אָנשטרענג איז דאָס קליינע שיפֿל נאָך אַ מאָל אַרויפֿגעקומען אויפֿן ווינט[229], איז אונדז גאָר לײַכטער אויפֿן האַרצן געוואָרן. אָפּפֿרוירס[230] אויף דער הויט האָבן אונדז וויי געטאָן, מיט גרויסע פּוכירן אויף די פֿינגער און די הענט. איך וועל אַלע מאָל טראָגן דעם שנאַר פֿון איינעם אַן אָפּפֿרויר אויף דער לינקער האַנט, וואָס איז אָנגעצונדן געוואָרן נאָך דעם ווי די הויט האָט זיך געעפֿנט און די קעלט איז טיף אַרײַנגעביסן.

מיר האָבן געהאַלטן דאָס שיפֿל ווינט־אַרויף אין דער בורע דעם גאַנצן טאָג, אויסגעהאַלטן אויף וויפֿל נאָר מען קען אומבאַקוועמלעכקייטן וואָס זײַנען טאַקע יסורים. דאָס שיפֿל האָט זיך געוואָרפֿן אָן אַ סוף אויף די גרויסע כוואַליעס אונטער גרויע דראָענדיקע הימלען. אונדזער קלערן איז ניט ווײַטער געגאַנגען ווי די נייטיקייטן פֿון דער שעה אַליין. יעדער אָנפֿלייץ פֿונעם ים איז געווען אַ שונא וואָס מע האָט געדאַרפֿט באַוואַכן, פֿאַרשטערן. מיר האָבן געגעסן די קאַרגע מאָלצײַטן, באַהאַנדלט די אָפּפֿרוירס, און געהאָפֿט אַז אויף מאָרגן וועט זײַן גרינגער. די נאַכט איז פֿרי צוגעפֿאַלן, און אין די לאַנגע שעהן פֿון פֿינצטערניש האָבן מיר זיך דערפֿרייט מיט אַ פֿאַרבעסערונג מיטן וועטער. דער ווינט איז שוואַכער געוואָרן, די שניי־שקוואַלן זעלטענער, דער ים פֿאַרמילדערט. באַגינען דעם זיבעטן טאָג איז געווען קוים אַ ווינט. מיר האָבן אויסגעטרייסלט דעם ריף פֿונעם זעגל און נאָך אַ מאָל גענומען זעגלען קיין **דרום־דזשאָרדזשע**. די זון האָט זיך באַוויזן העל און קלאָר, האָט וואָרסלי באַלד געכאַפּט אַ מעסטונג פֿאַר געאָגראַפֿישער לענג. מיר האָבן געהאָפֿט אַז דער הימל וועט קלאָר בלײַבן ביז האַלבן טאָג, מיר זאָלן קענען קריגן די ברייט. ס'איז שוין געווען זעקס טעג אָן אָבסערוואַציעס, איז אונדזער טויט־רעכענונג[231] געווען דווקא אומזיכער. דאָס שיפֿל האָט געדאַרפֿט אויסזען מאָדנע דעם אינדערפֿרי. יעדער איינער האָט זיך געוואַרעמט אין דער זון. מיר האָבן אויפֿגעהאָנגען די שלאָפֿזעק אויפֿן מאַסטבוים און אויסגעשפּרייט די זאָקן און אַנדערע כּלים אומעטום אויף דער דעקונג. אַ טייל פֿונעם אײַז אויפֿן *דזשעמז קיירד* האָט זיך צעגאַנגען פֿרי אין דער פֿרי נאָכדעם וואָס די בורע האָט אָנגעהויבן שוואַכער ווערן, האָבן זיך באַוויזן דאָ און דאָרט אויף דער דעקונג אויסגעטריקנטע ערטער. ים־חזירים[232] זײַנען געקומען בלאָזן אַרום שיפֿל, קאַפּ־טויבן האָבן זיך געדרייט, אין

[229] "came up to the wind": ד"ה, מיטן פֿאָדערבאָרד ווינט־אַרויף.
[230] frostbites
[231] dead reckoning: נאַוויגאַציע דורך אָפּשאַצן ריכטונג און גיכקייט, שטראָמען, אאַ"וו, ניט אַזוי אַקוראַט ווי הימל־נאַוויגאַציע (celestial navigation).
[232] porpoises

swooped within a few feet of us. These little black-and-whitebirds have an air of friendliness that is not possessed by the great circling albatross. They had looked grey against the swaying sea during the storm as they darted about over our heads and uttered their plaintive cries. The albatrosses, of the black or sooty variety, had watched with hard, bright eyes, and seemed to have a quite impersonal interest in our struggle to keep afloat amid the battering seas. In addition to the Cape pigeons an occasional stormy petrel flashed overhead. Then there was a small bird, unknown to me, that appeared always to be in a fussy, bustling state, quite out of keeping with the surroundings. It irritated me. It had practically no tail, and it flitted about vaguely as though in search of the lost member. I used to find myself wishing it would find its tail and have done with the silly fluttering.

We revelled in the warmth of the sun that day. Life was not so bad, after all. We felt we were well on our way. Our gear was drying, and we could have a hot meal in comparative comfort. The swell was still heavy, but it was not breaking and the boat rode easily. At noon Worsley balanced himself on the gunwale and clung with one hand to the stay of the mainmast while he got a snap of the sun. The result was more than encouraging. We had done over 380 miles and were getting on for halfway to South Georgia. It looked as though we were going to get through.

The wind freshened to a good stiff breeze during the afternoon, and the *James Caird* made satisfactory progress. I had not realized until the sunlight came how small our boat really was. There was some influence in the light and warmth, some hint of happier days, that made us revive memories of other voyages, when we had stout decks beneath our feet, unlimited food at our command, and pleasant cabins for our ease. Now we clung to a battered little boat, "alone, alone--all, all alone; alone

געלאָזט זיך אַראָפּ ביז אַ פּאָר פֿיס פֿון אונדז. די דאָזיקע קלײנע שוואַרץ־און־ווײַסע פֿייגעלעך האָבן אַ פֿרײַנדלעכע אויפֿפֿירונג וואָס פֿעלט בײַ די גרויסע אַרומפֿליִענדיקע אַלבאַטראָסן[233]. זיי האָבן אויסגעזען גרוי אַקעגן דעם ווינטיקן ים בעת דעם שטורעם, אַז זיי וואַרפֿן זיך איבער די קעפּ אונדזערע, אויסגערעדט זייערע סומנע געשרייען. די אַלבאַטראָסן – פֿון די שוואַרצן אָדער רוסיקן מין – האָבן אָנגעקוקט מיט האַרטע העלע אויגן. ס'האָט זיך געדאַכט אַז זיי האָבן בלויז אַן אומפּערזענלעכן אינטערעס אין אונדזער קאַמף צו בלײַבן אויבן אויפֿן וואַסער אין מיטן די צעשלאָגנדיקע כוואַליעס. פֿאַר אַ צוגאָב צו די קאַפּ־טויבן האָט אַ מאָל אַ שטורעם־פֿויגל[234] געבליצט אויבן. דערצו איז אויך געווען אַ קלײנער פֿויגל, מיר ניט באַקאַנט, וואָס זי ווײַזט זיך אויס אַלע מאָל צו האָבן אַן איבערקלײַבערישע, פֿאַרהאַוועטע טבֿע, ניט בהסכּם מיטן אַרום. עס האָט מיר געשטאָכן אין די אויגן. עס האָט שיִער ניט געהאַט קיין עק, האָט ער גיך אַרומגעפֿלויגן אַהין און צוריק אַזוי ווי זוכנדיק דאָס פֿאַרלוירענע גליד. אָפֿט מאָל האָב איך געווונטשן עס זאָל שוין געפֿינען דעם עק און שוין אויס מיטן נאַרישן פֿלאַטערן.

מיר האָבן זיך געקוויקט מיט דער וואַרעמקייט אין דער זון דעם טאָג. ניט קיין שלעכט לעבן נאָך אַלעמען. אונדז האָט זיך געפֿילט אַז מיר זײַנען טאַקע אויפֿן וועג. דאָס געצײַג האָט זיך אויסגעטריקנט, האָבן מיר געקענט עסן אַ הייסן מאָלצײַט מער־ווייניקער באַקוועם. דער אויפֿלויף איז נאָך אַלץ געווען שווער, נאָר ס'האָט זיך ניט צעבראָכן, האָט דאָס שיפֿל גרינג געשווומען. מיטאָגצײַט האָט זיך וואָרסלי באַלאַנסירט אויפֿן שיפֿסקאַנט, געקלעפּט זיך מיט איין האַנט בײַם אָנשפּאַר־שנור[235] פֿונעם הויפּטמאַסט בעת ער כאַפּט די זון[236]. די פּעולה האָט אונדז שטאַרק אויפֿגעמונטערט. מיר זײַנען געקומען מער ווי 380 מײַלן, כּמעט אויפֿן האַלבן וועג קיין דרום־דזשאָרדזשע. ס'האָט זיך אויסגעדאַכט, אַז מיר וועלן זיך דורכקריגן[237].

דער ווינט האָט זיך פֿאַרשטאַרקט דעם נאָכמיטאָג, געבלאָזן מיט כּוח, האָט דער *דזשעמז קיירד* געטאָן אַ גוטע פּעולה. ס'איז מיר פֿריִער ניט אײַנגעפֿאַלן ביז די זונענשײַן איז אָנגעקומען טאַקע ווי קלײן איז דאָס שיפֿל אונדזערס. ס'איז געווען עפּעס אַ השפּעה פֿון דער ליכט און וואַרעמקייט, עפּעס אַ שפּור פֿון גליקלעכערע טעג, וואָס האָט אונדז דערמאָנט אין אַנדערע נסיעות, מיט דיקע דעקן אונטער די פֿיס, אַזוי פֿיל עסן ווי מע וויל, אײַנגענעמע קאַבינעס פֿאַרן אָפּרוען. איצט האָבן מיר זיך צוגעקלעפּט צו אַ קלײן, צעשלאָגן שיפֿל, "אײנער אַלײן, אײנער אַלײן – לחלוטין אײנער אַלײן; אײנער אַלײן

[233] albatrosses
[234] storm petrel
[235] stay: אַ שטאַרקער שנור וואָס האַלט אויף דעם מאַסטבוים.
[236] "got a snap of the sun": ד"ה, ער האָט אָפּגעמאָסטן די הייך פֿון דער זון איבערן האָריזאָנט; דאָס, צוזאַמען מיט דער גענויער צײַט גיט אַ גענויע פּאָזיציע (הימל־נאַוויגאַטיסע).
[237] קיין עין־הרע!

on a wide, wide sea." So low in the water were we that each succeeding swell cut off our view of the sky-line. We were a tiny speck in the vast vista of the sea--the ocean that is open to all and merciful to none, that threatens even when it seems to yield, and that is pitiless always to weakness. For a moment the consciousness of the forces arrayed against us would be almost overwhelming. Then hope and confidence would rise again as our boat rose to a wave and tossed aside the crest in a sparkling shower like the play of prismatic colours at the foot of a waterfall. My double-barrelled gun and some cartridges had been stowed aboard the boat as an emergency precaution against a shortage of food, but we were not disposed to destroy our little neighbours, the Cape pigeons, even for the sake of fresh meat. We might have shot an albatross, but the wandering king of the ocean aroused in us something of the feeling that inspired, too late, the Ancient Mariner. So the gun remained among the stores and sleeping-bags in the narrow quarters beneath our leaking deck, and the birds followed us unmolested.

    The eighth, ninth, and tenth days of the voyage had few features worthy of special note. The wind blew hard during those days, and the strain of navigating the boat was unceasing, but always we made some advance towards our goal. No bergs showed on our horizon, and we knew that we were clear of the ice-fields. Each day brought its little round of troubles, but also compensation in the form of food and growing hope. We felt that we were going to succeed. The odds against us had been great, but we were winning through. We still suffered severely from the cold, for, though the temperature was rising, our vitality was declining owing to shortage of food, exposure, and the necessity of maintaining our cramped positions day and night. I found that it was now absolutely necessary to prepare hot milk for all hands during the night, in order to sustain life till dawn. This meant lighting the Primus lamp in the darkness and involved an increased drain on our small store of matches. It was the rule that one match must serve when the Primus was being lit. We had no lamp for the compass and during the early days of the voyage we would strike a match when the steersman wanted to see the course at night; but later the necessity

אויף אַ ברייטן ברייטן ים."[238] אַזוי נידעריק האָבן מיר געשווומען אויפֿן וואַסער אַז יעדער אויפֿלויף נאָך דער ריי האָט פֿון אונדז פֿאַרשטעלט די הימל־ליניע. מיר זײַנען געווען אַ קליינטשיק שפּרענקל אינעם ריזיקן געשפּרייט פֿון ים – דער אָקעאַן וואָס איז אָפֿן פֿאַר אַלע, נאָר האָט פֿאַר קיינעם ניט קיין רחמנות, וואָס סטראַשעט אַפֿילו אַז ער זעט אויס נאָכצוגעבן, וואָס איז אַלע מאָל אומברחמנותדיק אויף שוואַכקייט. אויף אַ רגע איז דאָס באַוווסטזײַן פֿון די כּוחות וואָס פֿירן זיך קעגן אונדז איז שיִער ניט ניט אויסצוהאַלטן. דערנאָך ווערן האָפֿענונג און בטחון שטאַרקער, בעת דאָס שיפֿל הייבט זיך אויף אויף אַ כוואַליע און וואַרפֿט אַוועק דעם קאָם אין אַ פֿינקלענדיקן שפּריץ ווי אַ באַוועגנדיקער רעגן־בויגן צופֿוסנס בײַ אַ וואַסערפֿאַל. מײַן טאָפּל־שרויטביקס[239] מיט עטלעכע פּאַטראָנען האָט מען אַוועקגעשטעלט אויפֿן שיפֿל ווי אַ נויט־מיטל טאָמער אַ דוחק אין עסן, נאָר מיר האָבן אַוודאי ניט געוואָלט קײַלן די קליינע שכנים, די קאַפּ־טויבן, אַפֿילו צוליב פֿריש פֿלייש. מיר האָבן אפֿשר געקענט דערשיסן אַן אַלבאַטראָס, נאָר דער וואַנדערנדיקער ים־קיניג האָט אין אונדז אויפֿגעוועקט עפּעס ווי דאָס געפֿיל וואָס האָט צו שפּעט אינספּירירט דעם **אַ**לטן **ים**־**מ**ענטש[240]. איז דער ביקס געבליבן ליגן מיט די זאַפּאַסן און שלאָפֿזעק אין די ענגע קוואַרטיר אונטערן צעלעכצטן דעק, האָבן די פֿייגל נאָך אונדז נאָכגעפֿלויגן בשלום.

דעם אַכטן, נײַנטן, און צענטן טעג פֿון דער נסיעה האָבן ניט געהאַט וואָס צו דערציילן. דער ווינט האָט שטאַרק געבלאָזן, איז די אָנשטרענגונג פֿון פֿירן דאָס שיפֿל ווײַטער געגאַנגען אָן אויפֿהער, אָבער אַלע מאָל זײַנען מיר נעענטער געקומען צום ציל. קיין בערג האָבן זיך ניט באַוויזן אויפֿן האָריזאָנט, האָבן מיר געוווּסט, אַז מיר זײַנען אַרויס פֿון די אײַז־פֿעלדער. יעדער טאָג האָט מיט זיך געבראַכט דאָס אייגענע רעדל צרות, נאָר אויך קאָמפּענסאַציע דורך עסן און וואַקסנדיקער האָפֿענונג. אונדז האָט זיך געפֿילט אַז מיר וועלן מצליח זײַן. די שאַנסן קעגן אונדז זײַנען געווען גרויס, נאָר מיר קומען דורך. מיר האָבן נאָך אַלץ געליטן פֿון דער קעלט כאָטש די טעמפּעראַטור ווערט העכער, ווײַל אונדזער לעביקייט איז שוואַכער געוואָרן צוליב אַ דוחק אין עסן, דער שווערער אויסגעשטעלטקייט, און דער נייטיקייט האַלטן די אײַנגעקאָרטשעטע פּאָזיציעס טאָג און נאַכט. איך האָב געפֿונען אַז ס'איז דורכויס נייטיק צוצוגרייטן הייסע מילך פֿאַר אַלע בעת דער נאַכט, זיי זאָלן איבערלעבן ביזן באַגינען. דאָס האָט געמיינט אָנצינדן דעם פּרימוס אין דער פֿינצטער, און ס'איז געווען אַן עול אויף אונדזער קליינער צאָל שוועבעלעך. דער כּלל איז געווען איין שוועבעלע מוז קלעקן אָנצוצינדן דעם פּרימוס. בײַם קאָמפּאַס איז ניט געווען קיין לאָמפּ און אין די פֿריִערדיקע טעג פֿלעגן מיר אָנרײַבן אַ שוועבעלע, דער רודערער זאָל קענען זען וווּהין בײַ נאַכט, נאָר שפּעטער האָבן מיר קלאָר

---

[238] פֿון Samuel Taylor Coleridge's *The Rime of the Ancient Mariner*

[239] double-barrelled shotgun

[240] פֿון Coleridge The Ancient Mariner

for strict economy impressed itself upon us, and the practice of striking matches at night was stopped. We had one water-tight tin of matches. I had stowed away in a pocket, in readiness for a sunny day, a lens from one of the telescopes, but this was of no use during the voyage. The sun seldom shone upon us. The glass of the compass got broken one night, and we contrived to mend it with adhesive tape from the medicine-chest. One of the memories that comes to me from those days is of Crean singing at the tiller. He always sang while he was steering, and nobody ever discovered what the song was. It was devoid of tune and as monotonous as the chanting of a Buddhist monk at his prayers; yet somehow it was cheerful. In moments of inspiration Crean would attempt "The Wearing of the Green."

On the tenth night Worsley could not straighten his body after his spell at the tiller. He was thoroughly cramped, and we had to drag him beneath the decking and massage him before he could unbend himself and get into a sleeping-bag. A hard north-westerly gale came up on the eleventh day (May 5) and shifted to the south-west in the late afternoon. The sky was overcast and occasional snow-squalls added to the discomfort produced by a tremendous cross-sea--the worst, I thought, that we had experienced. At midnight I was at the tiller and suddenly noticed a line of clear sky between the south and south-west. I called to the other men that the sky was clearing, and then a moment later I realized that what I had seen was not a rift in the clouds but the white crest of an enormous wave. During twenty-six years' experience of the ocean in all its moods I had not encountered a wave so gigantic. It was a mighty upheaval of the ocean, a thing quite apart from the big white-capped seas that had been our tireless enemies for many days. I shouted, "For God's sake, hold on! It's got us!" Then came a moment of suspense that seemed drawn out into hours. White surged the foam of the breaking sea around us. We felt our boat lifted and flung forward like a cork in breaking surf. We were in a seething chaos of tortured water; but somehow the boat lived through it, half-full of water, sagging to the dead weight and shuddering under the blow. We

גערזען אַז מיר מוזן זיי אָפּשפּאָרן, און מיר האָבן אויפֿגעהערט דעם אָנרײַבן שוועבעלעך בײַ נאַכט. מיר האָבן געהאַט איין וואַסער־באַוואָרנט בלעכל שוועבעלעך. איך האָב אַוועקגעשטעלט אין אַ קעשענע, זאָל קומען אַ טאָג מיט זון, אַ לינדז פֿון איינעם אַ טעלעסקאָפּ, אָבער דאָס איז קיין מאָל ניט געקומען צו נוץ בעת דער נסיעה. די זון האָט נאָר זעלטן געשײַנט אויף אונדז. דאָס גלאָז פֿונעם קאָמפּאַס איז איין נאַכט צעבראָכן געוואָרן, האָבן מיר געפּועלט דאָס צו פֿאַרריכטן מיט אַ שטיק פּלאַסטער פֿונעם אַפּטייקל. איך געדענק נאָך הײַנט, ווי קרין זינגט בײַם קערמע־הענטל. ער האָט געזונגען די גאַנצע צײַט קערעווען, האָט קיינער קיין מאָל ניט דערקענט וואָס פֿאַר אַ ליד ער זינגט. ס'האָט געפֿעלט אַ מעלאָדיע, געווען אַזוי איינטאָניק ווי דאָס בלעקעצן פֿון אַ בודיסט־מאָנאַך בײַם דאַוונען – פֿונדעסטוועגן איז עס געווען פֿריילעך. ווען ס'קומט אים דער רוח־הקודש, וואָלט קרין אַ פּרוּוו טאָן מיט "טראָגן גרינע"[241].

די צענטע נאַכט האָט וואָרסלי ניט געקענט אויסגלײַכן דאָס לײַב נאָך זיין צײַט בײַם קערמע־הענטל. ער איז געווען אין גאַנצן פֿאַרקראַמפּט, האָבן מיר אים געדאַרפֿט שלעפּן אונטער דער דעקונג, אים מאַסאַזשירן איידער ער קען זיך אויסציִען און אַרײַנקריכן אינעם שלאָפֿזאַק. אַ שטאַרקע בורע פֿונעם צפֿון־מערבֿ איז געקומען צו בלאָזן דעם עלפֿטן טאָג (דעם 5טן מײַ), זיך געדרייט אויף דרום־מערבֿ שפּעט נאָך מיטאָג. דער הימל איז געווען פֿאַרוואָלקנט און טיילמאָליקע שניי־שקוואַלן האָבן ערגער געמאַכט די אומבאַקוועמלעכקייט וואָס קומט פֿון אַ ריזיקן קווער־ים – דער ערגסטע, האָב איך געמיינט, וואָס מיר האָבן איבערגעלעבט. האַלבע נאַכט בין איך געווען בײַם קערמע־הענטל, האָב איך מיט אַ מאָל דערזען אַ פּאַס קלאָרע הימל צווישן דרום און דרום־מערבֿ. איך האָב אויסגערופֿן די אַנדערע, אַז דער הימל האָט זיך אויסגעלײַטערט, און אין אָט דער רגע איז מיר קלאָר געוואָרן אַז וואָס איך האָב געזען איז ניט קיין שפּאַלט אין די וואָלקנס נאָר דעם ווײַסן קאַם פֿון אַן אומגעהײַערער כוואַליע. במשך פֿון 26 יאָר פּראַקטיק מיטן ים, אין אַלע זײַנע געמיטער, האָב איך קיין מאָל ניט געטראָפֿן אַזאַ ריזיקע כוואַליע. אַ קראַפֿטיק איבערקערעניש פֿונעם ים איז דאָס געווען, עפּעס גאַנץ אַנדערש פֿון די גרויסע שוימכוואַליעס וואָס זיי זײַנען געווען די אומפֿאַרמאַטערלעכע שׂונאים אונדזערע שוין אַ סך טעג. איך האָב געשריגן, "ווי גאָט איז אײַך ליב, האַלט זיך אָן! עס כאַפּט אונדז!" דעמאָלט איז געקומען אַ רגע שפּאַנונג וואָס האָט אונדז געפֿילט ווי אויסגעצויגן שעהען לאַנג. ווײַס האָט געפֿלייצט דער שוים פֿון די ברעכנדיקע כוואַליעס אַרום אונדז. מיר האָט געפֿילט ווי דאָס שיפֿל ווערט אויפֿגעהויבן און געוואָרפֿן פֿאָרויס ווי אַ קאָריק אין אַ ברעכנדיקן אינדנבראָך. מיר זײַנען געווען אין אַ זידנדיקן תּוהו־ובֿוהו פֿון געפּײַניקט וואַסער – אָבער ווי ניט איז איז דאָס שיפֿל געבליבן לעבן, האַלב געפֿילט מיט וואַסער, האָט עס אַראָפּגעהאַנגען מיט דער טויטער וואָג, געציטערט פֿונעם קלאַפּ. מיר

---

[241] "The Wearing of the Green", אַן אירישע באַלאַדע.

baled with the energy of men fighting for life, flinging the water over the sides with every receptacle that came to our hands, and after ten minutes of uncertainty we felt the boat renew her life beneath us. She floated again and ceased to lurch drunkenly as though dazed by the attack of the sea. Earnestly we hoped that never again would we encounter such a wave.

The conditions in the boat, uncomfortable before, had been made worse by the deluge of water. All our gear was thoroughly wet again. Our cooking-stove had been floating about in the bottom of the boat, and portions of our last hoosh seemed to have permeated everything. Not until 3 a.m., when we were all chilled almost to the limit of endurance, did we manage to get the stove alight and make ourselves hot drinks. The carpenter was suffering particularly, but he showed grit and spirit. Vincent had for the past week ceased to be an active member of the crew, and I could not easily account for his collapse. Physically he was one of the strongest men in the boat. He was a young man, he had served on North Sea trawlers, and he should have been able to bear hardships better than McCarthy, who, not so strong, was always happy.

The weather was better on the following day (May 6), and we got a glimpse of the sun. Worsley's observation showed that we were not more than a hundred miles from the north-west corner of South Georgia. Two more days with a favourable wind and we would sight the promised land. I hoped that there would be no delay, for our supply of water was running very low. The hot drink at night was essential, but I decided that the daily allowance of water must be cut down to half a pint per man. The lumps of ice we had taken aboard had gone long ago. We were dependent upon the water we had brought from Elephant Island, and our thirst was increased by the fact that we were now using the brackish water in the breaker that had been slightly stove in in the surf when the boat was being loaded. Some sea-water had entered at that time.

Thirst took possession of us. I dared not permit the allowance of water to be increased since an unfavourable wind might drive us away from the island

האָבן אַרויסגעוואָרפֿן וואַסער מיטן כּוח פֿון מענטשן פּנים־אל־פּנים מיטן טויט, שלײַדערן דאָס וואַסער איבער די זײַטן מיט אַבי וואָס פֿאַר אַ כּלי וואָס קומט צו דער האַנט, און נאָך אַ צען מינוט אומזיכערקייט, האָבן מיר געפֿילט פֿי דאָס שיפֿל לעבט נאָך אַ מאָל אונטער אונדז. זי האָט געשווומען נאָך אַ מאָל, האָט אויפֿגעהערט זיך אַרומוואַרפֿן ווי פֿאַרשיכּורט, פֿריטשמעליעט פֿונעם אָנפֿאַל פֿונעם ים. מיר האָבן ערנסט געהאָפֿט, אַז מיר וועלן קיין מאָל ניט אָנטרעפֿן נאָך אַ מאָל אַזאַ כוואַליע.[242]

דער מצבֿ אינעם שיפֿל, פֿריִער אומבאַקוועם, איז ערגער געוואָרן צוליב דעם מבול וואַסער. דאָס גאַנצע געצײַג איז נאָך אַ מאָל דורכגעווייקט געוואָרן. דער אויוון האָט געשווומען אַהין און צוריק אונטן אין שיפֿל, און פֿאַרציעס פֿונעם פֿריִערדיקן הוש האָבן זיך אַרײַנגעדרונגען אין אַלצדינג. ערשט דרײַ אַ זייגער פֿ"מ, ווען מיר זײַנען אַלע דורכגעקילט געוואָרן ביזן טויט, האָבן מיר זיך אויסגעמיטלט אָנצינדן דעם אויוון, מאַכן פֿאַר זיך הייסע געטראַנקען. דער סטאָליער האָט ספּעציעל געליטן, נאָר ער האָט באַוויזן באַהאַרצטקייט און קוראַזש. **ווי**נסענט האָט גאָרנישט ניט געטאָן די פֿאַרגאַנגענע וואָך, איז מיר ניט קלאָר געווען די סיבה פֿון זײַן אײַנבראָך. קערפּערלעך איז ער געווען איינער פֿון די שטאַרקסטע אינעם שיפֿל. ער איז געווען אַ יונגער, האָט געדינט אין דער צי־פֿישערײַ אינעם **צ**פֿון־ים[243], האָט געזאָלט אויסהאַלטן מאַטערנישן בעסער ווי **מ**קאַרטי, וואָס ער איז ניט אַזוי שטאַרק, נאָר איז ער אַלע מאָל פֿריילעך.

דער וועטער איז בעסער געווען אויף מאָרגן (דעם 6טן מײַ), האָבן מיר געכאַפּט אַ בליק פֿון דער זון. וואָרסליס אָבסערוואַציעס האָבן באַוויזן, אַז מיר זײַנען ניט מער ווי אַ הונדערט מײַלן פֿונעם צפֿון־מערבֿדיקן עק פֿון **ד**רום־**ד**זשאָרדזשע. נאָך צוויי טעג מיט גינציקע ווינטן זאָלן מיר קענען זען דעם גן־עדן. איך האָב געהאָפֿט, אַז ס'זאָל ניט זײַן קיין אָפּהאַלט, ווײַל מיר זײַנען געווען כּמעט אויס וואַסער. דאָס הייסע געטראַנק בײַ נאַכט איז געווען לעבנס־נייטיק, אָבער איך האָב באַשלאָסן אַז בײַ טאָג זאָל יעדער האָבן נאָר צו אַ האַלבן פּינט. די פֿײַדעס אײַז וואָס מיר האָבן אָנגעלאָדן זײַנען אַוועק שוין לאַנג צוריק. מיר האָבן זיך געדאַרפֿט פֿאַרלאָזן אויף דעם וואַסער וואָס מיר האָבן געבראַכט פֿון **ה**עלפֿאַנד־**א**ינדזל, און דער דאָרשט איז פֿאַרגרעסערט געוואָרן ווײַל מיר ניצן איצט דאָס געזאַלצענע וואַסער פֿונעם טונדל וואָס איז אַ ביסל אײַנגעבראָכן געוואָרן אינעם אינדנבראָך בײַם אָנלאָדן. אַ ביסל ים־וואַסער איז דעמאָלט אַרײַן.

דאָרשט האָט אונדז גענומען אין רשות. איך האָב ניט געקענט דערלאָזן אַ גרעסערע ראַציע וואַסער טאָמער אַ שלעכטער ווינט זאָל אונדז אַוועקטרײַבן פֿונעם אינדזל,

[242] אַזעלכע כוואַליעס, ביז אפֿשר אַ הונדער פֿוס אין דער הייך, זײַנען ניט קיין זעלטענע זאַך אין דעם טייל פֿונעם גרויסן דרומדיקן אָקעאַן. קיין שום יבשה איז ניטאָ אין די געאָגראַפֿישע ברייטן, בלאָזט דער ווינט אָן אויפֿהער אין גאַנצן אַרום דער וועלט. די כוואַליעס וואַקסן און וואַקסן און צעברעכן זיך ווען זיי קומען אָן בײַ די בדרך־כּלל פֿלאַטשיקע וואַסערן צווישן **ד**רום־**א**מעריקע און דעם **א**נטאַרקטישן **ה**אַלבאינדזל, פּונקט ווו אונדזערע העלדן פֿאָרן (אויף ענגליש הייסט דאָס the Drake Passage).

[243] North Sea trawlers

and lengthen our voyage by many days. Lack of water is always the most severe privation that men can be condemned to endure, and we found, as during our earlier boat voyage, that the salt water in our clothing and the salt spray that lashed our faces made our thirst grow quickly to a burning pain. I had to be very firm in refusing to allow any one to anticipate the morrow's allowance, which I was sometimes begged to do. We did the necessary work dully and hoped for the land. I had altered the course to the east so as to make sure of our striking the island, which would have been impossible to regain if we had run past the northern end. The course was laid on our scrap of chart for a point some thirty miles down the coast. That day and the following day passed for us in a sort of nightmare. Our mouths were dry and our tongues were swollen. The wind was still strong and the heavy sea forced us to navigate carefully, but any thought of our peril from the waves was buried beneath the consciousness of our raging thirst. The bright moments were those when we each received our one mug of hot milk during the long, bitter watches of the night. Things were bad for us in those days, but the end was coming. The morning of May 8 broke thick and stormy, with squalls from the north-west. We searched the waters ahead for a sign of land, and though we could see nothing more than had met our eyes for many days, we were cheered by a sense that the goal was near at hand. About ten o'clock that morning we passed a little bit of kelp, a glad signal of the proximity of land. An hour later we saw two shags sitting on a big mass of kelp, and knew then that we must be within ten or fifteen miles of the shore. These birds are as sure an indication of the proximity of land as a lighthouse is, for they never venture far to sea. We gazed ahead with increasing eagerness, and at 12.30 p.m., through a rift in the clouds, McCarthy caught a glimpse of the black cliffs of South Georgia, just fourteen days after our departure from Elephant Island. It was a glad moment. Thirst-ridden, chilled, and weak as we were, happiness irradiated us. The job was nearly done.

פֿאַרלענגערן מיט אַ סך טעג די נסיעה. אַ דוחק אין וואַסער איז אַלע מאָל דאָס שטרענגסטע אָפּקומעניש, וואָס אַ מענטש זאָל פֿאַרמישפּט ווערן צו דערלעבן, האָבן מיר געפֿונען, ווי בײַ דער פֿריִערדיקער שיפֿל־נסיעה, אַז דאָס זאַלץ־וואַסער אין די קליידער און דער זאַלץ־שפּריץ וואָס האָט אונדז געשמיסן די פּנימער האָבן גיך פֿאַרגרעסערט דעם דאָרשט ביז צו אַ ברענענדיקן ווײ. איך האָב געדאַרפֿט זײַן גאָר שטרענג, ניט דערלאָזן קיינעם ער זאָל טרינקען אַ טייל פֿון מאָרגנס וואַסער, וואָס מע האָט מיך אָפּט געבעטן. מיר האָבן אויפֿגעטאָן די נייטיקע אַרבעט טעמפּ, געהאָפּט אויף דער יבשה. איך האָב איבערגעביטן דעם גאַנג אויף מיזרח, מיר זאָלן זײַן זיכער טרעפֿן אויפֿן אינדזל – אויב מע פֿאָרט פֿאַרבײַ דעם צפֿונדיקסטן עק, וואָלט געווען אוממיגלעך צוריקצופֿאָרן. דער קורס האָט מען אָנגעצייכנט אויף אונדזער שטיקל קאַרטע קיין אַ פּונקט אַ מײַל דרײַסיק אַראָפּ אויפֿן ברעג. דעם טאָג און דעם צווייטן זײַנען פֿאַרבײַ ווי אַ קאָשמאַר. די מײַלער זײַנען פֿאַרטריקנט, די צונגען געשוואָלן. דער ווינט איז נאָך שטאַרק געווען און די שווערע כוואַליעס האָבן אונדז געצוווּנגען זעגלען אָפּגעהיט, נאָר די מחשבֿות וועגן סכּנה פֿון די כוואַליעס זײַנען באַגראָבן געוואָרן אונטערן געפֿיל פֿון צאָרנדיקן דאָרשט. די ליכטיקע רגעס זײַנען געווען די, ווען יעדער באַקומט דעם איינציקן קופֿל הייסע מילך בעת די לאַנגע, ביטערע נאַכט־וואַכן. אונדז איז דעמאָלט געווען שלעכט נאָר אַ סוף זאָל באַלד קומען. דער אינדערפֿרי דעם 8טן מײַ איז אָנגעקומען געדיכט און שטורעמדיק, מיט שקוואַלן פֿון צפֿון־מערבֿ. מיר האָבן אַרומגעזוכט איבערן ים פֿאָרויס נאָך אַ סימן פֿון יבשה, און כאָטש מיר זעען איצט ניט מער ווי מיר האָבן געהאַט פֿאַר די אויגן שוין אַ סך טעג, האָבן מיר זיך דערפֿרייט מיט אַ געפֿיל אַז דער ציל איז שוין נאָענט. אַן ערך צען אַ זייגער דעם אינדערפֿרי זײַנען מיר פֿאַרבײַ אַ ביסל קעלפּ[244], אַ גליקלעכער סימן אַז די יבשה איז נאָענט. מיט אַ שעה שפּעטער האָבן מיר דערזען צוויי ים־באַקלאַנעס[245] זיצן אויף אַ גרויסער מאַסע קעלפּ, האָבן מיר איצט געוווּסט אַז מיר זײַנען ניט מער ווי אַ פֿופֿצן מײַל פֿונעם ברעג. די דאָזיקע פֿייגל זײַנען אַ סימן, אַזוי זיכער ווי אַ לײַכטטורעם, אַז די יבשה איז נאָענט, וואָרן זיי פֿליִען קיין מאָל ניט ווײַט איבערן ים. מיר האָבן פֿאָרויסגעשטאַרט מיט וואַקסנדיקן באַגער, און האַלב איינס נ"מ, דורך אַ שפּאַלט אין די וואָלקנס, האָט מקאַרטי געכאַפּט אַ בליק פֿון די שוואַרצע סקאַלעס פֿון דרום־דזשאָרדזשע, פּונקט פֿערצן טעג נאָכן אָפּפֿאָר פֿון העלפֿאַנד־אינדזל. ס'איז געווען אַ גליקלעכע רגע. גאָר דאָרשטיק, דורכגעקילט, שוואַך ווי מיר זײַנען, פֿונדעסטוועגן האָט גליק דורך אונדז דורכגעשטראַלט. די אַרבעט איז שיִער ניט פֿאַרטיק.

[244] kelp: אַ מין ים־גראָז
[245] shags: אַ מין קאָרמאָראַנען

We stood in towards the shore to look for a landing-place, and presently we could see the green tussock-grass on the ledges above the surf-beaten rocks. Ahead of us and to the south, blind rollers showed the presence of uncharted reefs along the coast. Here and there the hungry rocks were close to the surface, and over them the great waves broke, swirling viciously and spouting thirty and forty feet into the air. The rocky coast appeared to descend sheer to the sea. Our need of water and rest was well-nigh desperate, but to have attempted a landing at that time would have been suicidal. Night was drawing near, and the weather indications were not favourable. There was nothing for it but to haul off till the following morning, so we stood away on the starboard tack until we had made what appeared to be a safe offing. Then we hove to in the high westerly swell. The hours passed slowly as we waited the dawn, which would herald, we fondly hoped, the last stage of our journey. Our thirst was a torment and we could scarcely touch our food; the cold seemed to strike right through our weakened bodies. At 5 a.m. the wind shifted to the north-west and quickly increased to one of the worst hurricanes any of us had ever experienced.

פֿיגור 11 צוקומען צו דרום־דזשאָרדזשע

מיר זײַנען צוגעפֿאָרן נעענטער צום ברעג צו[246], זוכן ווּו צו לאַנדן, און באַלד האָבן מיר געקענט זען דאָס גרינע הײַפּל־גראָז[247] אויף די פֿעלדזנראַנדן איבער די אינדנבראָך־צעשלאָגענע שטיינער. פֿאָרויס און אויף דרום האָבן די בלינדע וואַלצן באַוויזן אַז פּאַזע ברעג זײַנען פֿאַראַן ניט־אָנמאַפּעוועטע ריפֿן. דאָ און דאָרט זײַנען די הונגעריקע פֿעלדזן געווען נאָענט צו דער אייבערפֿלאַך, איבער זיי האָבן זיך צעבראָכן די גרויסע כוואַליעס, זיך קאָרטשען רציחהדיק און אַרויפֿשפּריצן אַ דרײַסיק־פֿערציק פֿוס אין דער לופֿטן. דער שטיינערדיקער ברעג האָט אויסגעזען ווי ער איז שטאָציק גלײַך אין ים אַרײַן. מיר האָבן זיך פֿאַרצווייפֿלט גענייטיקט אין וואַסער און רו, נאָר פּרוּוון לאַנדן דעמאָלט וואָלט געווען אַליינמאָרד. די נאַכט האָט זיך נאָענט צוגעצויגן, מיט שלעכטע סימנים וועגן דעם וועטער. מיר האָבן דערפֿאַר געדאַרפֿט אַוועקפֿאָרן[248] ביז מאָרגן, זײַנען מיר אָפּגעפֿאָרן אויפֿן רעכט־באָרדיקן לאַוויר[249] ביז אונדז האָט אויסגעזען אַז מיר זײַנען גענוג ווײַט אַוועק[250]. דעמאָלט האָבן מיר געהאַלטן שטיין אינעם הויכן מערבֿדיקן אויפֿלויף. די שעהען האָבן זיך פּאַמעלעך אויסגעצויגן בעת מיר וואַרטן אויפֿן קאַיאָר, וואָס זאָל מיטברענגען, האָבן מיר געהאָפֿט, דעם לעצטן עטאַפּ פֿון דער נסיעה. דער דאָרשט איז אונדז געווען אַ מאַטערניש און מיר האָבן קוים געקענט עסן; די קעלט, ס'האָט זיך געפֿילט, איז אַרײַנגעדרונגען גלײַך אין די פֿאַרשוואַכטע קערפּערס אַרײַן. פֿינף אַ זייגער פֿ"מ האָט זיך דער ווינט אַרומגעדרייט אויף צפֿון־מערבֿ און האָט זיך גיך צעוואַקסן ביז איינעם פֿון די ערגסטע הוראַגאַנען וואָס מיר האָבן אַ מאָל דערלעבט.

[246] “… stood in towards the shore …”

[247] tussock grass: אַ מין גראָז וואָס וואַקסט אין איזאָלירטע הײַפּלעך.

[248] haul off

[249] starboard tack: ד"ה, נאָענט צו ווינט־אַרויף נאָר מיטן ווינט איבערן רעכטן זײַט פֿאָרנט.

[250] safe offing

שעקלטאָנס דרײַ נסים

A great cross-sea was running and the wind simply shrieked as it tore the tops off the waves and converted the whole seascape into a haze of driving spray. Down into valleys, up to tossing heights, straining until her seams opened, swung our little boat, brave still but labouring heavily. We knew that the wind and set of the sea was driving us ashore, but we could do nothing. The dawn showed us a storm-torn ocean, and the morning passed without bringing us a sight of the land; but at 1 p.m., through a rift in the flying mists, we got a glimpse of the huge crags of the island and realized that our position had become desperate. We were on a dead lee shore, and we could gauge our approach to the unseen cliffs by the roar of the breakers against the sheer walls of rock. I ordered the double-reefed mainsail to be set in the hope that we might claw off, and this attempt increased the strain upon the boat. The *James Caird* was bumping heavily, and the water was pouring in everywhere. Our thirst was forgotten in the realization of our imminent danger, as we baled unceasingly, and adjusted our weights from time to time; occasional glimpses showed that the shore was nearer. I knew that Annewkow Island lay to the south of us, but our small and badly marked chart showed uncertain reefs in the passage between the island and the mainland, and I dared not trust it, though as a last resort we could try to lie under the lee of the island. The afternoon wore away as we edged down the coast, with the thunder of the breakers in our ears. The approach of evening found us still some distance from Annewkow Island, and, dimly in the twilight, we could see a snow-capped mountain looming above us. The chance of surviving the night, with the driving gale and the implacable sea forcing us on to the lee shore, seemed small. I think most of us had a feeling that the end was very near. Just after 6 p.m., in the

גרויסע קווער־כוואַליעס[251] זײַנען געלאָפֿן, האָט דער ווינט פּשוט באַנומען געשריגן בעת ער רײַסט אַוועק די אויבנס פֿון די כוואַליעס, איז דער גאַנצער ים־פּייזאַזש אַ נעפּל געוואָרן פֿון געטריבענעם שפּריץ. אַראָפּ אין די טאָלן, אַרויף אויף דער וואַרפֿנדיקער הייך, אָנגעשטרענגט ביז די נעט האָבן זיך געעפֿנט, האָט זיך געוויגט אונדזער קליין שיפֿל, נאָך בראַוו נאָר אַרבעטן שווער. מיר האָבן געוווּסט אַז דער ווינט און דער גאַנג[252] פֿונעם ים האָבן אונדז געטריבן אויף דער יבשה, האָבן מיר גאָרנישט ניט געקענט טאָן. דער באַגינען האָט אונדז באַוויזן אַ שטורעם־צעריסענעם ים, איז דער אינדערפֿרי פֿאַרבײַ אָן שום בליק פֿון דער יבשה. נאָר איינס אַ זייגער נ"מ, דורך אַ שפּאַלט אין די פֿליִענדיקע נעפּלען, האָבן מיר געכאַפּט אַ בליק פֿון די ריזיקע שטאָציקע שטיינער[253] פֿונעם אינדזל, אײַנגעזען אַז דאָ איז די לאַגע געווען שטאַרק פֿאַרצווייפֿלט. מיר זײַנען געווען פּונקט בײַ אַ ווינט־אַראָפּ־ברעג[254], האָבן מיר געקענט מעסטן ווי מיר קומען צו נעענטער צו די אומזעיִקע סקאַלעס דורכן ברום פֿון די ברעכערס אויף די שטאָציקע שטיינערנע ווענט. איך האָב געהייסן אויפֿשלאָגן דעם טאָפּל־געריפֿטן הויפּט־זעגל, האָפֿנדיק אַז מיר זאָלן קענען אַוועקקריכן[255], האָט אָט דער פּרוּוו פֿאַרגרעסערט דעם אָנשטרענג אויפֿן שיפֿל. דער *דזשעמז קיירד* האָט זיך שטאַרק געשטורכעט און וואַסער האָט אַרײַנגעגאָסן אומעטום. מיר האָבן פֿאַרגעסן דעם דאָרשט אַז ס'איז אונדז קלאָר געוואָרן די סכּנה, האָבן מיר כּסדר אַרויסגעוואָרפֿן וואַסער, פֿון צײַט צו צײַט אויסגעגליכן די וואָגן; טיילמאָליקע בליקן האָבן באַוויזן אַז די יבשה איז נעענטער. איך האָב געוווּסט, אַז אַנענקאָוו־אינדזל[256] ליגט אויף דרום פֿון אונדז, נאָר אונדזער קליין און שלעכט באַצייכנטע קאַרטע האָט באַוויזן אומזיכערע ריפֿן אינעם דורכפֿאָר צווישן דעם אינדזל און יאָדערלאַנד[257], האָב איך זיך ניט אײַנגעשטעלט דאָס צו געטרויען, כאָטש אויפֿן ערגסטן פֿאַל האָבן מיר געקענט פּרוּוון ליגן אינעם ווינט־שאָטן פֿונעם אינדזל[258]. דער נאָכמיטאָג איז פֿאַרבײַ בעת מיר פֿאָרן אַראָפּ פּאַזע ברעג, מיטן דונער פֿון די ברעכערס אין די אויערן. פֿאַרנאַכט האָט אונדז געפֿונען נאָך ווײַט פֿון אַנענקאָוו־אינדזל, און קוים אינעם בין־השמשות האָבן מיר געקענט זען אַ שניי־באַדעקטן באַרג הויך איבער אונדז. ס'האָט זיך געדאַכט אַז מיר קערן ניט איבערלעבן די נאַכט, מיט דער טרײַבנדיקער בורע און דעם אומברחמנותדיקן ים, וואָס זיי טרײַבן אונדז ווינט־אַראָפּ אויף דער יבשה. איך מיין אַז ס'רובֿ פֿון אונדז האָבן געהאַט אַ געפֿיל אַז דער סוף איז נאָענט. פּונקט נאָך זעקס אַ זייגער נ"מ, אינעם

---

251 cross sea

252 set: די ריכטונג פֿון די ים־שטראָמען

253 crags

254 lee shore: ד"ה, די יבשה ליגט ווינט־אַראָפּ פֿונעם שיפֿל, וואָס ווערט געטריבן צו דער יבשה צו.

255 claw off

256 Annenkov Island: אַ קליינער אינדזל לעבן **דרום־דזשאָרדזשע**.

257 ד"ה, צווישן אַנענקאָוו־אינדזל און **דרום־דזשאָרדזשע**. אינעם ענגלישן שטייט געשריבן "mainland", אָבער ער מיינט דערמיט דעם פֿיל גרעסערן אינדזל, **דרום־דזשאָרדזשע** אַליין.

258 "... lie under the lee of the island."; ד"ה, אין דעם ווינט־שאָטן הינטער אַנעניקאָוו־אינדזל.

dark, as the boat was in the yeasty backwash from the seas flung from this iron-bound coast, then, just when things looked their worst, they changed for the best. I have marvelled often at the thin line that divides success from failure and the sudden turn that leads from apparently certain disaster to comparative safety. The wind suddenly shifted, and we were free once more to make an offing. Almost as soon as the gale eased, the pin that locked the mast to the thwart fell out. It must have been on the point of doing this throughout the hurricane, and if it had gone nothing could have saved us; the mast would have snapped like a carrot. Our backstays had carried away once before when iced up and were not too strongly fastened now. We were thankful indeed for the mercy that had held that pin in its place throughout the hurricane.

We stood off shore again, tired almost to the point of apathy. Our water had long been finished. The last was about a pint of hairy liquid, which we strained through a bit of gauze from the medicine-chest. The pangs of thirst attacked us with redoubled intensity, and I felt that we must make a landing on the following day at almost any hazard. The night wore on. We were very tired. We longed for day. When at last the dawn came on the morning of May 10 there was practically no wind, but a high cross-sea was running. We made slow progress towards the shore. About 8 a.m. the wind backed to the north-west and threatened another blow. We had sighted in the meantime a big indentation which I thought must be King Haakon Bay, and I decided that we must land there. We set the bows of the boat towards the bay and ran before the freshening gale. Soon we had angry reefs on either side. Great glaciers came down to the sea and offered no landing-place. The sea spouted on the reefs and thundered against the shore. About noon we sighted a line of jagged reef, like blackened teeth, that seemed to bar the entrance to the bay. Inside, comparatively smooth water stretched eight or nine miles to the head of the bay. A gap in the reef appeared,

פֿינצטערניש, ווען דאָס שיפֿל האָט געשוווּמען אין דעם שוימיקן קריקפֿלייץ[259] פֿון די כוואַליעס אַוועקגעוואָרפֿן פֿון אָט דעם אײַזערנעם ברעג[260], פּונקט דעמאָלט, פּנים־אַל־פּנים מיט דעם ערגסטנס, איז די מצבֿ דאָס בעסטע געוואָרן. מיר איז אַלע מאָל אַ חידוש, ווי נאָענט זיי זײַנען, הצלחה און דורכפֿאַל, איינער דעם אַנדערן, פּלוצעמדיק פֿירן פֿון וואָס זעט אויס ווי אַ געוויס אומגליק ביז לפֿי־ערכדיקער זיכערקייט. דער ווינט האָט זיך פּלוצעם איבערגערוקט, זײַנען מיר נאָך אַ מאָל געווען פֿרײַ אַוועקצוזעגלען[261]. כּמעט די זעלבע רגע אַז די בורע האָט זיך אָפּגעלאָזט, איז דער שטיפֿט וואָס האַלט דעם מאַסט פֿעסט אינעם קווערברעט אַרויסגעפֿאַלן. ס'האָט געדאַרפֿט זײַן שיִער ניט אַזוי לויז במשך פֿונעם גאַנצן הוראַגאַן. אויב ס'איז פֿריִער אַרויסגעפֿאַלן, וואָלטן מיר זיכער געווען טויטע – וואָלט דער מאַסט זיך צעבראָכן ווי אַ מער. די הינטער־אָנשפּאַר־שנורן[262] האָבן זיך געהאַט אָפּגעריסן איין מאָל פֿריִער ווען זיי זײַנען געווען פֿאַראײַזיקט, זײַנען זיי איצט ניט זייער שטאַרק צוגעבונדן. מיר זײַנען געווען גאָר דאַנקבאַר, וואָס אַ גאָטס רחמנות האָט געהאַלטן דעם שטיפֿט אינעם אָרט במשך פֿונעם גאַנצן הוראַגאַן.

מיר זײַנען נאָך אַ מאָל אַוועקגעפֿאָרן פֿונעם ברעג, אויסגעמאַטערט כּמעט ביז אַפּאַטיע. שוין לאַנג אויס וואַסער, דאָס לעצטע איז געווען עפּעס אַ פּינט האָריקע פֿליסיקס, וואָס מיר האָבן דאָס דורכגעזײַט דורך אַ שטיקל גאַזע פֿונעם אַפּטייקל. די שטעך פֿון דאָרשט זײַנען אויף אונדז אָנגעפֿאַלן מיט פֿאַרטאָפּלטן כּוח, האָב איך געפֿילט, אַז מיר מוזן לאַנדן אויף מאָרגן, וואָס די ריזיקעס זאָלן ניט זײַן. די נאַכט האָט זיך אויסגעצויגן, מיר זײַנען געווען גאָר אויסגעמאַטערט. מיר האָבן געבענקט נאָכן טאָג. ווען ס'קומט אָן דער באַגינען אין דער פֿרי דעם 10טן מײַ, איז געווען קוים אַ ווינט, נאָר ס'איז געלאָפֿן אַ הויכער קווער־פֿלייץ, זײַנען מיר פּאַמעלעך צוגעפֿאָרן צום ברעג צו. אַן ערך אַכט אַ זייגער פֿ"מ האָט דער ווינט זיך געדרייט אויף צפֿון־מערבֿ, אַ שלעכטער סימן, אַז נאָך אַ בורע קומט. דערווײַל האָבן מיר דערזען אַ גרויסע אײַנציינדלונג, וואָס איך האָב געמיינט מוז זײַן **האַקאָן־המלך־בוכטע**[263], האָב איך באַשלאָסן אַז מיר מוזן דאָרט לאַנדן. מיר האָבן ריכטעוועט דאָס שיפֿל צו דער בוכטע צו, געלאָפֿן פֿאַר דער וואַקסנדיקער בורע. באַלד האָבן מיר געהאַט בייזע ריפֿן אויף ביידע זײַטן. גאָר גרויסע גלעטשערס זײַנען אַראָפּ אין ים אַרײַן, האָבן ניט געגעבן קיין אָרט ווו צו לאַנדן. די כוואַליעס האָבן אַרויפֿגעשפּריצט אויף די ריפֿן, געדונערט אויפֿן ברעג. אַן ערך מיטאָגצײַט האָבן מיר דערזען אַ פּאַס געצאַקנטער ריף, ווי פֿאַרשוואַרצטע ציין, וואָס זעט אויס צו פֿאַרצאַמען דעם אײַנגאַנג אין דער בוכטע. אינעווייניק האָט זיך געצויגן לפֿי־ערך גלאַט וואַסער אַ מײַל אַכט־נײַן ביז צוקאָפּנס פֿון דער בוכטע. אַן אײַנרײַס האָט זיך באַוויזן אינעם ריף,

[259] “… yeasty backwash …”
[260] “iron-bound coast”
[261] "… make an offing."
[262] backstays
[263] King Haakon Bay

and we made for it. But the fates had another rebuff for us. The wind shifted and blew from the east right out of the bay. We could see the way through the reef, but we could not approach it directly. That afternoon we bore up, tacking five times in the strong wind. The last tack enabled us to get through, and at last we were in the wide mouth of the bay. Dusk was approaching. A small cove, with a boulder-strewn beach guarded by a reef, made a break in the cliffs on the south side of the bay, and we turned in that direction. I stood in the bows directing the steering as we ran through the kelp and made the passage of the reef. The entrance was so narrow that we had to take in the oars, and the swell was piling itself right over the reef into the cove; but in a minute or two we were inside, and in the gathering darkness the *James Caird* ran in on a swell and touched the beach. I sprang ashore with the short painter and held on when the boat went out with the backward surge. When the *James Caird* came in again three of the men got ashore, and they held the painter while I climbed some rocks with another line. A slip on the wet rocks twenty feet up nearly closed my part of the story just at the moment when we were achieving safety. A jagged piece of rock held me and at the same time bruised me sorely. However, I made fast the line, and in a few minutes we were all safe on the beach, with the boat floating in the surging water just off the shore. We heard a gurgling sound that was sweet music in our ears, and, peering around, found a stream of fresh water almost at our feet. A moment later we were down on our knees drinking the pure, ice-cold water in long draughts that put new life into us. It was a splendid moment.

שעקלטאָנס דרײַ נסים

האָבן מיר צו אים צוגעפֿאָרן. נאָר עפּעס אַן אַנדערע מפּלה איז אונדז באַשערט. דער ווינט האָט זיך געביטן, געבלאָזן פֿון מיזרח פּונקט אַרויס פֿון דער בוכטע. מיר האָבן געקענט זען דעם וועג דורכן ריף, נאָר מיר האָבן ניט געקענט אַהינפֿאָרן דירעקט. דעם נאָכמיטאָג האָבן מיר געאַרבעט פֿאָרויס, זיך לאַווירן[264] פֿינף מאָל אינעם שטאַרקן ווינט. דער לעצטער לאַוויר האָט אונדז געלאָזט דורכפֿאָרן, און סוף־כּל־סוף זײַנען מיר געווען אינעם ברייטן מויל פֿון דער בוכטע. דער פֿאַרנאַכט איז נעענטער געקומען. אַ קליין בוכטעלע, מיט אַ פֿאַרשטיינערטער פּלאַזשע אָפּגעהיט פֿון אַ ריף, האָט געמאַכט אַ שפּאַלט אין די סקאַלעס אויף דער דרומדיקער זײַט בוכטע, זײַנען מיר אַהינגעפֿאָרן. איך בין געשטאַנען אינעם פֿאָדערבאָרד, באַווײַזן וווּ צו קערעווען אַז מיר לויפֿן דורך דער קעלפּ, געפֿאָרן דורכן ריף. דער אַרײַנפֿאָר איז אַזוי ענג געווען, אַז מיר האָבן געדאַרפֿט אַרײַנציִען די רודערן, און דער אויפֿלויף האָט זיך אָנגעקויפּט גלײַך איבערן ריף אין בוכטעלע אַרײַן; נאָר אין אַ מינוט צוויי אַרום זײַנען מיר אַרײַן, און אין דער וואַקסנדיקער פֿינצטער איז דער *דזשעמז קיירד* אַרײַנגעלאָפֿן אויף אַן אויפֿלויף, זיך צוגערירט צו דער פּלאַזשע. איך בין געשפּרונגען אויף דער יבשה מיטן קורצן שטריקל און האָט דאָס אָנגעהאַלטן בעת דאָס שיפֿל שווימט אַוועק מיטן צוריקגייענדיקן פֿלייץ. ווען דער *דזשעמז קיירד* איז נאָך אַ מאָל אַרײַן, זײַנען דרײַ פֿון די מענטשן אַרויס אויף דער יבשה, האָבן זיי געהאַלטן דאָס שטריקל בעת איך בין אַרויף אויף עטלעכע שטיינער מיט נאָך אַ שנור. אַן אויסגליטש אויף די נאַסע שטיינער צוואַנציק פֿוס אין דער הייך האָט שיִער ניט געענדיקט מײַן טייל פֿון דער מעשׂה אין דער זעלבער רגע מיטן דערגרייכן זיכערקייט. אַ געצאַקנט שטיקל שטיין האָט מיך געהאַלטן און האָט מיך שטאַרק צעקלאַפּט דערצו. פֿונדעסטוועגן האָב איך פֿאַרבונדן דעם שנור, און אין אַ פּאָר מינוט אַרום זײַנען מיר אַלע געווען בשלום אויף דער פּלאַזשע, שווימט דאָס שיפֿל אינעם אָנפֿלייצנדיקן וואַסער לעבן ברעג. מיר האָבן דערהערט אַ ריזלענדיקן קלאַנג וואָס איז ווי זיסע מוזיק אין די אויערן, האָבן מיר זיך אַרומגעקוקט און געפֿונען אַ ריטשקע זיס וואַסער כּמעט אונטער די פֿיס. נאָך אַ רגע זײַנען מיר אַראָפּ אויף די קני, טרינקען דאָס ריינע אײַז־קאַלטע וואַסער אין לאַנגע זשליאָקן, וואָס האָבן אונדז געגעבן נײַ לעבן. ס'איז געווען אַ גלענצנדיקע רגע.

---

[264] "... bore up, tacking ...": פֿאָרן אין דער ריכטונג פֿון וואַנען בלאָזט דער ווינט, וואָס אַ זעגלשיף קען ניט טאָן דירעקט, נאָר מוז זעגלען ערשט מיטן ווינט איבער איין זײַט פֿון פֿאָרנט און דערנאָך איבער דער צווייטער זײַט.

The next thing was to get the stores and ballast out of the boat, in order that we might secure her for the night. We carried the stores and gear above high-water mark and threw out the bags of sand and the boulders that we knew so well. Then we attempted to pull the empty boat up the beach, and discovered by this effort how weak we had become. Our united strength was not sufficient to get the *James Caird* clear of the water. Time after time we pulled together, but without avail. I saw that it would be necessary to have food and rest before we beached the boat. We made fast a line to a heavy boulder and set a watch to fend the *James Caird* off the rocks of the beach. Then I sent Crean round to the left side of the cove, about thirty yards away, where I had noticed a little cave as we were running in. He could not see much in the darkness, but reported that the place certainly promised some shelter. We carried the sleeping-bags round and found a mere hollow in the rock-face, with a shingle floor sloping at a steep angle to the sea. There we prepared a hot meal, and when the food was finished I ordered the men to turn in. The time was now about 8 p.m., and I took the first watch beside the *James Caird*, which was still afloat in the tossing water just off the beach.

Fending the *James Caird* off the rocks in the darkness was awkward work. The boat would have bumped dangerously if allowed to ride in with the waves that drove into the cove. I found a flat rock for my feet, which were in a bad way owing to cold, wetness, and lack of

פֿיגור 12 דאָס לאַנדן אויף דרום־דזשאָרדזשע

דערנאָך האָבן מיר געדאַרפֿט אויסלאָדן די זאַפּאַסן און באַלאַסט פֿונעם שיפֿל, כּדי זי צו באַוואָרענען פֿאַר דער נאַכט. מיר האָבן געטראָגן די זאַפּאַסן און געצײַג איבער דער הויך־וואַסער־ליניע און אַרויסגעוואָרפֿן די זעק פֿון זאַמד און די שטיינער וואָס זײַנען אונדז אַזוי גוט באַקאַנט. דערנאָך האָבן מיר אַ פּרוּוו געטאָן שלעפּן דאָס שיפֿל אַרויף אויף דער פּלאַזשע, און מיט דעם דאָזיקן פּרוּוו האָבן מיר זיך דערוווּסט ווי שוואַך מיר אַלע זײַנען געוואָרן. די פֿאַראייניקטע כּוחות האָבן ניט געקלעקט אַרויסצוציִען דעם *דזשעמז קיירד* פֿון וואַסער. אָבער און ווידער האָבן מיר צוזאַמען געשלעפּט, נאָר אומזיסט. איך האָב דערקענט אַז מע מוז האָבן עסן און רו איידער מיר קענען אַרויסציִען דאָס שיפֿל. מיר האָבן פֿאַרבונדן אַ שנור אַרום אַ שווערן שטיין, האָט געשטעלט אַ וואַך אָפּצוהאַלטן דעם *דזשעמז קיירד* פֿון די שטיינער בײַ דער פּלאַזשע. דערנאָך האָב איך געשיקט קרין אַרום אויף דער לינקער זײַט בוכטעלע, אַ דרײַסיק יאַרדן אַוועק, וווּ איך האָב געהאַט דערזען אַ קליינע הייל ווען מיר זײַנען פֿאַרבײַגעפֿאָרן. אינעם פֿינצטערניש האָט ער קוים געקענט זען, אָבער ער האָט געמאָלדן אַז זיכער וועט זײַן דאָרט אַ ביסל אָפּדאַך. מיר האָבן די שלאָפֿזעק אַרומגעטראָגן און געפֿונען ניט מער ווי אַ קליין חלל אינעם שטיין־וואַנט, מיט אַ פּאָדלאָגע פֿון זשוויר, שטאַרק משופּעדיק צו דעם ים צו. דאָרט האָבן מיר צוגעגרייט אַ הייסן מאָלצײַט, און נאָכן עסן האָב איך געהייסן זיי זאָלן זיך לייגן אַוועק שלאָפֿן. ס'איז געווען אַן ערך אַכט אַ זייגער נ"מ, האָב איך געשטאַנען דעם ערשטן וואַך לעבן דעם *דזשעמז קיירד*, וואָס שווימט נאָך אַלץ אינעם וואַרפֿנדיקן וואַסער בײַם קאַנט פֿון דער פּלאַזשע.

האַלטן דעם *דזשעמז קיירד* אַוועק פֿון די שטיינער איז געווען אַ לעפּישע אַרבעט. דאָס שיפֿל וואָלט זיך סכּנהדיק אָנגעשטויסן אויב מע לאָזט זי רײַטן אויף די כוואַליעס וואָס האָבן זיך געטריבן אינעם בוכטעלע אַרײַן. איך האָב געפֿונען אַ פּלאַטשיקן שטיין פֿאַר די פֿיס, וואָס זײַנען אין אַ שלעכטער מצבֿ צוליב קעלט, נאַסקייט, און דוחק אין

exercise in the boat, and during the next few hours I laboured to keep the *James Caird* clear of the beach. Occasionally I had to rush into the seething water. Then, as a wave receded, I let the boat out on the alpine rope so as to avoid a sudden jerk. The heavy painter had been lost when the sea-anchor went adrift. The *James Caird* could be seen but dimly in the cove, where the high black cliffs made the darkness almost complete, and the strain upon one's attention was great. After several hours had passed I found that my desire for sleep was becoming irresistible, and at 1 a.m. I called Crean. I could hear him groaning as he stumbled over the sharp rocks on his way down the beach. While he was taking charge of the *James Caird* she got adrift, and we had some anxious moments. Fortunately, she went across towards the cave and we secured her, unharmed. The loss or destruction of the boat at this stage would have been a very serious matter, since we probably would have found it impossible to leave the cove except by sea. The cliffs and glaciers around offered no practicable path towards the head of the bay. I arranged for one-hour watches during the remainder of the night and then took Crean's place among the sleeping men and got some sleep before the dawn came.

The sea went down in the early hours of the morning (May 11), and after sunrise we were able to set about getting the boat ashore, first bracing ourselves for the task with another meal. We were all weak still. We cut off the topsides and took out all the movable gear. Then we waited for Byron's "great ninth wave," and when it lifted the *James Caird* in we held her and, by dint of great exertion, worked her round broadside to the sea. Inch by inch we dragged her up until we reached the fringe of the tussock-grass and knew that the boat was above high-water mark. The rise of the tide was about five feet, and at spring tide the water must have reached almost to the edge of the tussock-grass. The completion of this job removed our immediate anxieties, and we were free to examine our surroundings and plan the next move. The day was bright and clear.

באַוועגונג אינעם שיפֿל, און במשך פֿון די קומעדיקע פּאָר שעה האָב איך שווער געאַרבעט האַלטן דעם *דזשעמז קיירד* אַוועק פֿון דער פּלאַזשע. ווען ניט ווען האָב איך זיך געדאַרפֿט אײַלן אינעם זידנדיקן וואַסער אַרײַן. דעמאָלט, בעת די כוואַליע גייט צוריק, האָב איך געלאָזט דאָס שיפֿל אַוועקשווימען אויפֿן אַלפּין־שטריק, כּדי אויסצומײַדן אַ פּלוצעמדיקן ציִ. דער שטאַרקערער שטריקל איז פֿאַרלוירן געוואָרן צוזאַמען מיטן ים־אַנקער. דעם *דזשעמז קיירד* האָט מען קוים געקענט זען אינעם בוכטעלע, ווו די הויכע שוואַרצע סקאַלעס האָבן געמאַכט די פֿינצטער שיִער ניט פֿולקום, איז דער אויפֿמערק געווען גאָר אַן אָנשטרענג. נאָך עטלעכע שעה האָב איך ניט געקענט בלײַבן וואַך, איינס אַ זייגער פֿ"מ האָב איך גערופֿן קרין. איך האָב אים געקענט הערן קרעכצן בעת ער פֿאַרטשעפּעט זיך אויף די שאַרפֿע שטיינער גייענדיק אַראָפּ אויף דער פּלאַזשע. בעת ער האָט איבערגענומען קאָנטראָל פֿונעם *דזשעמז קיירד*, איז דאָס שיפֿל אָפּגעלאָזט געוואָרן, האָט אונדז געגעבן אַ פּאָר גאָר באַזאָרגטע רגעס. צום גליק איז זי צוגעשווומען אַריבער צו דער הייל צו, האָבן מיר זי זיכער געמאַכט בשלום. דער אָנווער אָדער די צעשטערונג פֿונעם שיפֿל איצט וואָלט געווען זייער אַן ערנסטער ענין, וואָרן מסתּמא האָבן מיר ניט געקענט אַרויסקומען פֿונעם בוכטעלע אַחוץ אויפֿן ים. די סקאַלעס און גלעטשערס אַרום האָבן ניט געגעבן קיין דורכפֿירלעכן גאַנג צוקאָפּנס פֿון דער בוכטע. איך האָב אײַנגעאָרדנט וואַכן צו איין שעה במשך פֿונעם איבעריקן טייל פֿון דער נאַכט, גענומען קרינס אָרט צווישן די שלאָפֿנדיקע מענטשן, געכאַפּט אַ ביסל שלאָף פֿאַרן פֿאַרטאָג.

דער ים איז עפּעס באַרוט געוואָרן פֿרי אין דער פֿרי (דעם 11טן מײַ), און נאָכן זונאויפֿגאַנג זײַנען מיר בכּוח געווען אַוועקצושטעלן דאָס שיפֿל אויף דער יבשה, ערשט פֿאַרשטאַרקן זיך פֿאַר דער אַרבעט מיט נאָך אַ מאָלצײַט. מיר זײַנען נאָך אַלץ שוואַך געווען. מיר האָבן אָפּגעשניטן די דעקונג[265], אַרויסגענומען די אַלע באַוועגלעכע כּלים. דערנאָך האָבן מיר געוואַרט אויף בײַראָנס "גרויסער נײַנטער כוואַליע"[266] און ווען זי הייבט אויף דעם *דזשעמז קיירד*, האָבן מיר זי געהאַלטן און מיט אַ סך מי זי געדרייט מיט דער זײַט צום ים. ביסלעכווײַז האָבן מיר זי אַרויפֿגעשלעפּט ביז מיר האָבן דערגרייכט דעם ראַנד פֿון הײַפֿל־גראָז, איז דאָס שיפֿל דווקא העכער פֿון דער הויך־וואַסער־ליניע. דער אויפֿהייב פֿונעם ים־פֿלייץ איז געווען אַ פֿינף פֿוס, און בײַם פֿרילינג־פֿלייץ האָט געדאַרפֿט דערגרייכן כּמעט ביזן ראַנד פֿון הײַפֿל־גראָז. ווען אָט די אַרבעט איז פֿאַרטיק איז אונדז לײַכטער אויפֿן האַרצן געוואָרן, זײַנען מיר פֿרײַ זיך אַרומצוקוקן, צו טראַכטן וועגן וואָס מע דאַרף טאָן איצט. דער טאָג איז געווען אַ העלער און אַ קלאָרער.

[265] ... the topsides ...

[266] Byron's “great ninth wave”: שעקלטאָן האָט אַ טעות געהאַט מיט Byron – אפֿשר Philip Bourke Marston (אָדער Tennyson אָדער Hawthorne).

שעקלטאָנס דרײַ נסים

King Haakon Bay is an eight-mile sound penetrating the coast of South Georgia in an easterly direction. We had noticed that the northern and southern sides of the sound were formed by steep mountain-ranges, their flanks furrowed by mighty glaciers, the outlets of the great ice-sheet of the interior. It was obvious that these glaciers and the precipitous slopes of the mountains barred our way inland from the cove. We must sail to the head of the sound. Swirling clouds and mist-wreaths had obscured our view of the sound when we were entering, but glimpses of snow-slopes had given us hope that an overland journey could be begun from that point. A few patches of very rough, tussocky land, dotted with little tarns, lay between the glaciers along the foot of the mountains, which were heavily scarred with scree-slopes. Several magnificent peaks and crags gazed out across their snowy domains to the sparkling waters of the sound.

Our cove lay a little inside the southern headland of King Haakon Bay. A narrow break in the cliffs, which were about a hundred feet high at this point, formed the entrance to the cove. The cliffs continued inside the cove on each side and merged into a hill which descended at a steep slope to the boulder beach. The slope, which carried tussock-grass, was not continuous. It eased at two points into little peaty swamp terraces dotted with frozen pools and drained by two small streams. Our cave was a recess in the cliff on the left-hand end of the beach. The rocky face of the cliff was undercut at this point, and the shingle thrown up by the waves formed a steep slope, which we reduced to about one in six by scraping the stones away from the inside. Later we strewed the rough floor with the dead, nearly dry underleaves of the tussock-grass, so as to form a slightly soft bed for our sleeping-bags. Water had trickled down the face of the cliff and formed long icicles, which hung down in front of the cave to the length of about fifteen feet. These icicles provided shelter, and when we had spread our sails

האַקאָן־**ה**מלך־**ב**וכטע איז אַ דורכגאָס[267] אַכט מײַל אין דער לענג, וואָס דרינגט אַרײַן אינעם ברעג פֿון **ד**רום־**ד**זשאָרדזשע־**א**ינדזל מיזרח צו. מיר האָבן באַמערקט אַז די צפֿונדיקע און דרומדיקע זײַטן פֿונעם דורכגאָס זײַנען געפֿורעמט פֿון שטאָציקע באַרג־קייטן, זייערע פֿלאַנקען געאַקערט פֿון ריזיקע גלעטשערס, דער אַרויספֿלייץ פֿונעם גרויסן אײַז־בויגן אינעווייניק. ס'איז קלאָר געווען, אַז די אָ גלעטשערס און די תּהומיקע שיפּועים פֿון די בערג האָבן ניט געלאָזט קיין וועג אין לאַנד אַרײַן פֿונעם בוכטעלע. מיר האָבן געדאַרפֿט זעגלען צוקאָפּנס פֿונעם דורכגאָס. ווײַכערנדיקע וואָלקנס מיט נעפּל־קרענץ האָבן פֿאַרשטעלט דעם דורכגאָס בעת מיר זײַנען אַרײַנגעפֿאָרן, נאָר בליקן פֿון שניי־שיפּועים האָבן אונדז געגעבן אַ ביסל האָפֿענונג, אַז פֿון דאָרט האָבן מיר געקענט אָנהייבן גיין איבער די בערג. עטלעכע שטחים זייער ראַציקע ערד מיט הײַפּל־גראָז, באַשפּרענקלט מיט קליינע אָזערלעך[268], זײַנען געלעגן צווישן די גלעטשערס צופֿוסנס פֿון די בערג, וואָס זײַנען שווער פֿאַרשנאַרט מיט שטיינבראָך־שיפּועים. עטלעכע גלאַנצנדיקע שפּיצן און שטאָציקע שטיינער האָבן אָנגעקוקט איבער זייערע שנײיִקע פֿעלדער ביזן פֿינקלענדיקן וואַסער פֿונעם דורכגאָס.

אונדזער בוכטעלע איז געלעגן אַ ביסל אינעווייניק פֿונעם דרומדיקן קאַפּל[269] פֿון **ה**אַקאָן־**ה**מלך־**ב**וכטע. אַן ענגער אײַנשניט אין די סקאַלעס, וואָס זײַנען דאָ אַ הונדערט פֿוס אין דער הייך, האָט געפֿורעמט דעם אַרײַנפֿאָר אינעם בוכטעלע. די סקאַלעס האָבן זיך ווײַטער געצויגן אויףביידע זײַטן אינעווייניק אינעם בוכטעלע, זיך צונויפֿגעגאָסן אין אַ בערגל וואָס פֿאַלט שטאָציק אַראָפּ ביז דער פֿעלדזן־פּלאַזשע. דער אַראָפּפֿאַל, מיט זײַן הײַפּל־גראָז, איז ניט געווען גלײַך. בײַ צוויי שטחים איז ער פֿלאַכער געווען, מיט קליינע טאָרפֿיקע זומפּאיקע טעראַסעס באַשפּרענקלט מיט פֿאַרפֿרוירענע קאַלוזשעס, אויסגעלײדיקט דורך צוויי קליינע ריטשקעס. אונדזער הייל איז געווען אַ פֿאַרטיפֿונג אין דער סקאַלע אויף דער לינקער זײַט פֿון דער פּלאַזשע. די שטיינערנע וואַנט פֿון דער סקאַלע איז דאָ געווען אונטערגעשניטן, און דער זשוויר אַרויפֿגעוואָרפֿן דורך די כוואַליעס האָט געמאַכט אַ שטאָציקן שיפּוע, וואָס מיר האָבן פֿלאַכער געמאַכט, ביז אַן איין־אין־זעקס שיפּוע, דורכן אָפּשקראָבען די שטיינער אַרויס פֿון אינעווייניק. שפּעטער האָבן מיר באַשיטן די רויע פּאַדלאָגע מיט די טויטע, שיִער ניט פֿאַרטריקנטע אונטערבלעטער פֿונעם הײַפּל־גראָז, זאָל זײַן עפּעס אַ ווייך געלעגער אונטער די שלאָפֿזעק. וואַסער האָט געריזלט אַראָפּ אויף דער סקאַלע, געפֿורעמט לאַנגע סטרעמפּלעך, וואָס העגנען אַראָפּ פֿאַר דער הייל ביז אַ פֿופֿצן פֿוס אין דער לענג. אָט די סטרעמפּלעך האָבן געגעבן אָפּדאַך, און נאָכדעם ווי מיר האָבן פֿאַרשפּרייט די זעגלען

[267] טאַקע אַ בוכטע (bay), ניט קיין דורכגאָס (sound, strait), אָבער אַ לאַנגע, אַן ענגע. איך האָב דאָ געהאַלטן מיט זײַן טעות, גענוצט "דורכגאָס" אָנשטאָט "בוכטע".

[268] tarns: קליינע אָזערעס אין די בערג, געוויינטלעך אָן שום געוויקסן.

[269] headland

below them, with the assistance of oars, we had quarters that, in the circumstances, had to be regarded as reasonably comfortable. The camp at least was dry, and we moved our gear there with confidence. We built a fireplace and arranged our sleeping-bags and blankets around it. The cave was about 8 ft. deep and 12 ft. wide at the entrance.

While the camp was being arranged Crean and I climbed the tussock slope behind the beach and reached the top of a headland overlooking the sound. There we found the nests of albatrosses, and, much to our delight, the nests contained young birds. The fledgelings were fat and lusty, and we had no hesitation about deciding that they were destined to die at an early age. Our most pressing anxiety at this stage was a shortage of fuel for the cooker. We had rations for ten more days, and we knew now that we could get birds for food; but if we were to have hot meals we must secure fuel. The store of petroleum carried in the boat was running very low, and it seemed necessary to keep some quantity for use on the overland journey that lay ahead of us. A sea-elephant or a seal would have provided fuel as well as food, but we could see none in the neighbourhood. During the morning we started a fire in the cave with wood from the top-sides of the boat, and though the dense smoke from the damp sticks inflamed our tired eyes, the warmth and the prospect of hot food were ample compensation. Crean was cook that day, and I suggested to him that he should wear his goggles, which

אונטער זיי, מיט דער הילף פֿון די רודערס, האָבן מיר געהאַט אַ קוואַרטיר וואָס, אין די דאָזיקע אומשטאַנדן, זײַנען געווען עפּעס באַקוועם. דער לאַגער איז ווייניקסטנס געווען אַ טרוקענער, האָבן מיר געבראַכט אַהער דאָס געצײַג, מיט בטחון. מיר האָבן אויפֿגעבויט אַ קאַמין, אַוועקגעלייגט די שלאָפֿזעק מיט די קאָלדרעס אַרום אים. די הייל איז געווען אַן ערך אַכט פֿוס אין דער טיף און אַ צוועלף פֿוס אין דער ברייט בײַם אַרײַנגאַנג.

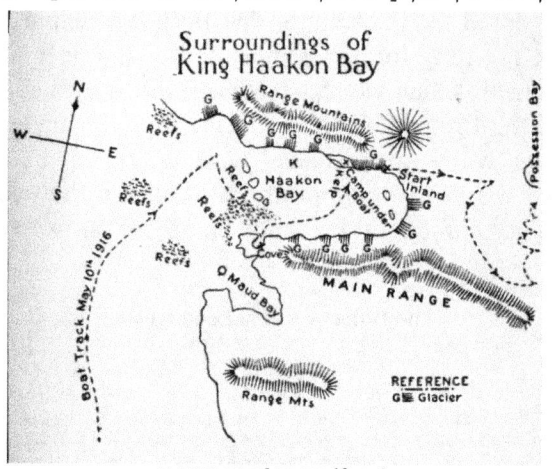

פֿיגור 13 דער סוף פֿון דעם צווייטן נס

בעת מע אָרדנט אײַן דעם לאַגער האָבן איך מיט קרין אַרויפֿגעקלעטערט אויפֿן הײַפּל־שיפּוע הינטער דער פלאַזשע, דערגרייכט ביזן אויבן פֿון אַ קאַפּל וואָס קוקט אַראָפּ אויפֿן דורכגאָס. דאָרט האָבן מיר געפֿונען די נעסטן פֿון אַלבאַטראָסן, און, אַ מחיה, נעסטן מיט פֿייגעלעך. די אפֿרוחים זײַנען געווען פֿעטע, געזונטע, האָבן מיר תּיכּף באַשלאָסן אַז זיי זײַנען באַשערט יונג צו שטאַרבן. די דרינגלעכסטע דאגה דעמאָלט איז געווען אַ דוחק אין ברענוואַרג פֿאַרן אויוון. מיר האָבן געהאַט ראַציעס אויף אַ צען טעג, און איצט זײַנען מיר געוויר געוואָרן, אַז מע קען קריגן פֿייגל, נאָר הייסע מאָלצײַטן פֿאָדערן ברענוואַרג. דער זאַפּאַס נאַפֿט וואָס אין שיפּל איז שיִער ניט אויס געווען, האָבן מיר געדאַרפֿט האַלטן אַ טייל דערפֿון צו ניצן אויף דער נסיעה איבער די בערג וואָס קומט. אַ ים־העלפֿאַנד צי ים־הונט וואָלט געגעבן ברענוואַרג ווי אויך עסן, נאָר מיר האָבן קיינעם ניט געזען אין דער געגנט. אין דער פֿרי האָבן מיר אָנגעצונדן אַ פֿײַער אין דער הייל מיט האָלץ פֿונעם שיפּל־אויבן[270], און כאָטש דער געדיכטער רויך פֿון די פֿײַכטע שטעקנס האָט אָנגעצונדן די אויגן, זײַנען די וואַרעמקייט און דאָס הייסע עסן וואָס קומט כּדאַי געווען. דעם טאָג איז קרין געווען דער קוכער, האָב איך אים פֿירגעלייגט ער זאָל טראָגן זײַן ווינטברילן וואָס

"…the top-sides of the boat." 270

he happened to have brought with him. The goggles helped him a great deal as he bent over the fire and tended the stew. And what a stew it was! The young albatrosses weighed about fourteen pounds each fresh killed, and we estimated that they weighed at least six pounds each when cleaned and dressed for the pot. Four birds went into the pot for six men, with a Bovril ration for thickening. The flesh was white and succulent, and the bones, not fully formed, almost melted in our mouths. That was a memorable meal. When we had eaten our fill, we dried our tobacco in the embers of the fire and smoked contentedly. We made an attempt to dry our clothes, which were soaked with salt water, but did not meet with much success. We could not afford to have a fire except for cooking purposes until blubber or driftwood had come our way.

[And if that's still not enough, ...]

ער האָט ווי עס איז מיטגעבראַכט. זיי האָבן אים גאָר געהאָלפֿן, אַז ער בייגט זיך איבערן פֿײַער, אויפֿפּאַסן אויפֿן הוש. און וואָס פֿאַר אַ הוש איז דאָס געווען! די יונגע אַלבאַטראָסן זײַנען געווען צו אַ פֿערצן פֿונטן אין דער וואָג בײַם קײַלן, האָבן מיר זיי אָפּגעשאַצט צו מער ווי זעקס פֿונטן געפֿליקט און צוגעגרייט פֿאַרן טאָפּ. פֿיר פֿייגל זײַנען אַרײַן אין טאָפּ פֿאַר זעקס מענטשן, מיט אַ ראַציע באָווריל צו מאַכן דאָס געדיכטער. דאָס פֿלייש איז געווען ווײַס און סאָקיק, און די ביינער, נאָך ניט גאַנץ געפֿורעמט, זײַנען שיִער ניט צעגאַנגען אין די מײַלער. דאָס איז געווען אַ מאָלצײַט צו געדענקען. ווען מיר זײַנען זאַט געוואָרן, האָבן מיר אויסגעטריקנט אונדזער טאַבאַק אין די האָלעוועשקעס פֿונעם פֿײַער, גערויכערט צופֿרידענע. מיר האָבן אַ פּרוּוו געטאָן, אויסטריקענען די קליידער, וואָס זײַנען דורכגעווייקט מיט זאַלץ־וואַסער, אָן הצלחה. מיר האָבן זיך ניט געקענט פֿאַרגינען אַ פֿײַער אַחוץ פֿאַרן קאָכן, ביז מיר קענען קריגן טראָן צי טרײַבהאָלץ.

[און זאָל דאָס אײַך זײַן נאָך ווייניק...]

שעקלטאָנס דרױ נסים

Over the Mountains
The Third Miracle

    The final stage of the journey had still to be attempted. I realized that the condition of the party generally, and particularly of McNeish and Vincent, would prevent us putting to sea again except under pressure of dire necessity. Our boat, moreover, had been weakened by the cutting away of the topsides, and I doubted if we could weather the island. We were still 150 miles away from Stromness whaling-station by sea. The alternative was to attempt the crossing of the island. If we could not get over, then we must try to secure enough food and fuel to keep us alive through the winter, but this possibility was scarcely thinkable. Over on Elephant Island twenty-two men were waiting for the relief that we alone could secure for them. Their plight was worse than ours. We must push on somehow. Several days must elapse before our strength would be sufficiently recovered to allow us to row or sail the last nine miles up to the head of the bay. In the meantime we could make what preparations were possible and dry our clothes by taking advantage of every scrap of heat from the fires we lit for the cooking of our meals. We turned in early that night, and I remember that I dreamed of the great wave and aroused my companions with a shout of warning as I saw with half-awakened eyes the towering cliff on the opposite side of the cove. Shortly before midnight a gale sprang up suddenly from the north-east with rain and sleet showers. It brought quantities of glacier-ice into the cove, and by 2 a.m. (May 12) our little harbour was filled with ice, which surged to and fro in the swell and pushed its way on to the beach. We had solid rock beneath our feet and could watch without anxiety. When daylight came rain was falling heavily, and the temperature was the highest we had experienced for many months. The icicles overhanging our cave were melting down in streams and we had to move smartly when passing in and out lest we should be struck by falling lumps. A fragment weighing fifteen or twenty pounds crashed down while we were having breakfast. We found that a big hole had been burned in the bottom of Worsley's

אַריבער איבער די בערג

דער דריטער נס

די לעצטע סטאַדיע פֿון דער נסיעה האָט מען נאָך אַלץ געדאַרפֿט פּרוּוון. איך האָב זיך באַרעכנט, אַז דער מצבֿ פֿון דער חבֿרה בכּלל און מקניש און ווינסענט בפּרט, וואָלט אונדז ניט לאָזן אָפּזעגלען ווידער אַחוץ אונטערן דרוק פֿון גרויליקער נייטיקייט. דערצו איז דאָס שיפֿל שוואַכער געוואָרן מיטן אָפּהאַקן דעם אויבן, האָב איך געספּקט צי מיר קענען זעגלען ווינט־אַרויף אַרום דעם אינדזל[271]. מיר זײַנען נאָך אַלץ געווען 150 מײַלן פֿון דער וואַלפֿיש־סטאַנציע סטראָמנעס[272] אויפֿן ים. דער אויסוועג איז געווען אַ פּרוּוו טאָן אַריבערצוגיין איבערן אינדזל. אויב מיר קענען ניט אַריבערגיין, וואָלטן מיר געדאַרפֿט פּרוּוון קריגן עסן און ברענוואַרג גענוג מיר זאָלן איבערלעבן דעם ווינטער, איז אָבער די דאָזיקע מיגלעכקייט געווען קוים צו באַטראַכטן. דאָרט אויפֿן העלפֿאַנד־אינדזל האָבן 22 מענטשן געוואַרט אויף דער הילף וואָס דווקא קומט נאָר פֿון אונדז. זייער קלעם איז ערגער געווען ווי בײַ אונדז, מוזן מיר גיין ווײַטער ווי ניט איז. מיר האָבן געדאַרפֿט וואַרטן עטלעכע טעג, ביז די כּוחות קומען צו זיך, מיר זאָלן קענען זעגלען צי רודערן די לעצטע נײַן מײַלן ביזן קאָפּ פֿון דער בוכטע. דערווײַל האָבן מיר געקענט צוגרייטן וויפֿל ס'איז מיגלעך, און אויסטריקענען די קליידער מיט אַפֿילו די קלענסטע שטיקלעך היץ פֿון די קאָכן־פֿײַערן. מיר האָבן זיך פֿרי אַוועקגעלייגט שלאָפֿן די נאַכט, און איך געדענק ווי ס'האָט זיך מיר געחלומט די גרויסע כוואַליע, האָב איך געשריגן גוואַלד, אויפֿגעוועקט די אַנדערע, ווען איך האָב דערזען מיט האַלב־אויפֿגעוועקטע אויגן די הויכע סקאַלע אויף דער צווייטער זײַט בוכטעלע.

אַ ביסל פֿאַר האַלבער נאַכט האָט פּלוצעם אָנגעהויבן ווייען אַ בורע פֿון צפֿון־מיזרח, מיט רעגן און אײַז־רעגנדלעך. ס'האָט אַרײַנגעטריבן אַ סך גלעטשער־אײַז אין בוכטעלע אַרײַן און שוין צוויי אַ זייגער פֿ"מ (דעם 12טן מײַ) איז אונדזער קלײנער האַוון אָנגעפֿילט געוואָרן מיט אײַז, וואָס פֿלייצט אַהין און צוריק אינעם אויפֿלויף, און רוקט זיך אַרויף אויף דער פּלאַזשע. מיר זײַנען געווען אויף האַרטן שטיין, געקענט אָנקוקן אָן דאגה. בײַם טאָגליכט איז געגאַנגען אַ שטאַרקן רעגן, און די טעמפּעראַטור איז געווען די העכסטע זינט עטלעכע חדשים. די אײַזליכטלעך וואָס הענגען איבער דער הייל זײַנען זיך צעגאַנגען אין שטראָמען, האָבן מיר געדאַרפֿט פֿלינק זײַן גייענדיק אַרײַן צי אַרויס, מע זאָל ניט געשלאָגן ווערן פֿון די פֿאַלנדיקע פּײַדעס. אַ פֿראַגמענט, אַ פֿופֿצן־צוואַנציק פֿונטן אין דער וואָג, האָט אַראָפּגעקראַכט בעת מיר עסן פֿרישטיק. מיר האָבן געפֿונען אַז בעת דער נאַכט איז אַ גרויסע לאָך פֿאַרברענט געוואָרן דורכן אונטן פֿון וואָרסליס

---

[271] "…if we could weather the island."

[272] Stromness, דאָס פֿאַבריק־שטעטל, אין אַ טיפֿער בוכטע אויף דער צפֿון־מיזרחדיער זײַט אינדזל, ווו מע מאַכט אייל פֿון וואַלפֿיש.

reindeer sleeping-bag during the night. Worsley had been awakened by a burning sensation in his feet, and had asked the men near him if his bag was all right; they looked and could see nothing wrong. We were all superficially frostbitten about the feet, and this condition caused the extremities to burn painfully, while at the same time sensation was lost in the skin. Worsley thought that the uncomfortable heat of his feet was due to the frost-bites, and he stayed in his bag and presently went to sleep again. He discovered when he turned out in the morning that the tussock-grass which we had laid on the floor of the cave had smouldered outwards from the fire and had actually burned a large hole in the bag beneath his feet. Fortunately, his feet were not harmed.

Our party spent a quiet day, attending to clothing and gear, checking stores, eating and resting. Some more of the young albatrosses made a noble end in our pot. The birds were nesting on a small plateau above the right-hand end of our beach. We had previously discovered that when we were landing from the boat on the night of May 10 we had lost the rudder. The *James Caird* had been bumping heavily astern as we were scrambling ashore, and evidently the rudder was then knocked off. A careful search of the beach and the rocks within our reach failed to reveal the missing article. This was a serious loss, even if the voyage to the head of the sound could be made in good weather. At dusk the ice in the cove was rearing and crashing on the beach. It had forced up a ridge of stones close to where the *James Caird* lay at the edge of the tussock-grass. Some pieces of ice were driven right up to the canvas wall at the front of our cave. Fragments lodged within two feet of Vincent, who had the lowest sleeping-place, and within four feet of our fire. Crean and McCarthy had brought down six more of the young albatrosses in the afternoon, so we were well supplied with fresh food. The air temperature that night probably was not lower than 38° or 40° Fahr., and we were rendered uncomfortable in our cramped sleeping quarters by the unaccustomed warmth. Our feelings towards our neighbours underwent a change. When the temperature was below 20° Fahr, we could not get too close to one another--every man wanted to cuddle against his neighbour; but let the temperature rise a few degrees and the warmth of another man's body ceased to be a blessing. The ice and the waves had a voice of menace that night, but I heard it only in my dreams.

רעניפֿער־שלאָפֿזאַק. אַ ברענענדיק געפֿיל אין די פֿיס האָט וואָרסלי אויפֿגעוועקט, האָט ער געפֿרעגט בײַ די שכנים צי עפּעס טוט זיך מיט זײַן זאַק, האָבן זיי אַ קוק געטאָן אָבער אַלץ האָט אויסגעזען ווי עס דאַרף צי זײַן. מיר זײַנען אַלע געווען אַ ביסל אָפּגעפֿרוירן אויף די פֿיס, האָט דאָס געמאַכט די פֿיס ווייטיקדיק, ווי זיי ברענען, נאָר אין דער זעלבער רגע האָט די הויט פֿאַרלוירן דעם חוש־המישוש. וואָרסלי האָט געמיינט אַז די אומבאַקוועמע היץ אין די פֿיס איז געווען צוליב די אײַנפֿרירס, איז ער געבליבן אינעם זאַק און באַלד נאָך אַ מאָל אַנטשלאָפֿן געוואָרן. ווען ער האָט זיך אויפֿגעכאַפּט אין דער פֿרי איז ער געוויר געוואָרן אַז דאָס הײַפֿל־גראָז וואָס מיר האָבן אַוועקגעלייגט אויף דער פֿאַדלאָגע פֿון דער הייל האָט זיך געזשאַרעט אַוועק פֿונעם פֿײַער, האָט טאַקע פֿאַרברענט אַ גרויסע לאָך אינעם זאַק אונטער די פֿיס. צום גליק זײַנען די פֿיס ניט געשאַט געוואָרן.

די חבֿרה האָט פֿאַרבראַכט אַ שטילן טאָג, פֿאַרנעמען זיך מיט קליידער און געצײַג, קאָנטראָלירן די זאַפּאַסן, עסן און רוען. נאָך עטלעכע פֿון די יונגע אַלבאַטראָסן האָבן געהאַט אַן איידלען סוף אין אונדזער טאָפּ. די פֿייגל האָבן געהאַט נעסטן אויף אַ קליינעם פּלאַטאָ איבערן רעכטן עק פֿון דער פּלאַזשע אונדזערער. פֿריִער זײַנען מיר געוויר געוואָרן אַז די קערמע איז פֿאַרלוירן געגאַנגען דעם 10טן מײַ בײַ נאַכט בײַם לאַנדן דאָס שיפֿל. דער *דזשעמז קיירד* האָט זיך שטאַרק אָנגעשטויסן אויף הינטן ווען מיר האָבן זיך קאַראַפּקעט אויף דער יבשה. באַשײַמפּערלעך איז די קערמע דעמאָלט אָפּגעשלאָגן געוואָרן. אַ פֿולשטענדיק זוכעניש אויף דער פּלאַזשע און צווישן די דערגרייכלעכע שטיינער האָט זי ניט געפֿונען. דאָס איז געווען אַן ערנסטער אָנווער, אַפֿילו אַז די נסיעה צוקאָפּנס פֿונעם דורכגאַס וועט פֿאָרקומען מיט גוטן וועטער. פֿאַר נאַכט האָט זיך דאָס אײַן אינעם בוכטעלע געלאָזט אויפֿהייבן און צונויפֿשטויסן אויף דער פּלאַזשע. ס'האָט אונטערגעשטופּט אַ קאַם פֿון פֿעלדזן נאָענט צום אָרט ווו דער *דזשעמז קיירד* ליגט בײַם קאַנט פֿונעם הײַפֿל־גראָז. עטלעכע שטיקער אײַז זײַנען צוגעטריבן געוואָרן פּונקט ביזן קאַנווענעם וואַנט אויף פֿאָרנט פֿון דער הייל. פֿראַגמענטן האָבן זיך פֿאַרשטעקט נעענטער ווי צוויי פֿוס פֿון ווינסענט, וואָס האָט דעם נידעריקסטן שלאָף־אָרט, ניט מער ווי פֿיר פֿוס פֿונעם פֿײַער. קרין און מקאַרטי האָבן דערהרגעט נאָך זעקס יונגע אַלבאַטראָסן דעם נאָכמיטאָג, האָבן מיר געהאַט אַ סך פֿריש עסן. די לופֿט־טעמפּעראַטור די נאַכט איז מסתּמא ניט נידעריקער געווען ווי 38° אָדער 40° פֿ., זײַנען מיר טאַקע אומבאַקוועם געווען אינעם ענגען שלאָף־אָרט צוליב דער אומגעווײנטלעכער וואַרעמקייט. ווי מע האָט געהאַלט די שכנים האָט זיך געביטן. ווען די טעמפּעראַטור איז קעלטער פֿון 20° פֿ., האָבן מיר געוואָלט זײַן וואָס נעענטער איינער דעם אַנדערן – יעדער האָט זיך געוואָלט צוטוליען מיטן שכן; מיט אַ פּאָר גראַד העכער איז די וואַרעמקייט פֿון יענעמס קערפּער מער ניט געווען קיין געבענטשטע זאַך. דאָס אײַז און די כוואַליעס האָבן געהאַט אַ סכּנהדיק קול די נאַכט, אָבער דאָס האָב איך געהערט בלויז אין חלומות.

The bay was still filled with ice on the morning of Saturday, May 13, but the tide took it all away in the afternoon. Then a strange thing happened. The rudder, with all the broad Atlantic to sail in and the coasts of two continents to search for a resting-place, came bobbing back into our cove. With anxious eyes we watched it as it advanced, receded again, and then advanced once more under the capricious influence of wind and wave. Nearer and nearer it came as we waited on the shore, oars in hand, and at last we were able to seize it. Surely a remarkable salvage! The day was bright and clear; our clothes were drying and our strength was returning. Running water made a musical sound down the tussock slope and among the boulders. We carried our blankets up the hill and tried to dry them in the breeze 300 ft. above sea-level. In the afternoon we began to prepare the *James Caird* for the journey to the head of King Haakon Bay. A noon observation on this day gave our latitude as 54° 10′ 47″ S., but according to the German chart the position should have been 54° 12′ S. Probably Worsley's observation was the more accurate. We were able to keep the fire alight until we went to sleep that night, for while climbing the rocks above the cove I had seen at the foot of a cliff a broken spar, which had been thrown up by the waves. We could reach this spar by climbing down the cliff, and with a reserve supply of fuel thus in sight we could afford to burn the fragments of the *James Caird*s' topsides more freely.

During the morning of this day (May 13) Worsley and I tramped across the hills in a north-easterly direction with the object of getting a view of the sound and possibly gathering some information that would be useful to us in the next stage of our journey. It was exhausting work, but after covering about 2″ miles in two hours, we were able to look east, up the bay. We could not see very much of the country that we would have to cross in order to reach the whaling-station on the other side of the island. We had passed several brooks and frozen tarns, and at a point where we had to take to the beach on the shore of the sound we found some wreckage--an 18-ft. pine-spar (probably part of a ship's topmast), several pieces of timber, and a little model of a ship's hull, evidently a child's

די בוכטע איז נאָך אַלץ געווען פֿול מיט אײַז אין דער פֿרי שבת, דעם 13טן מײַ, נאָר דער ים־פֿלייץ האָט דאָס אַלץ אַוועקגענומען נאָך מיטאָג, איז דעמאָלט אַ מאָדנע זאַך געשען. די קערמע, וואָס זי האָט געקענט אַרומזעגלען אַרום דעםברייטן אַטלאַנטיק, לאַנדן אַבי ווּ אויף צוויי קאָנטינענטן, איז געקומען צו שווימען צוריק אין דער בוכטעלע אַרײַן. מיט באַזאָרגטע אויגן האָבן מיר געקוקט בעת זי קומט נעענטער, ווידער צוריק, און נאָך אַ מאָל נעענטער אונטער דער קאַפּריזיקער השפּעה פֿון ווינט און כוואַליע. אַלץ נעענטער און נעענטער איז זי געקומען בעת מיר וואַרטן אויפֿן ברעג, מיט רודערס אין די הענט, און סוף־כּל־סוף האָבן מיר זי געקענט כאַפּן. טאַקע אַ חידושדיקע ראַטירונג! דער טאָג איז געווען העל און קלאָר; די קליידער האָבן געטריקנט, איז דער כּוח אונדזער צוריקגעקומען. פֿליסנדיק וואַסער האָט געמאַכט אַ מוזיקאַלישן קלאַנג אַראָפּ אויפֿן הײַפֿל־שיפּוע און צווישן די פֿעלדזן. מיר האָבן געטראָגן די קאָלדרעס באַרג־אַרויף אויפֿן בערגל, אַ פּרוּוו צו טאָן זיי אויסצוטריקענען אינעם ווינטל 300 פֿיס איבערן ים. דעם נאָכמיטאָג האָבן מיר אָנגעהויבן צוגרייטן דעם *דזשעמז קיירד* פֿאַרן פֿאָר צוקאָפּנס פֿון האַקאָן־המלך־בוכטע. אַן אָבסערוואַציע מיטאָגצײַט האָט געגעבן אַ ברייט פֿון 54° 10' 47" אויף דרום, נאָר לויט דער דײַטשער קאַרטע האָט די פּאָזיציע געזאָלט זײַן 54° 12' א"ד. מסתּמא איז וואָרסליס אָבסערוואַציע געווען די גענויערע. די נאַכט האָבן מיר געקענט האַלטן דעם פֿײַער ברענען ביזן גיין שלאָפֿן, ווײַל איך האָב דערזען, בעת מיר זײַנען אַרויף אויף די שטיינער איבערן בוכטעלע, אַ צעבראָכענעם שיפֿס־קלאָץ[273], אַרויפֿגעוואָרפֿן פֿון די כוואַליעס. מע האָט געקענט צוקומען צום קלאָץ אַראָפּקריכן אויף דער סקאַלע, און מיט אַזאַ רעזערוו פֿון ברענוואַרג, האָבן מיר זיך גרינגער געקענט פֿאַרגינען ברענען די שטיקלעך דעקונג פֿונעם *דזשעמז קיירד*.

דעם טאָג (דעם 13טן מײַ) אין דער פֿרי האָבן איך און וואָרסלי זיך אַריבערגעטאָפּטשעט איבער די בערגעלעך אויף צפֿון־מיזרח כּדי צו כאַפּן אַ בליק פֿונעם דורכגאָס, אפֿשר זיך דערוויסן עפּעס ניצלעך אויף דער קומעדיקער סטאַדיע פֿון אונדזער נסיעה. ס'איז געווען אַן אויסשעפּנדיקע אַרבעט, נאָר נאָך צוויי שעה איבער אַ צוויי מיט אַ האַלב מײַל, האָבן מיר געקענט קוקן אויף מיזרח, בוכטע־אַרויף. מיר האָבן ניט געקענט זען קיין סך פֿונעם לאַנד, וואָס מיר וועלן דאַרפֿן אַריבערגיין אָנצוקומען בײַ דער וואַלפֿיש־סטאַנציע אויף דער צווייטער זײַט פֿונעם אינדזל. מיר זײַנען פֿאַרבײַ עטלעכע ריטשקעס און פֿאַרפֿרוירענע אָזערלעך, און אין אַן אָרט ווּ מיר האָבן געדאַרפֿט גיין אויף דער פּלאַזשע בײַם ברעג פֿונעם דורכגאָס, האָבן מיר געפֿונען שטיקער וראַק – אַן אַכצן־פֿוס שיפֿס־קלאָץ פֿון סאָסנע (מסתּמא אַ טייל פֿון אַ שיפֿס אויבן־מאַסט[274]), עטלעכע שטיקער געהילץ, און אַ קליינער מאַקעט פֿון אַ שיפֿס גוף[275], דאַכט זיך אַ קינדס

---

[273] spar: אַ מאַסטבוים צי אַן אַנדער סלופּ פֿון אַ שיף.
[274] topmast
[275] hull

toy. We wondered what tragedy that pitiful little plaything indicated. We encountered also some gentoo penguins and a young sea-elephant, which Worsley killed. When we got back to the cave at 3 p.m., tired, hungry, but rather pleased with ourselves, we found a splendid meal of stewed albatross chicken waiting for us. We had carried a quantity of blubber and the sea-elephant's liver in our blouses, and we produced our treasures as a surprise for the men. Rough climbing on the way back to camp had nearly persuaded us to throw the stuff away, but we had held on (regardless of the condition of our already sorely tried clothing), and had our reward at the camp. The long bay had been a magnificent sight, even to eyes that had dwelt on grandeur long enough and were hungry for the simple, familiar things of everyday life. Its green-blue waters were being beaten to fury by the north-westerly gale. The mountains, "stern peaks that dared the stars," peered through the mists, and between them huge glaciers poured down from the great ice-slopes and fields that lay behind. We counted twelve glaciers and heard every few minutes the reverberating roar caused by masses of ice calving from the parent streams.

On May 14 we made our preparations for an early start on the following day if the weather held fair. We expected to be able to pick up the remains of the sea-elephant on our way up the sound. All hands were recovering from the chafing caused by our wet clothes during the boat journey. The insides of our legs had suffered severely, and for some time after landing in the cove we found movement extremely uncomfortable. We paid our last visit to the nests of the albatrosses, which were situated on a little undulating plateau above the cave amid tussocks, snow-patches, and little frozen tarns. Each nest consisted of a mound over a foot high of tussock-grass, roots, and a little earth. The albatross lays one egg and very rarely two. The chicks, which are hatched in January, are fed on the nest by the parent birds for almost seven months before they take to the sea and fend for themselves. Up to four months of age the chicks are beautiful white masses of downy fluff, but when we arrived on the scene their plumage was almost complete. Very often one of the

שפּילכל. מיר האָבן זיך געווונדערט וואָס פֿאַר אַ טראַגעדיע האָט דאָס נעבעכדיקע קליינע שפּילכל אַהערגעבראַכט. מיר האָבן אויך געטראָפֿן עטלעכע זשענטאָ־פּענגווינען און אַ יונגען ים־העלפֿאַנד, וואָס וואָרסלי האָט דערהרגעט.

ווען מיר זײַנען צוריק אין דער הייל, דרײַ אַ זייגער נ"מ, מיד, הונגעריק, נאָר גאַנץ צופֿרידן מיט זיך, האָט אויף אונדז געוואַרט אַ פּראַקטיקער מאָלצײַט פֿון אַלבאַטראָס־געדישעכץ. מיר האָבן געטראָגן אַ סכום טראָן און די לעבער פֿונעם ים־העלפֿאַנד אין די בלוזקעס, האָבן מיר אַרויסגעוויזן די אוצרות ווי אַ סורפּריז פֿאַר די מענטשן. דאָס שווערע גיין אויפֿן וועג צוריק קיין לאַגער האָט אונדז שיִער ניט אײַנגערעדט, מיר זאָלן דאָס אַלץ אַוועקוואַרפֿן, אָבער מיר האָבן אָנגעהאַלטן (מילא די שלעכטע מצבֿ פֿון די שוין אויסגעריבענע קליידער), האָבן מיר געהאַט דעם שׂכר אין לאַגער. די לאַנגע בוכטע איז געהאַט געווען אַ פּראַקטיק בילד, אַפֿילו בײַ אויגן וואָס האָבן שוין לאַנג געוווינט געקוקט אויף גדולה, וואָס האָט געגלוסט נאָך די פּשוטע, היימישע זאַכן פֿון טאָג־טעגלעך לעבן. דאָס גרין־בלאָע וואַסער איז צעשלאָגן געוואָרן ביז רציחה פֿון דער בורע פֿונעם צפֿון־מערבֿ. די בערג, "שטרענגע שפּיצן וואָס שטעלן זיך אײַן קעגן די שטערן"[276], האָבן אַראָפּגעקוקט דורך די נעפּלען, און צווישן זיי זײַנען ריזיקע גלעטשערס אַראָפּגעפֿלאָסן פֿון די גרויסע אײַז־שיפּועים און פֿעלדער אויף הינטן. מיר האָבן געציילט צוועלף גלעטשערס און אַלע פֿאַר מינוטן דערהערט דעם אָפּקלאַנג פֿון מאַסן אײַז וואָס האָבן זיך געקעלבט[277] פֿון די מקור־שטראָמען.

דעם 14טן מײַ האָבן מיר אַלץ צוגעגרייט, מיר זאָלן קענען פֿרי אָפּפֿאָרן מאָרגן, זאָל זײַן מיט גוטן וועטער. מיר האָבן געמיינט, אַז מיר וועלן קענען קריגן דאָס איבעריקע פֿלייש פֿונעם ים־העלפֿאַנד אויפֿן וועג דורכגאָס־אַרויף. מיר אַלע זײַנען געקומען צו זיך נאָך דעם אָנרײַבן פֿון די נאַסע קליידער במשך פֿון דער שיפֿל־נסיעה. אינעווייניק לענג־אויס די פּיס איז געהאַט זייער שלעכט; אַ היפּשע צײַט נאָך לאַנדן אינעם בוכטעלע איז באַוועגונג אונדז געווען גאָר ווייטיקדיק. מיר זײַנען געגאַנגען צו גאַסט אַ לעצט מאָל בײַ די אַלבאַטראָס־נעסטן, וואָס געפֿינען זיך אויף אַ קליינעם כוואַליעדיקן פּלאַטאָ איבער דער הייל צווישן הײַפֿלעך, שניי־שטחימלעך, און קליינע פֿאַרפֿרוירענע אָזערלעך. יעדער נעסט איז באַשטאַנען פֿון אַ קופּע מער ווי אַ פֿוס אין דער הייך פֿון הײַפֿל־גראָז, ווערצלעך, און אַ ביסל ערד. די אַלבאַטראָס־הון לייגט איין איי, זייער זעלטן צוויי. די פֿויקעלעך, וואָס פּיקן זיך אויס יאַנואַר, זײַנען געפּיטערט געוואָרן אויף דער נעסט פֿון די עלטערן ביז כּמעט זיבן חדשים איידער זיי זײַנען אַוועק אויפֿן ים, אומאָפּהענגיקע. ביזן עלטער פֿון פֿיר חדשים זײַנען די פֿויקעלעך שיינע ווײַסע מאַסעס פּוך, נאָר ווען מיר זײַנען דאָרט אָנגעקומען זײַנען זיי שוין מיט פֿעדערן. אָפֿט מאָל איז איינער פֿון די

[276] דאָס זעט אויס ווי אַ ציטאַט אָבער אַפֿילו די אינטערנעץ ווייסט ניט פֿון וועמען.
[277] calve: דאָס זעלבע וואָרט ווי בײַ קי; שטיקער אײַז פֿאַלן אַראָפּ פֿונעם גלעטשער־פּנים, ווערן אײַזבערג.

parent birds was on guard near the nest. We did not enjoy attacking these birds, but our hunger knew no law. They tasted so very good and assisted our recuperation to such an extent that each time we killed one of them we felt a little less remorseful.

May 15 was a great day. We made our hoosh at 7.30 a.m. Then we loaded up the boat and gave her a flying launch down the steep beach into the surf. Heavy rain had fallen in the night and a gusty north-westerly wind was now blowing, with misty showers. The *James Caird* headed to the sea as if anxious to face the battle of the waves once more. We passed through the narrow mouth of the cove with the ugly rocks and waving kelp close on either side, turned to the east, and sailed merrily up the bay as the sun broke through the mists and made the tossing waters sparkle around us. We were a curious-looking party on that bright morning, but we were feeling happy. We even broke into song, and, but for our Robinson Crusoe appearance, a casual observer might have taken us for a picnic party sailing in a Norwegian fiord or one of the beautiful sounds of the west coast of New Zealand. The wind blew fresh and strong, and a small sea broke on the coast as we advanced. The surf was sufficient to have endangered the boat if we had attempted to land where the carcass of the sea-elephant was lying, so we decided to go on to the head of the bay without risking anything, particularly as we were likely to find sea-elephants on the upper beaches. The big creatures have a habit of seeking peaceful quarters protected from the waves. We had hopes, too, of finding penguins. Our expectation as far as the sea-elephants were concerned was not at fault. We heard the roar of the bulls as we neared the head of the bay, and soon afterwards saw the great unwieldy forms of the beasts lying on a shelving beach towards the bay-head. We rounded a high, glacier-worn bluff on the north side, and at 12.30 p.m. we ran the boat ashore on a low beach of sand and pebbles, with tussock growing above high-water mark. There were hundreds of sea-elephants lying about, and our anxieties with regard to food disappeared. Meat and blubber enough to feed our party for years was in sight. Our landing-place was about a mile and a half west of the north-east corner of

עלטערן־פֿייגל געשטאַנען וואַך לעבן דער נעסט. אַוודאי איז ניט קיין הנאה אונדז געווען אינעם אָנפֿאַל אויף די פֿייגל, נאָר אונדזער הונגער האָט ניט געוווּסט פֿון גרענעצן. זיי האָבן געהאַט אַזאַ גוטער טעם, האָבן אונדז געהאָלפֿן קומען צו זיך אַזוי פֿיל, אַז יעדעס מאָל וואָס מיר האָבן איינע געקוילעט, האָבן מיר געפֿילט ווייניקער חרטה.

דער 15טער מײַ איז געווען אַ גוטער טאָג. מיר האָבן געמאַכט דעם הויש האַלב אַכט אין דער פֿרי. דערנאָך אָנגעלאָדן דאָס שיפֿל, זי געגעבן אַ לויפֿנדיק שטויס אַראָפּ אויף דער שטאָציקער פּלאַזשע אינעם אינדנבראָך אַרײַן. אַ שווערער רעגן איז געגאַנגען די נאַכט און ס'האָט צעבלאָזן אין פּלאָשן פֿונעם צפֿון־מערבֿ, מיט נעפּלדיקע רעגנדלעך. דער *דזשעמז קיירד* האָט זיך גענומען שווימען אויפֿן ים ווי אַ בעלן אויף אַ שלאַכט נאָך אַ מאָל מיט די כוואַליעס. מיר זײַנען דורכגעפֿאָרן דורכן ענגן מויל פֿון דער בוכטעלע מיט מיאוסע שטיינער און פֿאָכענדיקע קעלפּ נאָענט אויף ביידע זײַטן, זיך געדרייט אויף מיזרח, געזעגלט פֿריילעך בוכטע־אַרויף, בעת די זון ברעכט דורך דורך די נעפּלען, געפֿינקלט אויף די געוואָרפֿענע וואַסערן אַרום און אַרום. מיר זײַנען געווען אַ טשיקאַווע חבֿרה דעם העלן אינדערפֿרי, נאָר אַ פֿריילעכע. אַפֿילו האָבן מיר זיך צעזונגען, און אַחוץ וואָס מיר זייען אויס ווי ראָבינסאָן קרוסאָ, וואָלט אַ צופֿעליקער אָנקוקער געזען אַ חבֿרה אויף אַ פּיקניק, זעגלען אין אַ פֿיאָרד אין נאָרוועגיע אָדער אין איינעם פֿון די שיינע דורכגאָסן אויפֿן מערבֿדיקן ברעג פֿון נײַ־זעלאַנד. דער ווינט האָט פֿריש און שטאַרק געבלאָזן, קליינע כוואַליעס האָבן זיך צעבראָכן אויפֿן ברעג בעת מיר שווימען פֿאַרבײַ. דער אינדנבראָך איז געווען גענוג שטאַרק צו שטעלן דאָס שיפֿל אין סכּנה אויב מיר האָבן געפּרוּווט לאַנדן ווּ ס'איז געלעגן די פּגירה פֿונעם ים־העלפֿאַנד, האָבן מיר באַשלאָסן ווײַטער צו פֿאָרן צוקאָפּנס פֿון דער בוכטע, ניט ריזיקירן מיט גאָרנישט, ספּעציעל אַז מע קער געפֿינען ים־העלפֿאַנדן אויף די העכערע פּלאַזשעס. די גרויסע ברואים זוכן בטבֿע רויִקע קוואַרטאַלן אָפּגעהיט פֿון די כוואַליעס. דערצו האָבן מיר געהאָפֿט מיר זאָלן געפֿינען פּענגווינען. אונדזער אַרויסקוק וועגן די ים־העלפֿאַנדן איז געווען גערעכט. מיר האָבן דערהערט די ברומען פֿון די בוהײַעס בעת מיר קומען אָן בײַם בוכטע־קאָפּ, און באַלד דערנאָך האָבן מיר דערזען די גראָבע, אומגעלומפּערטע געשטאַלטן פֿון די חיות וואָס זיי ליגן אויף אַ משופּעדיקער פּלאַזשע בײַם בוכטע־קאָפּ. מיר זײַנען אַרום אַ הויכן, גלעטשער־אָפּגעריבענעם בלאָף[278] אויף דער צפֿונדיקער זײַט, און האַלב איינס נ"מ האָבן מיר געפֿירט דאָס שיפֿל אויף דער יבשה אויף אַ נידעריקער פּלאַזשע פֿון זאַמד מיט שטיינדלעך, מיט הײַפֿל־גראָז איבער דער הויך־וואַסער־ליניע. אַרום און אַרום זײַנען געווען הונדערטער ים־העלפֿאַנדן, איז אונדזער דאגה וועגן עסן פֿאַרשוווּנדן געוואָרן. פֿלייש מיט טראָן וואָס וועט אונדז קלעקן אויף יאָרן איז אונדז געלעגן פֿאַר די אויגן. דער לאַנדאָרט איז אַן ערך אָנדערטהאַלבן מײַל אויף מערבֿ פֿונעם צפֿון־מיזרחדיקן ווינקל פֿון

[278] bluff: אַ שטאָציקע, ברייטע סקאַלע.

the bay. Just east of us was a glacier-snout ending on the beach but giving a passage towards the head of the bay, except at high water or when a very heavy surf was running. A cold, drizzling rain had begun to fall, and we provided ourselves with shelter as quickly as possible. We hauled the *James Caird* up above highwater mark and turned her over just to the lee or east side of the bluff. The spot was separated from the mountain-side by a low morainic bank, rising twenty or thirty feet above sea-level. Soon we had converted the boat into a very comfortable cabin a la Peggotty, turfing it round with tussocks, which we dug up with knives. One side of the *James Caird* rested on stones so as to afford a low entrance, and when we had finished she looked as though she had grown there. McCarthy entered into this work with great spirit. A sea-elephant provided us with fuel and meat, and that evening found a well-fed and fairly contented party at rest in Peggotty Camp.

Our camp, as I have said, lay on the north side of King Haakon Bay near the head. Our path towards the whaling-stations led round the seaward end of the snouted glacier on the east side of the camp and up a snow-slope that appeared to lead to a pass in the great Allardyce Range, which runs north-west and south-east and forms the main backbone of South Georgia. The range dipped opposite the bay into a well-defined pass from east to west. An ice-sheet covered most of the interior, filling the valleys and disguising the configurations of the land, which, indeed, showed only in big rocky ridges, peaks, and nunataks. When we looked up the pass from Peggotty Camp the country to the left appeared to offer two easy paths through to the opposite coast, but we knew that the island was uninhabited at that point (Possession Bay). We had to turn our attention farther east, and it was impossible from the camp to learn much of the conditions that would confront us on the overland journey. I planned to climb to the pass and then be guided by the configuration of the country in the selection of a route eastward to

דער בוכטע. אַ ביסל אויף מיזרח פֿון אונדז איז געווען אַ גלעטשער־שנוק וואָס ענדיקט זיך אויף דער פּלאַזשע נאָר גיט אַ דורכפֿאָר צום בוכטע־קאָפּ, אַחוץ בײַם הויכן וואַסער אָדער ווען אַ שווערער אינדנבראָך לויפֿט. אַ קאַלט רעגנדל האָט אָנגעהויבן פֿאַלן, האָבן מיר זיך וואָס גיכער צוגעשטעלט עפּעס אַן אָפּדאַך. מיר האָבן אַרויפֿגעשלעפּט דעם *דזשעמז קיירד* איבער דער הויך־וואַסער־ליניע, זי איבערגעקערט אַ ביסל ווינט־אַראָפּ, ד"ה אויף דער מיזרחדיקער זײַט פֿונעם בלאָף. דער אָרט איז צעשיידט געוואָרן פֿון דער באַרג־זײַט דורך אַ נידעריקן מאָרענעשן[279] ברעג, וואָס הייבט זיך אויף אַ צוואַנציק־דרײַסיק פֿוס איבערן ים. באַלד האָבן מיר געמאַכט פֿונעם שיפֿל זייער אַ באַקוועמע קאַבינע, אַלאַ פּעגאָטי[280], פֿאַרשטאָפּן דאָס אַרום און אַרום מיט טאָרף פֿון הײַפֿל־גראָז, וואָס מיר האָבן אויסגעגראָבן מיט מעסערס. איין זײַט פֿונעם *דזשעמז קיירד* איז געלעגן אויף שטיינער, כּדי צו מאַכן אַ נידעריקן אײַנגאַנג, און ווען מיר האָבן זיך געענדיקט, האָט זי אויסגעזען ווי זי איז דאָרט געוואַקסן. מקאַרטי איז געווען גאָר אַ בעלן אויף דער דאָזיקער אַרבעט. אַ ים־העלפֿאַנד האָט אונדז געגעבן ברענוואַרג און פֿלייש און דער אָוונט האָט געפֿונען אַן אָנגעזעטיקטע און אַ גאָר צופֿרידענע פּאַרטיע צו רו אין פּעגאָטי־לאַגער.

אונדזער לאַגער, ווי איך האָב געזאָגט, איז געלעגן אויף דער צפֿונדיקער זײַט פֿון האַקאָן־המלך־בוכטע כּמעט צוקאָפּנס. דער וועג צו די וואַלפֿיש־סטאַנציעס האָט געפֿירט אַרום דעם ים־עק פֿונעם גלעטשער־שנוק אויף מיזרח פֿונעם לאַגער, אַרויף אויף אַ שניי־שיפּוע וואָס זעט אויס צו פֿירן ביז אַ דורכגאַנג אין דער גרויסער אַלאַרדײַס־קייט[281], וואָס גייט צפֿון־מערבֿ און דרום־מיזרח און פֿורעמט דעם הויפּט־רוקנביין פֿון דרום־דזשאָרדזשע. די קייט האָט זיך געבייגט אַנטקעגן דער בוכטע אין אַ בולטן דורכגאַנג פֿון מיזרח אויף מערבֿ. אַן אײַז־בויגן האָט באַדעקט ס'רובֿ אינלאַנד, אָנגעפֿילט די טאָלן, באַהאַלטן דעם טערען, וואָס האָט זיך טאַקע נאָר באַוויזן אין גרויסע שטיינערנע קאַמען, שפּיצן, און נונאַטאַקס[282]. אַז מע קוקט אַרויף אויפֿן דורכגאַנג פֿון פּעגאָטי־לאַגער האָט דאָס לאַנד אויף לינקס אויסגעזען אַז ס'זײַנען דאָ צוויי גרינגע וועגן אַריבער ביזן אַנטקעגנדיקן ברעג, נאָר מיר האָבן געוווּסט אַז דאָרט איז אומבאַוווינט (פֿאַרמאָגן־בוכטע[283]). מיר האָבן זיך געדאַרפֿט בייגן ווײַטער אויף מיזרח, נאָר ס'איז געווען אוממיגלעך פֿון לאַגער זיך צו דערוויסן וואָס וועט זײַן די מצבֿ פֿאַר אונדז אויף דער נסיעה איבער די בערג. איך האָב בדעה געהאַט אַרויפֿצושטײַגן ביזן דורכגאַנג און פֿון דאָרט לאָזן זיך גיין ווהין דאָס לאַנד דערלאָזט, צו געפֿינען אַ רוטע אויף מיזרח קיין

---

[279] morainic: אַ מאָרענע (moraine) איז די מאַסע זאַמד, זשוויר, שטיינער, אאַז"וו, וואָס אַ גלעטשער טראָגט מיט זיך אָדער שטויסט פֿאָרויס פֿאַר זיך און וואָס בלײַבט פֿאַרן שנוק.

[280] Peggoty: אַ משפּחה אין טשאַרלס דיקענסעס David Copperfield; אינעם ראָמאַן וווינען זיי טאַקע אין אַזאַ מין הויז.

[281] Allardyce Range

[282] nunatak: (אינוקטיטוט: Inuktitut) אַן איסאָלירטער באַרג־שפּיץ וואָס באַווײַזט זיך איבערן אײַז־בויגן.

[283] Possession Bay

שעקלטאָנס דרײַ נסים

Stromness Bay, where the whaling-stations were established in the minor bays, Leith, Husvik, and Stromness. A range of mountains with precipitous slopes, forbidding peaks, and large glaciers lay immediately to the south of King Haakon Bay and seemed to form a continuation of the main range. Between this secondary range and the pass above our camp a great snow-upland sloped up to the inland ice-sheet and reached a rocky ridge that stretched athwart our path and seemed to bar the way. This ridge was a right-angled offshoot from the main ridge. Its chief features were four rocky peaks with spaces between that looked from a distance as though they might prove to be passes.

The weather was bad on Tuesday, May 16, and we stayed under the boat nearly all day. The quarters were cramped but gave full protection from the weather, and we regarded our little cabin with a great deal of satisfaction. Abundant meals of sea-elephant steak and liver increased our contentment. McNeish reported during the day that he had seen rats feeding on the scraps, but this interesting statement was not verified. One would not expect to find rats at such a spot, but there was a bare possibility that they had landed from a wreck and managed to survive the very rigorous conditions.

A fresh west-south-westerly breeze was blowing on the following morning (Wednesday, May 17), with misty squalls, sleet, and rain. I took Worsley with me on a pioneer journey to the west with the object of examining the country to be traversed at the beginning of the overland journey. We went round the seaward end of the snouted glacier, and after tramping about a mile over stony ground and snow- coated debris, we crossed some big ridges of scree and moraines. We found that there was good going for a sledge as far as the north-east corner of the bay, but did not get much information regarding the conditions farther on owing to the view becoming obscured by a snow- squall. We waited a quarter of an hour for the weather to clear but were forced to turn back without having seen more of the country. I had satisfied myself, however, that we could reach a good snow-slope leading apparently to the inland ice. Worsley reckoned from the chart that the distance from our camp to Husvik, on an east magnetic course, was seventeen geographical miles, but we could not expect to follow a direct

סטראָמנעס־בוכטע, ווו געפֿינען זיך די וואַלפֿיש־סטאַנציעס אין די מינערדיקע בוכטעס, ליט, הוסוויק, און סטראָמנעס[284]. אַ קייט בערג מיט תּהומיקע שיפּועים, אָפּשרעקנדיקע שפּיצן, און גרויסע גלעטשערס איז געלעגן פּונקט אויף דרום פֿון האַקאָן־המלך־בוכטע, האָט אויסגעזען ווי אַ המשך פֿון דער הויפּט־קייט. צווישן דער צווייטיקער קייט און דעם דורכגאַנג איבער אונדזער לאַגער האָט זיך אויפֿגעהויבן ביזן אינלענדישן אײַז־בויגן אַ גרויסן שניי־שיפּוע, דערגרייכט ביז אַ שטיינערדיקן קאַם וואָס ציט זיך פּאָפּעריק איבער אונדזער רוטע, האָט אויסגעזען ווי ער פֿאַרשטעלט אונדז דעם וועג. דער דאָזיקער קאַם איז געווען אַ גראָד־ווינקלדיקער אָפּשפּראָץ פֿונעם הויפּט־קאַם. זײַן הויפּט־שטריך איז געווען פֿיר שטיינערדיקע שפּיצן מיט אָפּרוקן צווישן זיי, וואָס פֿון דער ווײַטנס זייען אויס ווי מיגלעכע דורכגאַנגען.

דער וועטער איז געווען שלעכט דינסטיק דעם 16טן מײַ, זײַנען מיר געבליבן אונטערן שיפֿל כּמעט דעם גאַנצן טאָג. די קוואַרטיר איז ענג געווען נאָר ס'האָט אונדז גאַנץ באַשיצט פֿונעם וועטער, זײַנען מיר שטאַרק צופֿרידן מיט דער קליינער קאַבינע אונדזערער. גרויסע מאָלצײַטן פֿון ים־העלפֿאַנד־סטייק און לעבער האָבן פֿאַרגרעסערט די צופֿרידנקייט. מקניש האָט איבערגעגעבן דעם טאָג אַז ער האָט דערזען שטשורעס דערנערן זיך מיט די שיריים, נאָר דעם דאָזיקן אַרויסזאָג האָט מען ניט קאָנטראָלירט. מע וואָלט זיך ניט געריכט אויף שטשורעס אין אַזאַ מין אָרט, נאָר ס'איז אפֿשר מיגלעך, אַז זיי האָבן זיך געראַטעוועט פֿון אַ וואַק, זײַנען אויסגעקומען אין די זייער שווערע צושטאַנדן.

אַ שטאַרק ווינטל פֿון מערבֿ־דרום־מערבֿ האָט געבלאָזן אויף צו מאָרגנס (מיטוואָך, דעם 17טן מײַ), מיט נעפּלדיקע שקוואַלן, אײַזרעגן, און רעגן. איך האָב וואָרסלי מיטגענומען אויף אַן אויסקוק־נסיעה אויף מערבֿ כּדי אַ קוק צו טאָן אויפֿן לאַנד וואָס מיר וועלן עס אַריבערגיין בײַם אָנהייב פֿון דער איבערלאַנד־נסיעה. מיר זײַנען אַרומגעגאַנגען דעם ים־עק פֿונעם גלעטשער מיטן שנוק, און נאָך אפֿשר אַ מײַל טאָפּטשען איבער שטיינערדיקער ערד און שניי־באַדעקט ברעך, זײַנען מיר אַריבער איבער אַ פּאָר גרויסע קאַמען פֿון שטיינבראָך און מאָרענעס. מיר האָבן זיך דערוווּסט אַז ס'איז דאָ טאַקע גוט גיין פֿאַר אַ שליטן ביזן צפֿון־מיזרחדיקן ווינקל פֿון דער בוכטע, נאָר ווײַטער האָבן מיר ניט געקענט זען צוליב אַ שניי־שקוואַל וואָס פֿאַרשטעלט אַלץ. מיר האָבן געוואַרט אַ פֿערטל שעה, דער וועטער זאָל זיך אויסלײַטערן, נאָר מיר האָבן געדאַרפֿט צוריקקערן אָן שום בליק ווײַטער. איך האָב זיך באַפֿרידיקט פֿונדעסטוועגן אַז מיר וועלן קענען דערגרייכן אַ גוטן שניי־שיפּוע וואָס זאָל פֿירן אויפֿן אינלאַנד־אײַז. וואָרסלי האָט גערעכנט פֿון דער קאַרטע, אַז פֿונעם לאַגער ביז הוסוויק, גייענדיק אויף מיזרח מאַגנעטיש, איז זיבעצן געאָגראַפֿישע מײַלן[285], נאָר אַוודאי קען מען ניט גיין גלײַך אויף אַ

Leith, Husvik, and Stromness [284]

geographical mile [285]: 6087 פֿיס, כּמעט די זעלבע לענג ווי אַ ים־מײַל (nautical mile, 6076 פֿיס).

line. The carpenter started making a sledge for use on the overland journey. The materials at his disposal were limited in quantity and scarcely suitable in quality.

We overhauled our gear on Thursday, May 18; and hauled our sledge to the lower edge of the snouted glacier. The vehicle proved heavy and cumbrous. We had to lift it empty over bare patches of rock along the shore, and I realized that it would be too heavy for three men to manage amid the snow-plains, glaciers, and peaks of the interior. Worsley and Crean were coming with me, and after consultation we decided to leave the sleeping-bags behind us and make the journey in very light marching order. We would take three days' provisions for each man in the form of sledging ration and biscuit. The food was to be packed in three sacks, so that each member of the party could carry his own supply. Then we were to take the Primus lamp filled with oil, the small cooker, the carpenter's adze (for use as an ice-axe), and the alpine rope, which made a total length of fifty feet when knotted. We might have to lower ourselves down steep slopes or cross crevassed glaciers. The filled lamp would provide six hot meals, which would consist of sledging ration boiled up with biscuit. There were two boxes of matches left, one full and the other partially used. We left the full box with the men at the camp and took the second box, which contained forty-eight matches. I was unfortunate as regarded footgear, since I had given away my heavy Burberry boots on the floe, and had now a comparatively light pair in poor condition. The carpenter assisted me by putting several screws in the sole of each boot with the object of providing a grip on the ice. The screws came out of the *James Caird*.

We turned in early that night, but sleep did not come to me. My mind was busy with the task of the following day. The weather was clear and the outlook for an early start in the morning was good. We were going to leave a weak party behind us in the camp. Vincent was still in the same condition, and he could not march. McNeish was pretty well broken up. The two men were not capable of managing for themselves and McCarthy must stay to look after them. He might have a difficult task if we failed to reach the whaling station. The distance to Husvik, according to the chart, was no more than seventeen geographical miles in a direct line, but we had very scanty knowledge of the conditions of the interior.

ליניע. דער סטאָליער האָט אָנגעהויבן מאַכן אַ שליטן פֿאַר דער איבערלאַנד־נסיעה. די מיטלען פֿאַר זײַן אַרבעט זײַנען געווען באַגרענעצטע, און קוים האָבן זיי געטויגט דערצו.

דינסטיק, דעם 18טן מײַ האָבן מיר רעמאָנטירט דאָס געצײַג, געשלעפּט דעם שליטן ביזן נידעריקן קאַנט פֿונעם שנוק־גלעטשער. דאָס פֿאָרמיטל האָט זיך באַוויזן שווער און אומגעלומפּערט. מיר האָבן דאָס געדאַרפֿט אויפֿהייבן ליידיק איבער נאַקעטע שטחים שטיין לענג־אויס דעם ברעג, בין איך געקומען צו פֿאַרשטיין אַז ס'וועט זײַן צו שווער, דרײַ מענטשן זאָלן אים קענען פֿירן צווישן די שניי־פֿלאַכן, גלעטשערס, און שפּיצן אינעווייניק. וואָרסלי און קרין וועלן מיט מיר מיטגיין. נאָך אַן עצה־האַלטונג האָבן מיר באַשלאָסן איבערצולאָזן די שלאָפֿזעק, מאַכן די נסיעה לײַכט און גיך, מיטנעמען צו דרײַ טאָג עסן, שליטן־ראַציעס מיט ביסקוויט. דאָס עסן וועט מען אײַנפּאַקן אין דרײַ זאָקן, יעדער זאָל קענען טראָגן דאָס אייגענע. דערמיט וועלן מיר מיטנעמען דעם פּרימוס־לאָמפּ אָנגעפּילט מיט אייל, דאָס קליינע קאָכער, דעם סטאָליערס אַדז[286] (ווי אַן אײַז־האַק), און דעם אַלפּין־שטריק, וואָס ווי צוגעבונדן איז פֿופֿציק פֿוס אין דער לענג. אפֿשר וועלן מיר זיך דאַרפֿן אַראָפּלאָזן אויף שטאָציקע שיפּועים אָדער אַריבערגיין איבער צעשפּאָלטענע גלעטשערס. דער אָנגעפּילטער לאָמפּ האָט געזאָלט קלעקן אויף זעקס הייסע מאָלצײַטן, שליטן־ראַציעס צונויפֿגעזידט מיט ביסקוויט. צוויי קעסטלעך שוועבעלעך זײַנען געבליבן, איינס אַ פֿולס און איינס שוין אַ ביסל גענוצט. דאָס פֿולע קעסטל האָבן מיר איבערגעלאָזט מיט די מענטשן אינעם לאַגער, האָבן מיט זיך מיטגענומען דאָס צווייטע, מיט אַכט־און־פֿערציק שוועבעלעך. מיר איז געווען שלעכט בנוגע שוכוואַרג, וואָרן איך האָב אַוועקגעגעבן מײַנע שווערע בערבערי־שטיוול אויף דער קריִע, און איצט האָב איך געהאַט נאָר אַ לײַכטערע, אויסגעריבענע פּאָר. דער סטאָליער האָט מיר געהאָלפֿן, אײַנשרויפֿן עטלעכע שרויפֿן אין די פּאָדעשוועס, צוליב אַן אָנהאַלט אויפֿן אײַז. די שרויפֿן האָט ער גענומען פֿונעם *דזשעמז קייר*ד.

מיר האָבן זיך פֿרי אַוועקגעלייגט די נאַכט, נאָר איך האָב ניט געקענט אײַנשלאָפֿן. דער מוח האָט זיך געדרייט מיט וואָס קומט אויף צו מאָרגנס. דער וועטער איז געווען קלאָר, און ס'האָט גוט אויסגעזען פֿאַר אַן אָנהייב פֿרי אין דער פֿרי. הינטער אונדז אין לאַגער וועט בלײַבן אַ שוואַכע פּאַרטיע. ווינסענט איז נאָך געווען ווי פֿריִער, האָט ניט געקענט מאַרשירן. מקניש איז שיִער ניט צעבראָכן געוואָרן. די צוויי האָבן זיך ניט געקענט טאָן פֿאַר זיך, האָט מקאַרטי געמוזט בלײַבן זיי צוצוזען. אים וועט מסתּמא זײַן שווער טאָמער ס'איז אונדז ניט געראָטן אָנצוקומען בײַ דער וואַלפֿיש־סטאַנציע. לויט דער קאַרטע איז הוסוויק ניט מער ווי זיבעצן געאָגראַפֿישע מײַלן גיין גלײַך, נאָר מיר האָבן כּמעט גאָרנישט ניט געוווּסט, ווי עס טוט זיך אינעם אינלאַנד. קיינער האָט קיין מאָל ניט אַרײַנגעדרונגען אַפֿילו איין מײַל אינעווייניק פֿון ברעג אויפֿן גאַנצן דרום־דזשאָרדזשע,

[286] adze: אַ האָלצאַרבעט־מכשיר, עפּעס ווי אַ העק נאָר מיט דער שאַרף פּערפּענדיקולאַר צום טראָניק, גענוצט אויסצוגלײַכן האָלץ.

No man had ever penetrated a mile from the coast of South Georgia at any point, and the whalers I knew regarded the country as inaccessible. During that day, while we were walking to the snouted glacier, we had seen three wild duck flying towards the head of the bay from the eastward. I hoped that the presence of these birds indicated tussock-land and not snow-fields and glaciers in the interior, but the hope was not a very bright one.

We turned out at 2 a.m. on the Friday morning and had our hoosh ready an hour later. The full moon was shining in a practically cloudless sky, its rays reflected gloriously from the pinnacles and crevassed ice of the adjacent glaciers. The huge peaks of the mountains stood in bold relief against the sky and threw dark shadows on the waters of the sound. There was no need for delay, and we made a start as soon as we had eaten our meal. McNeish walked about 200 yds with us; he could do no more. Then we said good-bye and he turned back to the camp. The first task was to get round the edge of the snouted glacier, which had points like fingers projecting towards the sea. The waves were reaching the points of these fingers, and we had to rush from one recess to another when the waters receded. We soon reached the east side of the glacier and noticed its great activity at this point. Changes had occurred within the preceding twenty-four hours. Some huge pieces had broken off, and the masses of mud and stone that were being driven before the advancing ice showed movement. The glacier was like a gigantic plough driving irresistibly towards the sea.

Lying on the beach beyond the glacier was wreckage that told of many ill-fated ships. We noticed stanchions of teakwood, liberally carved, that must have came from ships of the older type; iron-bound timbers with the iron almost rusted through; battered barrels and all the usual debris of the ocean. We had difficulties and anxieties of our own, but as we passed that graveyard of the sea we thought of the many tragedies written in the wave-worn fragments of lost vessels. We did not pause, and soon we were ascending a snow-slope heading due east on the last lap of our long trail.

The snow-surface was disappointing. Two days before we had been able to move rapidly on hard, packed snow; now we sank over our ankles at each step and progress was slow. After two hours'

און די וואַלפֿישערס, ווי איך האָב געוווּסט, האָבן דאָס לאַנד געהאַלטן פֿאַר אומגרייכלעך. דעם טאָג, בעת מיר גייען צו צום שנוק־גלעטשער, האָבן מיר דערזען דרײַ ווילדע קאַטשקעס פֿליִען צום בוכטע־קאָפּ פֿון מיזרח. איך האָב געהאָפֿט אַז די פֿייגל זײַנען אַ סימן אויף הײַפֿל־גראָז און ניט שניי־פֿעלדער מיט גלעטשערס אינעווייניק, אָבער די האָפֿענונג איז ניט געווען קיין גרויסע.

מיר האָבן זיך אויפֿגעכאַפּט צוויי אַ זייגער פֿ"מ דעם פֿרײַטיק אין דער פֿרי, איז דער הויש צוגעגרייט געוואָרן מיט אַ שעה שפּעטער. די פֿולע לבֿנה האָט געשײַנט פֿון אַ קלאָרן הימל אַראָפּ, אירע שטראַלן פּראַכטיק אָפּגעשפּיגלט פֿון די שפּיצן און צעשפּאָלטענעם אײַז פֿון די דערבײַיִקע גלעטשערס. די ריזיקע שפּיצן פֿון די בערג זײַנען געשטאַנען שטאַרק אַנטקעגן דעם הימל, געוואָרפֿן טונקעלע שאָטנס אויפֿן וואַסער אינעם דורכגאָס. מע האָט ניט קיין סיבה געהאַט פֿאַרהאַלטן, זײַנען מיר געווען אין וועג אַרײַן פּונקט נאָכן מאָלצײַט. מקניש איז מיט אונדז מיטגעגאַנגען אַ 200 יאַרדן; ער האָט ניט געקענט ווײַטער. מיר האָבן זיך געזעגנט, איז ער צוריק אין לאַגער. די ערשטע אַרבעט איז געווען געפֿינען אַ וועג אַרום דעם שנוק־גלעטשער, וואָס האָט שפּיצן ווי פֿינגער וואָס שטעקן אַרויס צום ים צו. די כוואַליעס זײַנען געקומען פּונקט ביז די עקן פֿון די פֿינגער, האָבן מיר געדאַרפֿט לויפֿן פֿון איין פֿאַרטיפֿונג ביזן צווייטער ווען דאָס וואַסער גייט אָפּ. באַלד זײַנען מיר אָנגעקומען בײַ דער מיזרחדיקער זײַט פֿונעם גלעטשער, באַמערקט זיין גרויסע אַקטיווקייט דאָ. ס'האָט זיך שוין געביטן אינעם פֿאַרגאַנגענעם מעת־לעת. עטלעכע גאָר גרויסע שטיקער זײַנען אַראָפּגעפֿאַלן, די מאַסעס בלאָטע מיט שטיינער וואָס דאָס אָנקומענדיקע אײַז טרײַבט פֿאַר זיך האָבן זיך באַוועגט פֿאַר די אויגן. דאָס גלעטשער איז געווען עפּעס אַ ריזיקער אַקער רוקן זיך אומאָפּשטעלעוודיק צום ים צו.

אויף דער פּלאַזשע הינטער דעם גלעטשער איז געלעגן וורואַק, דער סוף פֿון אַ סך פֿאַרפֿאַלענע שיפֿן. מיר האָבן דערזען סטויפֿן[287] פֿון טיק־האָלץ, ברייט אויסגעשניצטע, וואָס האָט געדאַרפֿט קומען פֿון אַן אַלטמאָדישער שיף; אײַזן־געבונדענע קלעצער מיטן אײַזן כמעט גאַנץ פֿאַרזשאַווערט געוואָרן; צעשלאָגענע פּעסער און דער אַלע געווײנטלעכער רים פֿון ים. מיר האָבן געהאַט די אייגענע צרות און דאגות, נאָר בעת מיר זײַנען פֿאַרבײַ אָט דעם ים־צווינטער, האָבן מיר געטראַכט וועגן די אַלע טראַגעדיעס אָנגעשריבן אויף די כוואַליע־צעריבענע שטיקער פֿון פֿאַרפֿאַלענע שיפֿן. מיר האָבן זיך ניט אָפּגעשטעלט, און באַלד זײַנען מיר אַרויפֿגעגאַנגען אויף אַ שניי־שיפּוע, גלײַך אויף מיזרח אויף דער לעצטער לענג פֿון אונדזער לאַנגן וועג.

די שניי־אייבערפֿלאַך איז געווען אַן אַנטוישונג. מיט צוויי טעג פֿריִער האָבן מיר געהאַט געקענט גיין גיך אויפֿן האַרטן, אָנגעפּאַקטן שניי; איצט זײַנען מיר אײַנגעזונקען ביז די קנעכלעך מיט יעדער טריט, איז דאָס גיין פּאַמעלעך געווען. נאָך צוויי שעה

[287] stanchions: גרויסע הילצערנע קלעצער וואָס שפּאַרן אונטער קייטן אָדער אַנדערע טיילן פֿון אַ שיף.

steady climbing we were 2500 ft. above sea-level. The weather continued fine and calm, and as the ridges drew nearer and the western coast of the island spread out below, the bright moonlight showed us that the interior was broken tremendously. High peaks, impassable cliffs, steep snow-slopes, and sharply descending glaciers were prominent features in all directions, with stretches of snow-plain over laying the ice-sheet of the interior. The slope we were ascending mounted to a ridge and our course lay direct to the top. The moon, which proved a good friend during this journey, threw a long shadow at one point and told us that the surface was broken in our path. Warned in time, we avoided a huge hole capable of swallowing an army. The bay was now about three miles away, and the continued roaring of a big glacier at the head of the bay came to our ears. This glacier, which we had noticed during the stay at Peggotty Camp, seemed to be calving almost continuously.

I had hoped to get a view of the country ahead of us from the top of the slope, but as the surface became more level beneath our feet, a thick fog drifted down. The moon became obscured and produced a diffused light that was more trying than darkness, since it illuminated the fog without guiding our steps. We roped ourselves together as a precaution against holes, crevasses, and precipices, and I broke trail through the soft snow. With almost the full length of the rope between myself and the last man we were able to steer an approximately straight course, since, if I veered to the right or the left when marching into the blank wall of the fog, the last man on the rope could shout a direction. So, like a ship with its "port," "starboard," "steady," we tramped through the fog for the next two hours.

Then, as daylight came, the fog thinned and lifted, and from an elevation of about 3000 ft. we looked down on what seemed to be a huge frozen lake with its farther shores still obscured by the fog. We halted there to eat a bit of biscuit while we discussed whether we would go down and cross the flat surface of the lake, or keep on the ridge we had already reached. I decided to go down, since the lake lay on our course. After an hour of comparatively easy

שעקלטאָנס דרײַ נסים

כּסדרדיק אַרויפֿקריכן זײַנען מיר געקומען ביז 2500 פֿיס איבערן ים. דער וועטער איז נאָך געבליבן פֿײַן און שטיל, און בעת די קאַמען קומען נעענטער און דער מערבֿדיקן ברעג פֿונעם אינדזל האָט זיך פֿאַרשפּרייט אונטן, האָט אונדז די העלע לבֿנה־שײַן קלאָר באַוויזן אַז אינעווייניק איז דאָס לאַנד אומגעהײַער צעבראָכן. הויכע שפּיצן, ניט דורכצוגייענדיקע סקאַלעס, שטאָציקע שניי־שיפּועים, און שאַרף אַראָפּגייענדיקע גלעטשערס האָבן זיך שטאַרק באַוויזן אין אַלע ריכטונגען, מיט שטחים שניי־פּליין איבערן אײַז־בויגן אינעווייניק. דער שיפּוע וואָס מיר גייען אַרויף אויף אים איז אַרויפֿגעקראָכן ביז אַ קאַם, האָט אונדזער וועג געפֿירט גראָד ביזן אויבן. די לבֿנה, וואָס איז אונדז געווען אַ גוטער פֿרײַנד במשך פֿון דער נסיעה, האָט איין מאָל געוואָרפֿן אַ לאַנגן שאָטן, האָט אונדז אויסגעזאָגט, אַז פֿאַר אונדז איז די אייבערפֿלאַך אַ צעבראָכענע. בײַ צײַטנס געוואָרנט, האָבן מיר אויסגעמיטן אַ ריזיקע לאָך וואָס האָט געקענט אַראָפּשלינגען אַן אַרמיי. די בוכטע איז איצט איז געווען אַ דרײַ מײַל אַוועק, האָט זיך געלאָזט הערן דער כּסדרדיקער ברום פֿון אַ גרויסן גלעטשער צוקאָפּנס פֿון דער בוכטע. דער דאָזיקער גלעטשער, וואָס מיר האָבן אים פֿריִער באַמערקט בײַם איבערזײַן אין פּעגאָטי־לאַגער, האָט, אַ פּנים, געהאַלטן אין איין קעלבן.

איך האָב געהאַט געהאָפֿט אַ קוק צו קריגן אויפֿן לאַנד פֿאַר אונדז פֿון אויבן אויפֿן שיפּוע, נאָר בעת די אייבערפֿלאַך איז מער האָריזאָנטאַל געוואָרן אונטער די פֿיס איז אַ געדיכטער טומאַן אַראָפּגעדרייפֿט. די לבֿנה איז פֿאַרשטעלט געוואָרן, האָט געגעבן אַ צעשווומענע ליכט וואָס איז ערגער ווי פֿינצטערניש, ווײַל עס האָט באַלויכטן דעם טומאַן נאָר ניט דערלאָזט זען וווּהין מע גייט. מיר האָבן זיך צוגעבונדן מיטן שטריק, ווי אַ באַוואָרעניש קעגן לעכער, שפּאַלטן, און תּהומען, און איך בין אַרפֿיִער, געשליאַפּעט[288] דורכן ווייכן שניי. מיט כּמעט דער גאַנצער לענג פֿונעם שטריק פֿון מיר צוריק ביזן לעצטן, האָבן מיר געקענט גיין גלײַך מער־ווייניקער אויף אַ דירעקטן קורס – אַז איך דריי זיך אויף רעכטס צי לינקס מאַרשירן אין דער הוילער וואַנט פֿון נעפּל אַרײַן, שרײַט דער לעצטער אויפֿן שטריק אַ ריכטונג. איז, ווי אויף אַ שיף מיט "לינקן באָרד", "רעכטן באָרד", און "פֿאָרויס", האָבן מיר געטראָטן דורכן טומאַן צוויי שעה.

דערנאָך, ווען עס קומט אָן דער טאָג, איז דער טומאַן שיטערער געוואָרן, זיך אויפֿגעהויבן, און פֿון אַ הייך פֿון אַ 3000 פֿוס, האָבן מיר אַראָפּגעקוקט אויף, ווי עס האָט אויסגעזען, אַ גרויער פֿאַרפֿרוירענער אָזערע, דעם צווייטן ברעג נאָך אַלץ פֿאַרשטעלט אין נעפּל. מיר האָבן זיך דאָרט אָפּגעשטעלט, צו עסן אַ שטיקל ביסקוויט, בעת מיר האָבן אַרומגערעדט צי מיר זאָלן אַראָפּגיין און איבערגיין איבער דער גלײַכער אייבערפֿלאַך פֿון דער אָזערע, צי האַלטן אין גיין אויפֿן קאַם ווו מיר זײַנען שוין אָנגעקומען. איך האָב באַשלאָסן אַראָפּצוגיין, ווײַל די אָזערע שטייט אויפֿן וועג. נאָך איין שעה לפֿי־ערך גרינג

[288] broke trail: דער וואָס גייט דער ערשטער האָט די שווערסטע אַרבעט גיין צו פֿוס דורך שניי.

travel through the snow we noticed the thin beginnings of crevasses. Soon they were increasing in size and showing fractures, indicating that we were travelling on a glacier. As the daylight brightened the fog dissipated; the lake could be seen more clearly, but still we could not discover its east shore. A little later the fog lifted completely, and then we saw that our lake stretched to the horizon, and realized suddenly that we were looking down upon the open sea on the east coast of the island. The slight pulsation at the shore showed that the sea was not even frozen; it was the bad light that had deceived us. Evidently we were at the top of Possession Bay, and the island at that point could not be more than five miles across from the head of King Haakon Bay. Our rough chart was inaccurate. There was nothing for it but to start up the glacier again. That was about seven o'clock in the morning, and by nine o'clock we had more than recovered our lost ground. We regained the ridge and then struck south-east, for the chart showed that two more bays indented the coast before Stromness. It was comforting to realize that we would have the eastern water in sight during our journey, although we could see there was no way around the shore line owing to steep cliffs and glaciers. Men lived in houses lit by electric light on the east coast. News of the outside world waited us there, and, above all, the east coast meant for us the means of rescuing the twenty-two men we had left on Elephant Island.

The sun rose in the sky with every appearance of a fine day, and we grew warmer as we toiled through the soft snow. Ahead of us lay the ridges and spurs of a range of mountains, the transverse range that we had noticed from the bay. We were travelling over a gently rising plateau, and at the end of an hour we found ourselves growing uncomfortably hot. Years before, on an earlier expedition, I had declared that I would never again growl at the heat of the sun, and my resolution had been strengthened during the boat journey. I called it to mind as the sun beat fiercely on the blinding white snow-slope. After passing an area of crevasses we paused for our first meal. We dug a hole in the snow about three feet deep with the adze and put the Primus into it. There was no wind at the moment, but a gust might come suddenly. A hot hoosh was

גיין דורכן שניי האָבן מיר דערזען די דינע אָנהייבן פֿון שפּאַלטן. באַלד האָבן זיי זיך פֿאַרגרעסערט, באַוויזן בראָכן, וואָס באַווײַזט אַז מיר גייען אויף אַ גלעטשער. בעת דער טאָג ווערט העלער איז דער נעפּל שיטערער געוואָרן; מע האָט געקענט זען די אָזערע, נאָר נאָך ניט דעם מיזרחדיקן ברעג. אַ ביסל שפּעטער איז דער נעפּל אין גאַנצן אַוועק, האָבן מיר געזען אַז די אָזערע אונדזערע האָט זיך געצויגן ביזן האָריזאָנט, איז אונדז פּלוצעם אײַנגעפֿאַלן אַז מיר קוקן אויפֿן אָפֿענעם ים בײַם מיזרחדיקן ברעג פֿונעם אינדזל. דאָס קליינע אַרויף־און־אַראָפּ בײַם ברעג האָט באַוויזן אַז דער ים איז אַפֿילו ניט פֿאַרפֿרוירן – די שלעכטע ליכט האָט אונדז אָפּגענאַרט. אַ פּנים זײַנען מיר געווען צוקאָפּנס פֿון **פֿ**אַרמאָגן־**ב**וכטע, און דער אינדזל דאָרט האָט ניט געקענט זײַן מער ווי פֿינף מײַל אַריבער פֿונעם קאָפּ פֿון **ה**אַקאָן־**ה**מלך־**ב**וכטע. אונדזער רויע קאַרטע איז ניט געווען גענוי. גאָרנישט וואָס צו טאָן אַחוץ צוריקגיין נאָך אַ מאָל אַרויף אויפֿן גלעטשער. דאָס איז געווען אפֿשר זיבן אַ זייגער אין דער פֿרי, און ביז נײַן אַ זייגער האָבן מיר צוריקגעקראָגן דעם פֿאַרלוירענעם גאַנג. מיר זײַנען נאָך אַ מאָל אָנגעקומען אויפֿן קאַם, און פֿון דאָרט געגאַנגען דרום־מיזרח צו, ווײַל אויף דער קאַרטע באַווײַזן זיך נאָך צוויי בוכטעס אַרײַנגערוקט אינעם ברעג פֿאַר **ס**טראָמנעס. ס'איז אונדז געווען אַ הילף, צו האָבן דאָס מיזרחדיקן וואַסער פֿאַר די אויגן בעת דער נסיעה, כאָטש מיר האָבן געקענט זען אַז מע קען ניט גיין פּונקט בײַם ברעג, צוליב די שטאָציקע סקאַלעס און גלעטשערס. מענטשן האָבן געוווינט אין הײַזער מיט עלעקטריע אויפֿן מיזרחדיקן ברעג. נײַעס פֿון דער ווײַטער וועלט האָבן אויף אונדז דאָרט געוואַרט, און דער עיקר, דער מיזרחדיקער ברעג האָט פֿאַר אונדז געמיינט דאָס מיטל צו ראַטעווען די צוויי־און־צוואַנציק מענטשן וואָס מיר האָבן איבערגעלאָזט אויף **ה**עלפֿאַנד־**א**ינדזל.

די זון איז אַרויף אין הימל מיט יעדן סימן פֿון אַ שיינעם טאָג, זײַנען מיר וואַרעמער געוואָרן בעת מיר האָרעווען דורכן ווייכן שניי. פֿאָרויס איז געלעגן די קאַמען און אונטערשפּיצן[289] פֿון אַ קייט בערג, די קוווער־קייט וואָס מיר האָבן דערזען פֿון דער בוכטע. מיר זײַנען געגאַנגען איבער אַ לינד אויפֿהייבנדיקער פּלאַטאָ, און נאָך אַ שעה זײַנען מיר געוואָרן אומבאַקוועם הייס. מיט יאָרן צוריק, אויף אַ פֿריִערדיקער עקספּעדיציע, האָב איך געהאַט געשוואָרן, איך וועל זיך קיין מאָל ניט באַקלאָגן אַז די זון איז צו הייס, איז די אָ החלטה מײַנע פֿאַרשטאַרקט געוואָרן בעת דער שיפֿל־נסיעה. איך האָב זיך אין דעם דערמאָנט אַז די זון שײַנט רציחהדיק אויפֿן פֿאַרבלענדנדיקן ווײַסן שניי־שיפּוע. נאָך דעם וואָס מיר זײַנען פֿאַרבײַ אַ שטח מיט שפּאַלטן, האָבן מיר זיך אָפּגעשטעלט פֿאַרן ערשטן מאָלצײַט. מיר האָבן אויסגעגראָבן אַ לאָך אינעם שניי, אַ דרײַ פֿוס אין דער טיף, מיטן אַדז, און דערין אַוועקגעשטעלט דעם פּרימוס. דעמאָלט איז ניט געווען קיין ווינט, נאָר ס'האָט געקענט קומען אַ פֿלאָש מיט אַ מאָל. אַ הייסער הוש איז

[289] spurs: נידערעקערע שפּיצן לעבן אַ הויכשפּיץ, דעם באַרג גופֿא.

soon eaten and we plodded on towards a sharp ridge between two of the peaks already mentioned. By 11 a.m. we were almost at the crest. The slope had become precipitous and it was necessary to cut steps as we advanced. The adze proved an excellent instrument for this purpose, a blow sufficing to provide a foothold. Anxiously but hopefully I cut the last few steps and stood upon the razor-back, while the other men held the rope and waited for my news. The outlook was disappointing. I looked down a sheer precipice to a chaos of crumpled ice 1500 ft. below. There was no way down for us. The country to the east was a great snow upland, sloping upwards for a distance of seven or eight miles to a height of over 4000 ft. To the north it fell away steeply in glaciers into the bays, and to the south it was broken by huge outfalls from the inland ice-sheet. Our path lay between the glaciers and the outfalls, but first we had to descend from the ridge on which we stood. Cutting steps with the adze, we moved in a lateral direction round the base of a dolomite, which blocked our view to the north. The same precipice confronted us. Away to the north-east there appeared to be a snow-slope that might give a path to the lower country, and so we retraced our steps down the long slope that had taken us three hours to climb. We were at the bottom in an hour. We were now feeling the strain of the unaccustomed marching. We had done little walking since January and our muscles were out of tune. Skirting the base of the mountain above us, we came to a gigantic bergschrund, a mile and a half long and 1000 ft. deep. This tremendous gully, cut in the snow and ice by the fierce winds blowing round the mountain, was semicircular in form, and it ended in a gentle incline. We passed through it, under the towering precipice of ice, and at the far end we had another meal and a short rest. This was at 12:30 p.m. Half a pot of steaming Bovril ration warmed us up, and when we marched again ice-inclines at angles of 45 degrees did not look quite as formidable as before.

באַלד אויפֿגעגעסן געוואָרן, און מיר האָבן זיך צוגעטאָפּטשעט ווײַטער צו אַ שאַרפֿן קאַם צווישן צוויי פֿון די שפּיצן פֿריִער דערמאָנט. עלף אַ זייגער פּ"מ זײַנען מיר שיִער ניט אויפֿן אויבן. איז דער שיפּוע תּהומיק געוואָרן, האָבן מיר געדאַרפֿט אויסשנײַדן טרעפּלעך בעת מיר גייען. דער אַדז האָט צו דער דאָזיקער אַרבעט גוט געפּאַסט, איין שלאָג, איין אָנהאַלט. באַזאָרגט אָבער מיט האָפֿענונג האָב איך אויסגעגראָבן די לעצטע פּאָר טריט, געשטאַנען אויפֿן גאָלמעסער־רוקן[290], בעת די אַנדערע האָבן געהאַלטן דעם שטריק, געוואַרט אויף נײַעס. דער אויסבליק איז געווען אַן אַנטוישונג. איך האָב אַראָפּגעקוקט אין גאָר אַ תּהום ביז אַ כאַאָס פֿון צונויפֿגעשטויסן אײַז 1500 פֿוס אונטן. ניט קיין וועג אַראָפּ פֿאַר אונדז. דער באָדן אויף מיזרח איז געווען אַ גרויס שניי־הויכלאַנד, וואָס גייט באַרג־אַרויף ווײַט אַ זיבן־אַכט מײַל ביז איבער 4000 פֿוס אין דער הייך. אויף צפֿון האָט עס שטאָציק אַראָפּגעפֿאַלן אין גלעטשערס אין די בוכטעס אַרײַן, און אויף דרום איז עס צעבראָכן געוואָרן מיט ריזיקע אַרויספֿאַלן[291] פֿונעם אײַז־בויגן אינעווייניק. אונדזער וועג פֿירט צווישן די גלעטשערס און די אַרויספֿאַלן, אָבער ערשט האָבן מיר געדאַרפֿט אַראָפּגיין פֿונעם קאַם ווו מיר שטייען.

אויסשנײַדן טרעפּלעך מיטן אַדז, זײַנען מיר זײַטיק געגאַנגען אַרום דער באַזע פֿון אַ דאָלאָמײַט[292], וואָס פֿאַרשטעלט דעם בליק אויף צפֿון. דער זעלבער תּהום איז פֿאַר אונדז געלעגן. אַוועק אויף צפֿון־מיזרח האָט זיך באַוויזן אַ שניי־שיפּוע וואָס וועט אפֿשר געבן אַ וועג אַראָפּ, זײַנען מיר צוריקגעגאַנגען באַרג־אַראָפּ אויפֿן לאַנגן שיפּוע, וואָס האָט אונדז געדויערט דרײַ שעה בײַם אַרויפֿגיין. מיר זײַנען אַראָפּ אין איין שעה. איצט האָבן מיר געפֿילט דעם אָנשטרענג פֿונעם ניט־געווייַנטן מאַרשירן. מיר זײַנען קוים געגאַנגען צו פֿוס זינט יאַנואַר, די מוסקלען זײַנען געווען שוואַך. גייענדיק אַרום דעם פֿוס פֿונעם באַרג איבער אונדז, זײַנען מיר אָנגעקומען בײַ אַ ריזיקן בערגשרונד[293], אַ מײַל מיט אַ האַלב אין דער לענג און 1000 פֿוס אין דער טיף. די אומגעהײַערע גאָרע, אויסגעשניטן אינעם שניי און אײַז פֿון די רציחהדיקע ווינטן וואָס בלאָזן אַרום דעם באַרג, איז געווען האַלב־קײַלעכדיק אין פֿאָרעם, האָט זיך געענדיקט אין אַ לינדן שיפּוע. מיר זײַנען דורך אים דורכגעגאַנגען, אונטערן אויפֿגעטורעמטן אײַז־תּהום, און בײַם צווייטן עק האָבן מיר געהאַט נאָך אַ מאָלצײַט און אַ קורצע רו. דאָס איז געווען האַלב איינס נ"מ. אַ האַלבער טאָפּ פֿאַרעדיקע באָוריל־ראַציע האָט אונדז אָנגעוואַרעמט, און דערנאָך בעת מיר מאַרשירן נאָך אַ מאָל זײַנען אײַז־שיפּועים מיט ווינקלען פֿון 45 גראַד ניט געווען אַזוי מוראדיק ווי פֿריִער.

[290] razor-back: אַן ענגער קאַם.
[291] אויף ענגליש איז דאָס "outfalls", אָבער איך בין ניט זיכער, וואָס איז דער אונטערשייד צווישן אַן אָרויספֿאַל און אַ גלעטשער.
[292] "a dolomite, ...": "דאָלאָמײַט" איז אַ מין שטיין אָדער מינעראַל. דאָ מיינט ער מסתּמא אַ באַרג (אַ נונאַטאַק) פֿון דעם מינעראַל געפֿורעמט.
[293] bergshrund: אַ שפּאַרע צוקאָפּנס פֿון אַ גלעטשער, צווישן גלעטשער און באַרג.

שעקלטאָנס דרימ נסים

Once more we started for the crest. After another weary climb we reached the top. The snow lay thinly on blue ice at the ridge, and we had to cut steps over the last fifty yards. The same precipice lay below, and my eyes searched vainly for a way down. The hot sun had loosened the snow, which was now in a treacherous condition, and we had to pick our way carefully. Looking back, we could see that a fog was rolling up behind us and meeting in the valleys a fog that was coming up from the east. The creeping grey clouds were a plain warning that we must get down to lower levels before becoming enveloped.

The ridge was studded with peaks, which prevented us getting a clear view either to the right or to the left. The situation in this respect seemed no better at other points within our reach, and I had to decide that our course lay back the way we had come. The afternoon was wearing on and the fog was rolling up ominously from the west. It was of the utmost importance for us to get down into the next valley before dark. We were now up 4500 ft. and the night temperature at that elevation would be very low. We had no tent and no sleeping-bags, and our clothes had endured much rough usage and had weathered many storms during the last ten months. In the distance, down the valley below us, we could see tussock-grass close to the shore, and if we could get down it might be possible to dig out a hole in one of the lower snow-banks, line it with dry grass, and make ourselves fairly comfortable for the night. Back we went, and after a detour we reached the top of another ridge in the fading light. After a glance over the top I turned to the anxious faces of the two men behind me and said, "Come on, boys." Within a minute they stood beside me on the ice-ridge. The surface fell away at a sharp incline in front of us, but it merged into a snow- slope. We could not see the bottom clearly owing to mist and bad light, and the possibility of the slope ending in a sheer fall occurred to us; but the fog that was creeping up behind allowed no time for hesitation. We descended slowly at first, cutting steps in the snow; then the surface became softer, indicating that the gradient was less severe. There could be no turning back now, so we unroped and slid in the fashion of youthful days. When we

נאָך אַ מאָל זײַנען מיר אַרויפֿגעגאַנגען צו דעם קאַם צו. נאָך אַ צווייט מאַטערדיק אַרויפֿקריכן זײַנען מיר אָנגעקומען אויפֿן אויבן. דער שניי איז געלעגן אין אַ שיטערן שיכט אויף בלאָ אײַז אויפֿן קאַם, האָבן מיר געדאַרפֿט אויסשנײַדן טרעפּלעך די לעצטע פֿופֿציק יאַרדן. דער זעלבער תּהום איז אונטן געלעגן, האָב איך געקוקט אויף די פֿינגער, אומזיסט, צו געפֿינען אַ וועג אַראָפּ. די הייסע זון האָט לויז געמאַכט דעם שניי, וואָס איז איצט אין אַ פֿאַרפֿירערישער מצבֿ, האָבן מיר געדאַרפֿט גיין גאַנץ אָפּגעהיט. קוקנדיק צוריק האָבן מיר געקענט זען ווי אַ טומאַן קײַקלט זיך נעענטער הינטער אונדז, זיך געטראָפֿן אין די טאָלן מיט אַ טומאַן פֿון מיזרח. די קריכנדיקע וואָלקנס זײַנען געווען אַ קלאָרע וואָרענונג, אַז מיר מוזן אַראָפּקריכן איידער מיר זײַנען אין גאַנצן אײַנגעהילט געוואָרן.

דער קאַם איז באַשאָטן געווען מיט שפּיצן, האָבן מיר ניט געקענט קלאָר זען אָדער אויף רעכטס אָדער אויף לינקס. דער מצבֿ אין דעם פּרט האָט ניט אויסגעזען בעסער בײַ אַנדערע ערטער אין דער גרייך, האָב איך גענדאַרפֿט באַשליסן אַז אונדזער וועג ליגט צוריק פֿון וואַנען מיר זײַנען געקומען. דער נאָכמיטאָג האָט זיך ווײַטער געצויגן, האָט דער טומאַן זיך אַהערגעקײַקלט דראָענדיק פֿון מערבֿ. ס'איז אונדז דאָס וויכטיקסטע געווען, אַראָפּגיין אינעם אַנדערן טאָל איידער ס'ווערט טונקל. מיר זײַנען איצט געווען אַרויף בײַ 4500 פֿיס אין דער הייך, בײַ נאַכט אַזוי אין דער הייך פֿאַלט די טעמפּעראַטור זייער נידעריק. מיר האָבן ניט געהאַט קיין געצעלט, קיין שלאָפֿזעק, האָבן די קליידער פֿאַרטראָגן אַ סך שווערער באַניץ, דורכגעקומען דורך אַ סך שטורעמס במשך פֿון די לעצטע צען חדשים. אין דער ווײַטנס, אַראָפּ אינעם טאָל אונטן, האָבן מיר געקענט זען הײַפֿל־גראָז נאָענט צום ברעג, און אויב מיר האָבן געקענט אַראָפּגיין אַהין, וואָלט אפֿשר געווען מיגלעך אויסגראָבן אַ לאָך אין אַ נידעריקער שניי־קופּע, מאַכן אַן אונטערשלאַק מיט טרוקן גראָז, וואָלט געווען נישקשה באַקוועם אויף אַ נאַכט. איז, צוריק זײַנען מיר, און נאָך אַן אָנלייגוועג זײַנען מיר אָנגעקומען אויבן אויף אַן אַנדער קאַם אין דער אַלץ שוואַכער און שוואַכער ליכט. נאָך אַ בליק אויף דער צווייטער זײַט, האָב איך זיך געדרייט פּנים־אל־באַזאָרגט־פּנים מיט די צוויי הינטער מיר, זיך אָנגערופֿן "קומט שוין, חבֿרה." אין ניט מער ווי אַ מינוט זײַנען זיי געשטאַנען לעבן מיר אויפֿן אײַז־קאַם. די אייבערפֿלאַך איז פֿאַר אונדז שטאָציק אַראָפּגעפֿאַלן, אָבער זי האָט זיך צונויפֿגעגאָסן אין אַ שניי־שיפּוע. מיר האָבן ניט געקענט קלאָר זען דעם אונטן צוליב דעם נעפּל און שלעכטער ליכט, און ס'איז אונדז אײַנגעפֿאַלן אַז ס'איז מיגלעך דער שיפּוע ענדיקט זיך אין אַ שטאָציקער סקאַלע; נאָר דער טומאַן וואָס קריכט נעענטער הינטער אונדז האָט ניט געגעבן קיין צײַט זיך צו וואַקלען. מיר זײַנען תּחילת פּאַמעלעך אַראָפּגעגאַנגען, אויסגעשניטן טרעפּלעך אינעם שניי; דערנאָך איז די אייבערפֿלאַך ווייכער געוואָרן, אַ סימן אַז ס'ווערט ניט אַזוי שטאָציק. צוריקקערן קען איצט ניט קומען אין באַטראַכט, האָבן מיר אָפּגעבונדן דעם שטריק און זיך געגליטשט ווי אין די קינדעריאָרן. ווען מיר האָבן זיך

שעקלטאָנס דרױ נסים

stopped on a snow-bank at the foot of the slope we found that we had descended at least 900 ft. in two or three minutes[294]. We looked back and saw the grey fingers of the fog appearing on the ridge, as though reaching after the intruders into untrodden wilds. But we had escaped.

The country to the east was an ascending snow upland dividing the glaciers of the north coast from the outfalls of the south. We had seen from the top that our course lay between two huge masses of crevasses, and we thought that the road ahead lay clear. This belief and the increasing cold made us abandon the idea of camping. We had another meal at 6 p.m. A little breeze made cooking difficult in spite of the shelter provided for the cooker by a hole. Crean was the cook, and

---

[294] Shackleton is being a bit modest here, in the manner of an official report. Worsley tells the story a bit differently (pp. 155-157, F.A. Worsley, *Endurance*):

> Shackleton then cut out a large step and sat on it. For a few minutes he pondered, then he said:
>
> "I've got an idea. We must go on, no matter what is below. To try to do it in this way is hopeless. We can't cut steps down thousands of feet."
>
> He paused, and Crean and I both agreed with him. Then he spoke again.
>
> "It's a devil of a risk, but we've got to take it. We'll slide."
>
> Slide down what was practically a precipice, in the darkness, to meet – what?
>
> "All right," I said aloud, perhaps not very cheerfully, and Crean echoed my words.
>
> It seemed to me a most impossible project. The slope was well-nigh precipitous, and a rock in our path – we could never have seen it in the darkness in time to avoid it – would mean certain disaster. Still it was the only way. We had explored all the passes; to go back was useless; moreover such a proceeding would sign and seal the death warrant not only of ourselves but of the whole of the expedition. To stay on the ridge longer meant certain death by freezing. It was useless therefore to think about personal risk. If we were killed, at least we had done everything in our power to bring help to our shipmates. Shackleton was right. Our chance as a very small one indeed, but it was up to us to take it.
>
> We each coiled our share of the rope until it made a pad on which we could sit to make our *glissade* from the mountain top. We hurried as much as possible, being anxious to get through the ordeal. Shackleton sat on the large step he had carved, and I sat behind him, straddled my legs around him and clasped him round the neck. Crean did the same with me, so that we were locked together as one man. Then Shackleton kicked off.
>
> We seemed to shoot into space. For a moment my hair fairly stood on end. Then quite suddenly I felt a glow, and knew that I was grinning! I was actually enjoying it. It was most exhilarating. We were shooting down the side of an almost precipitous mountain at nearly a mile a minute. I yelled with excitement, and found that Shackleton and Crean were yelling too. It seemed ridiculously safe. To hell with the rocks!
>
> The sharp slope eased out slightly toward the level below, and then we knew for certain that we were safe. Little by little our speed slackened, and we finished up at the bottom in a bank of snow. We picked ourselves up and solemnly shook hands all round.
>
> "It's not good to do that kind of thing too often," said Shackleton, slowly. "Thanks be that the risk was justified this time."

אָפּגעשטעלט אויף אַ שניי־קופּע צופֿוסנס פֿונעם שיפּוע, האָבן מיר געפֿונען אַז מיר זײַנען אַראָפּ מער ווי אַ 900 פֿוס אין אַ צוויי־דרײַ מינוט[295]. מיר האָבן צוריקגעקוקט, געזען די גראָע פֿינגער פֿונעם טומאַן באַווײַזן זיך אויפֿן קאַם, אַזוי ווי פּרוּוון כאַפּן אַרײַנדרינגערס אין דער אומבאַטראָטענער ווילדעניש. אָבער מיר האָבן זיך אַרויסגעדרייט.

אויף מיזרח איז אַרויפֿגעגאַנגען אַ שניי־הויכלאַנד וואָס צעשיידט די גלעטשערס אויפֿן צפֿונדיקן ברעג פֿון די מערבֿדיקע אַרויספֿאַלן. מיר האָבן געהאַט געזען פֿון אויבן אַז אונדזער קורס ליגט צווישן צוויי ריזיקע מאַסן שפּאַלטן, האָבן מיר געמיינט אַז דער וועג פֿאָרויס איז קלאָר. צוליב דער אָ מיינונג און דער וואַקסנדיקער קעלט האָבן מיר אָפּגעלאָזט אַבי וואָס פֿאַר אַן אידעע פֿון לאַגערן. מיר האָבן געגעסן נאָך אַ מאָלצײַט זעקס אַ זייגער נ"מ. אַ קליין ווינטל האָט געמאַכט צרות בײַם קאָכן ניט קוקנדיק אויפֿן אָפּדאַך פֿונעם שטעלן דעם קאָכער אין אַ לאָך. קרין איז געווען דער קוכער, האָבן איך און

---

[295] דאָ איז שעקלטאָן אַ ביסל באַשיידן אין דעם אופֿן פֿון אַן אָפֿיציעלן באַריכט. וואָרסלי גיט איבער די מעשׂה אַ ביסל אַנדערש (*Endurance*, פֿון F.A. Worsley, ז. 155-157):

שעקלטאָן האָט דעמאָלט אויסגעגראָבן אַ גרויס טרעפּל, זיך אויף אים אַוועקגעזעצט. אַ פּאָר מינוטן האָט ער זיך פֿאַרטראַכט, און זיך אָנגערופֿן:

"איך האָב אַן אידעע. מיר דאַרפֿן גיין ווײַטער, אַבי וואָס זאָל ניט ליגן אונטן. גיין ווײַטער אַזוי איז אוממיגלעך. מיר קענען ניט אויסשנײַדן טרעפּלעך אַראָפּ טויזנטער פֿיס."

ער האָט זיך אָפּגעשטעלט, און קרין מיט מיר האָבן מיט אים מסכּים געווען. האָט ער געזאָגט ווײַטער:

"ס'איז טײַוולאָניש ריזיקאַליש, נאָר מיר מוזן אַ פּרוּוו טאָן. מיר וועלן זיך גליטשן."

אַראָפּגליטשן אויף וואָס איז שיִער ניט אַ תּהום, אינעם פֿינצטערניש, זיך צו טרעפֿן מיט – וואָס?

"נו, גוט," האָב איך געזאָגט אויף אַ קול, אפֿשר ניט זייער פֿריילעך, און קרין האָט נאָכגעזאָגט די ווערטער.

מיר האָט דאָס אויסגעזען ווי גאָר אַן אוממיגלעכער פּראָיעקט. די שיפּוע איז געווען גאָר תּהומיק, און אַ שטיין אין מיטן וועג – מיר וואָלטן אים קיין מאָל ניט געקענט זען אינעם פֿינצטערניש מיט צײַט גענוג אים אויסצומײַדן – וואָלט געמיינט אַן אומגליק אָן שום ספֿק. פֿאָרט איז דאָס געווען דער איינציקער וועג. מיר האָבן שוין געהאַט אויסגעפֿאָרשט די אַלע דורכגאַנגען; צוריקגיין וואָלט געווען אומזיסט; אַחוץ דעם וואָלט אַזאַ פּרוּוו פֿאַרחתמענען דעם טויטאורטל ניט נאָר פֿאַר אונדז אַליין נאָר פֿאַר דער גאַנצע עקספּעדיציע. בלײַבן ווײַטער אויפֿן קאַם וואָלט געמיינט טויט אויף זיכער דורכן אײַנפֿרירן. אומזיסט דערפֿאַר צו טראַכטן וועגן דער אייגענער ריזיקע. אויב מיר שטאַרבן, ווייניקסטענס וואָלטן מיר געהאַט געטאָן אַלץ וואָס די כּוחות האָבן דערלויבט ראַטעווען די שיף־חבֿרה. שעקלטאָן איז גערעכט געווען. דער שאַנס אונדזערער איז געווען טאַקע גאָר אַ קליינער, נאָר מיר האָבן אים געדאַרפֿט אויפֿנעמען.

יעדער האָט אויפֿגעשפּולט זײַן טייל פֿונעם שטריק ביז ס'איז געווען ווי אַ פֿלאַטפֿאָרמע, מיר זאָלן זיצן אויף איר צו מאַכן דעם גליסאַד אַראָפּ פֿון באַרג־שפּיץ. מיר האָבן זיך געיאָגט אויף וויפֿל ס'איז מיגלעך געווען, להוט דורכצוקומען דאָס אָפּקומעניש. שעקלטאָן האָט זיך אַוועקגעזעצט אויפֿן גרויסן טרעפּל וואָס ער האָט אויסגעשניטן, און איך הינטער אים, אים אײַנגעגאָפּלט מיט די פֿיס און אים געהאַלטן אַרום האַלדז. קרין האָט דאָס זעלבע געטאָן מיט מיר, אַזוי אַז מיר זײַנען צונויפֿפֿאַרשליסן ווי איין קערפּער. דעמאָלט האָט שעקלטאָן אַ שטויס געגעבן.

ס'איז געווען אַזוי ווי מיר זײַנען אַרײַן אין דער לופֿטן. אויף אַ רגע זײַנען די האָר באמת אויפֿגעשטאַנען. דעמאָלט גאָר פּלוצעמדיק האָב איך געפֿילט אַ גלי, האָט געוווּסט אַז איך שמייכל! איך האָב טאַקע הנאה געהאַט דערפֿון. שטאַרק אויפֿהײַטערנדיק. מיר האָבן אַראָפּגעשאָסן אויף דער זײַט פֿון אַ שיִער ניט תּהומיקן באַרג כּמעט איין מײַל אַ מינוט. איך האָב גשריגן מיט אויפֿרעגונג, האָב געהערט ווי שעקלטאָן און קרין שרײַען אויך. ס'האָט געפֿילט לעכערלעך זיכער. אַ רוח אין די שטיינער אַרײַן!

דער שאַרפֿער שיפּוע האָט זיך אַ ביסל אויסגעגלײַכט צו דער פֿלאַך אונטן צו, און דעמעלט האָבן מיר אויף געוויס געוווּסט אַז מיר זײַנען בשלום דורכגעקומען. ביסלעכווײַז האָט זיך די גיכקייט פֿאַרפּאַמעלעכט, האָבן מיר געעדניקט אונטן אין אַ קופּע שניי. מיר האָבן זיך אויפֿגעשטעלט און זיך פֿײַערלעך געגעבן די הענט.

"מע זאָל דאָס ניט טאָן צו אָפֿט," האָט שעקלטאָן געזאָגט, פּאַוואָליע. "דאַנקען גאָט אַז די ריזיקע איז דעמאָלט געווען כּדאַי."

Worsley and I lay on the snow to windward of the lamp so as to break the wind with our bodies. The meal over, we started up the long, gentle ascent. Night was upon us, and for an hour we plodded along in almost complete darkness, watching warily for signs of crevasses. Then about 8 p.m. a glow which we had seen behind the jagged peaks resolved itself into the full moon, which rose ahead of us and made a silver pathway for our feet. Along that pathway in the wake of the moon we advanced in safety, with the shadows cast by the edges of crevasses showing black on either side of us. Onwards and upwards through soft snow we marched, resting now and then on hard patches which had revealed themselves by glittering ahead of us in the white light. By midnight we were again at an elevation of about 4000 ft. Still we were following the light, for as the moon swung round towards the north-east, our path curved in that direction. The friendly moon seemed to pilot our weary feet. We could have had no better guide. If in bright daylight we had made that march we would have followed the course that was traced for us that night.

Midnight found us approaching the edge of a great snowfield, pierced by isolated nunataks which cast long shadows like black rivers across the white expanse. A gentle slope to the north-east lured our all-too-willing

וואָרסלי זיך אַוועקגעלייגט אויפֿן שניי ווינט־אַרויף פֿונעם לאָמפּ, מיר זאָלן אָפּשטעלן דעם ווינט מיט די קערפּערס. אויפֿגעגעסן, האָבן מיר זיך געלאָזט אין וועג אַרײַן באַרג־אַרויף אויפֿן לאַנגן, לינדן שיפּוע. די נאַכט איז שוין אָנגעקומען, און אויף אַ שעה האָבן מיר זיך געטאָפּטשעט ווײַטער כּמעט אין שטאָק־פֿינצטערניש, קוקנדיק אויף די פֿינגער אויף סימנים פֿון שפּאַלטן. דעמאָלט, נאָענט צו אַכט אַ זייגער נ"מ, האָט זיך אַ גלי, וואָס מיר האָבן דערזען הינטער די געצאַקנטע שפּיצן, אַרויסגעוויזן פֿאַר דער פֿולער לבֿנה, וואָס גייט אויף פֿאַר אונדז און מאַכט אַ זילבערנעם וועג אונטער די פֿיס. אויף אָט דעם וועג, אינעם נאָכברויז פֿון דער לבֿנה, זײַנען מיר געגאַנגען פֿאָרויס אָן סכּנה, מיט די שאָטנס געוואָרפֿן פֿון די שפּאַלטן־קאַנטן שוואַרץ אויף ביידע זײַטן. ווײַטער און אַרויף דורך ווייכן שניי האָבן מיר מאַרשירט, רוען פֿון צײַט צו צײַט אויף האַרטע שטחים וואָס זיי האָבן זיך אונדז באַוויזן דורכן פֿינקלען פֿאַר אונדז אין דער ווײַסער ליכט. האַלב נאַכט זײַנען מיר נאָך אַ מאָל געווען בײַ 4000 פֿיס אין דער הייך. נאָך אַלץ זײַנען מיר נאָכגעגאַנגען נאָך דער ליכט, ווײַל בעת די לבֿנה דרייט זיך אַרום אויפֿן צפֿון־מיזרח, האָט זיך אונדזער רוטע געבויגן אין דער זעלבער ריכטונג. די פֿרײַנדלעכע לבֿנה האָט אויסגעזען ווי אַ פּילאָט פֿאַר אונדזערע מידע פֿיס. אַ בעסערער פּירער האָט מען ניט געקענט געפֿינען. אויב מע טוט דעם דאָזיקן מאַרש אין מיטן העלן טאָג, וואָלט מען געניצט די זעלבע רוטע וואָס מיר די נאַכט.

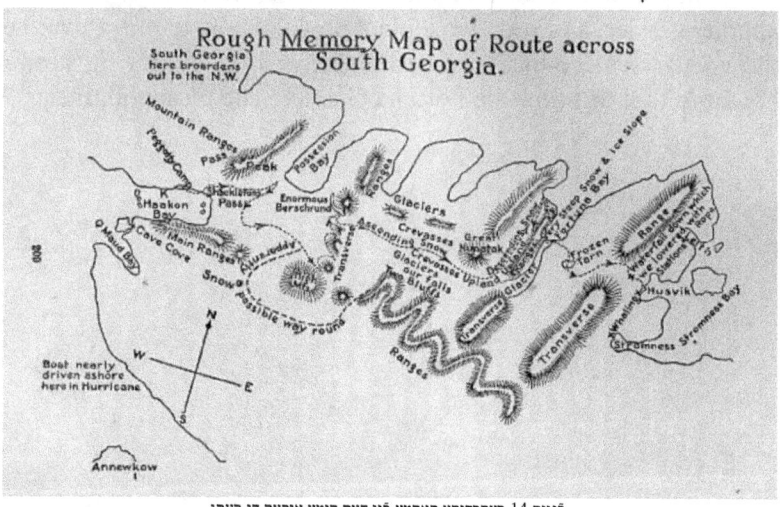

פֿיגור 14 בערכדיקע קאַרטע פֿון דער רוטע איבער די בערג

האַלבע נאַכט האָט אונדז געפֿונען נעענטער צום קאַנט פֿון אַ גרויסן שניי־פֿעלד, דורכגעשטאָכן מיט איזאָלירטע נונאַטאַקס, וואָס וואַרפֿן לאַנגע שאָטנס ווי שוואַרצע טײַכן איבערן ווײַסן געשפּרייט. אַ לינדער שיפּוע אויף צפֿון־מיזרח האָט געצויגן די גאָר

feet in that direction. We thought that at the base of the slope lay Stromness Bay. After we had descended about 300 ft. a thin wind began to attack us. We had now been on the march for over twenty hours, only halting for our occasional meals. Wisps of cloud drove over the high peaks to the southward, warning us that wind and snow were likely to come. After 1 a.m. we cut a pit in the snow, piled up loose snow around it, and started the Primus again. The hot food gave us another renewal of energy. Worsley and Crean sang their old songs when the Primus was going merrily. Laughter was in our hearts, though not on our parched and cracked lips.

We were up and away again within half an hour, still downward to the coast. We felt almost sure now that we were above Stromness Bay. A dark object down at the foot of the slope looked like Mutton Island, which lies off Husvik. I suppose our desires were giving wings to our fancies, for we pointed out joyfully various landmarks revealed by the now vagrant light of the moon, whose friendly face was cloud-swept. Our high hopes were soon shattered. Crevasses warned us that we were on another glacier, and soon we looked down almost to the seaward edge of the great riven ice-mass. I knew there was no glacier in Stromness and realized that this must be Fortuna Glacier. The disappointment

צו־וויליקע פּיס אין דער אָ ריכטונג. מיר האָבן געמיינט אַז צופֿוסנס פֿון אָט דעם שיפּוע איז געלעגן סטראָמנעס־בוכטע. נאָך דעם וואָס מיר זיַינען אַראָפּ אַ 300 פֿוס איז אַ דינער ווינט אויף אונדז אָנגעהויבן אָנצופֿאַלן. מיר זיַינען שוין געווען אין וועג דעמאָלט איבער צוואַנציק שעה, בליַיבן שטיין נאָר צוליב די טיילמאָליקע מאָלציַיטן. דרימען וואָלקנס האָבן זיך געיאָגט איבער די הויכע שפּיצן אויף דרום, אַ וואָרענונג צו אונדז אַז דער ווינט און שניי קערן קומען. נאָך איינס אַ זייגער פֿ"מ האָבן מיר אויסגעגראָבן אַ גריבל אינעם שניי, אָנגעקויפּט לויזן שניי אַרום, און אָנגעצונדן דעם פּרימוס נאָך אַ מאָל. דאָס הייסע עסן האָט אונדז געגעבן נאָך אַ באַניַיונג פֿון כּוח. וואָרסלי און קרין האָבן געזונגען זייערע אַלטע לידער בעת דער פּרימוס קאָכט פֿריילעך. אַ געלעכטער איז געווען אויף די הערצער, אָבער ניט אויף די אויסגעטריקנטע און צעשפּאָלטענע ליפּן.

פֿיגור 15 פּאַנאָראַמע פֿון דרום־דזשאָרדזשע

מיר זיַינען אויפֿגעשטאַנען, זיך געלאָזט אין וועג אַריַין אין ניט מער ווי אַ האַלבע שעה, נאָך אַלץ באַרג־אַראָפּ צום ברעג צו. מיר זיַינען געווען שיִער ניט זיכער איצט, אַז מיר זיַינען איבער סטראָמנעס־בוכטע. אַ טונקעלער חפֿץ צופֿוסנס פֿונעם שיפּוע האָט אויסגעזען ווי שעפּסנס־אינדזל[296], וואָס געפֿינט זיך לעבן הוסוויק. ס'דאַכט זיך מיר, אַז דער באַגער האָט אויפֿגעמונטערט די פֿאַנטאַזיע[297], וויַיל מיר האָבן פֿריילעך אָנגעוויזן אויף אַלערליי אָריענטירן אַנטפּלעקט אין דער איצט וואַלגערנדיקער ליכט פֿון דער לבֿנה, וועמענס פֿריַינדלעך פּנים איז מיט וואָלקנס פֿאַרשלייערט געוואָרן. די הויכע האָפֿענונגען זיַינען גיך צעשמעטערט געוואָרן. שפּאַלטן האָבן אונדז געוואָרנט אַז מיר זיַינען אויף נאָך אַ גלעטשער, און באַלד האָבן מיר אַראָפּגעקוקט כּמעט ביזן ים־עק פֿון דער גרויסע, צעריסענע מאַסע איַיז. איך האָב געוווּסט אַז ס'איז ניטאָ קיין גלעטשער אין סטראָמנעס, האָב איך איַינגעזען, אַז דאָס דאַרף זיַין פֿאָרטונע־גלעטשער[298]. גאָר אַ שווערע

[296] Mutton Island
[297] אַ משל, ווי מע זאָגט, פֿון "נאַוויגאַציע דורך הלוואַי־געדאַנק"
[298] Fortuna Glacier

was severe. Back we turned and tramped up the glacier again, not directly tracing our steps but working at a tangent to the south-east. We were very tired.

At 5 a.m. we were at the foot of the rocky spurs of the range. We were tired, and the wind that blew down from the heights was chilling us. We decided to get down under the lee of a rock for a rest. We put our sticks and the adze on the snow, sat down on them as close to one another as possible, and put our arms round each other. The wind was bringing a little drift with it and the white dust lay on our clothes. I thought that we might be able to keep warm and have half an hour's rest this way. Within a minute my two companions were fast asleep. I realized that it would be disastrous if we all slumbered together, for sleep under such conditions merges into death. After five minutes I shook them into consciousness again, told them that they had slept for half an hour, and gave the word for a fresh start. We were so stiff that for the first two or three hundred yards we marched with our knees bent. A jagged line of peaks with a gap like a broken tooth confronted us. This was the ridge that runs in a southerly direction from Fortuna Bay, and our course eastward to Stromness lay across it. A very steep slope led up to the ridge and an icy wind burst through the gap.

We went through the gap at 6 a.m. with anxious hearts as well as weary bodies. If the farther slope had proved impassable our situation would have been almost desperate; but the worst was turning to the best for us. The twisted, wave-like rock formations of Husvik Harbour appeared right ahead in the opening of dawn. Without a word we shook hands with one another. To our minds the journey was over, though as a matter of fact twelve miles of difficult country had still to be traversed. A gentle snow-slope descended at our feet towards a valley that separated our ridge from the hills immediately behind Husvik, and as we stood gazing Worsley said solemnly, "Boss, it looks too good to be true!" Down we went, to be checked presently by the sight of water 2500 ft. below. We could see the little wave-ripples on the black beach, penguins strutting to and fro, and dark objects that looked like seals lolling lazily on the sand. This was an eastern arm of

אַנטוישונג. צוריק האָבן מיר זיך געדרייט, געטאָפּטשעט אַרויף אויפֿן גלעטשער נאָך אַ מאָל, ניט פּונקט ווו פֿריִער, נאָר אויף אַ טאַנגענט אויף דרום־מיזרח. מיר זײַנען געווען גאַנץ אויסגעמאַטערט.

פֿינף אַ זייגער פֿ"מ זײַנען מיר געווען צופֿוסנס פֿון די שטיינערנע אונטערשפּיצן פֿון דער קייט. מיר זײַנען מיד געווען, דורכגעקילט פֿונעם ווינט בלאָזנדיק אַראָפּ פֿון די הייכן אויבן. מיר האָבן באַשלאָסן אונטערצוקריכן ווינט־אַראָפּ פֿון אַ שטיין, זיך אָפּצורוען אַ ביסל. מיר האָבן אַוועקגעלייגט די שטעקנס מיטן אַדז אויפֿן שניי, זיך אויף זיי אַוועקגעזעצט וואָס נעענטער איינער דעם צווייטן, און זיך אַרומגענומען. דער ווינט האָט געבראַכט אַ ביסל דרייף מיט זיך, איז דער ווײַסער שטויב געלעגן אויף די קליידער. איך האָב געמיינט, אַז מיר קענען אפֿשר בלײַבן וואַרעם, זיך אָפּרוען אַזוי אויף אַ האַלבער שעה. אין ניט מער ווי איין מינוט זײַנען די צוויי באַלייטערס טיף אַנטשלאָפֿן געוואָרן. איך האָב זיך געכאַפּט, אַז ס'וואָלט געווען אַן אומגליק, זאָלן מיר אַלע שלאָפֿן, ווײַל דאָס שלאָפֿן אין אַזעלכע צושטאַנדן גייט אַריבער אויף טויט. נאָך פֿינף מינוט האָב איך זיי געטרייסלט ביז אויסגעטשוכעט, זיי געזאָגט, אַז זיי האָבן געשלאָפֿן אַ האַלבע שעה, געהייסן גיין איבער אַ נײַס. מיר זײַנען אַזוי שטײַף געווען, אַז מיר האָבן מאַרשירט מיט אויסגעבויגענע קני די ערשטע צוויי־דרײַ הונדערט יאַרדן. אַ געצאַקנטע ריי שפּיצן מיט אַ ריס ווי אַ צעבראָכענעם צאָן איז פֿאַר אונדז געשטאַנען. אָט דאָס איז געווען דער קאַם וואָס פֿירט אויף דרום פֿון **פֿ**אָרטונע־**ב**וכטע, און אונדזער רוטע מיזרח צו קיין **ס**טראָמנעס פֿירט אַריבער אים. אַ זייער שטאָציקער שיפּוע האָט געפֿירט אַרויף ביזן קאַם, האָט אַן אײַזיקער ווינט געבלאָזן דורכן ריס.

מיר זײַנען דורך אָט דעם ריס זעקס אַ זייגער פֿ"מ מיט באַזאָרגטע הערצער פֿאַר אַ צוגאָב צו די אויסגעמאַטערטע קערפּערס. אויב דער אַנטקעגנדיקער שיפּוע זאָל זיך באַווײַזן פֿאַר ניט דורכצוגיין, וואָלט די מצבֿ גאָר פֿאַרצווייפֿלט ווערן, נאָר דאָס ערגסטע איז פֿאַר אונדז דאָס בעסטע געוואָרן. די קרומע שטיינערנע פֿאָרמען, ווי כוואַליעס, בײַ **ה**וסוויק־**ה**אַוון האָבן זיך פּונקט פֿאַר אונדז באַוויזן בעת ס'קומט אָן דער באַגינען. אָן שום ווערטער האָבן מיר זיך געגעבן די הענט. בײַ אונדז איז די נסיעה שוין פֿאַרטיק געווען, כאָטש אין דער אמתן האָבן מיר געדאַרפֿט אַריבערגיין איבער נאָך צוועלף מײַל שווער גיין. אַ לינדער שניי־שיפּוע איז אַראָפּגעגאַנגען באַרג־אַראָפּ פֿאַר די פֿיס, ביז אַ טאָל וואָס צעשיידט אונדזער קאַם פֿון די בערגלעך נאָענט הינטער **ה**וסוויק, און בעת מיר שטייען דאָרט, גאַפֿן, האָט זיך **וו**אָרסלי פֿײַערלעך אָנגערופֿן, "שעף, ס'איז קוים צו גלייבן!" מיר זײַנען אַראָפּ, באַלד אָפּגעשטעלט געוואָרן פֿון אַ בליק אויף וואַסער מיט 2500 פֿיס אונטן. מיר האָבן געקענט זען די קליינע כוואַליע־רונצלען אויף דער שוואַרצער פּלאַזשע, פּענגווינען מאַרשירן שטײַף אַהין און צוריק, שוואַרצע חפֿצים וואָס זעען אויס ווי ים־הינט וואַלגערן זיך פֿויל אויפֿן זאַמד. אָט דאָס איז געווען אַ מיזרחדיקע צווײַג פֿון

שעקלטאָנס דרײ נסים

Fortuna Bay, separated by the ridge from the arm we had seen below us during the night. The slope we were traversing appeared to end in a precipice above this beach. But our revived spirits were not to be damped by difficulties on the last stage of the journey, and we camped cheerfully for breakfast. Whilst Worsley and Crean were digging a hole for the lamp and starting the cooker I climbed a ridge above us, cutting steps with the adze, in order to secure an extended view of the country below. At 6.30 a.m. I thought I heard the sound of a steam-whistle. I dared not be certain, but I knew that the men at the whaling-station would be called from their beds about that time. Descending to the camp I told the others, and in intense excitement we watched the chronometer for seven o'clock, when the whalers would be summoned to work. Right to the minute the steam-whistle came to us, borne clearly on the wind across the intervening miles of rock and snow. Never had any one of us heard sweeter music. It was the first sound created by outside human agency that had come to our ears since we left Stromness Bay in December 1914. That whistle told us that men were living near, that ships were ready, and that within a few hours we should be on our way back to Elephant Island to the rescue of the men waiting there under the watch and ward of Wild. It was a moment hard to describe. Pain and ache, boat journeys, marches, hunger and fatigue seemed to belong to the limbo of forgotten things, and there remained only the perfect contentment that comes of work accomplished.

My examination of the country from a higher point had not provided definite information, and after descending I put the situation before Worsley and Crean. Our obvious course lay down a snow-slope in the direction of Husvik. "Boys," I said, "this snow-slope seems to end in a precipice, but perhaps there is no precipice. If we don't go down we shall have to make a detour of at least five miles before we reach level going What shall it be?" They both replied at once, "Try the slope." So we started away again downwards. We abandoned the Primus lamp, now empty, at the breakfast camp and carried with us one ration and a biscuit each. The deepest snow we had yet encountered clogged our feet, but we plodded downward, and after descending about 500 ft., reducing our altitude to 2000 ft. above sea-level, we thought we saw the way clear ahead. A steep gradient of blue ice

פֿאָרטונע־בוכטע, צעשיידט דורכן קאַם פֿון דער צוויטיג וואָס מיר האָבן דערזען אונטן אין דער נאַכט. דער שיפֿוע וואָס מיר גייען אים איבער איצט, האָט אויסגעזען זיך צו ענדיקן אין אַ תּהום איבער אָט דער פלאַזשע. נאָר שוועריקייטן אויף דער לעצטער סטאַדיע פֿון דער נסיעה האָבן ניט געקענט אָפּשוואַכן אונדזער גרינג געמיט, האָבן מיר זיך געלאַגערט פֿריילעך אויף אַ ביסל פֿרישטיק. בעת וואָרסלי און קרין גראָבן אויס אַ לאָך פֿאַרן לאָמפּ און צינדן אָן דעם קאָכער, בין איך אַרויף אויף אַ קאַם איבער אונדז, אויסגעשניטן טרעפּלעך מיטן אַדז, כּדי צו קריגן אַן אויסבליק אויפֿן לאַנד אונטן. האַלב זיבן פֿ"מ האָט זיך מיר געדאַכט, אַז איך האָב דערהערט אַ דאַמף־סווישטש. איך האָב ניט געקענט זײַן זיכער, נאָר איך האָב געוווּסט, אַז צו דער צײַט מער־ווייניקער האָט מען גערופֿן די מענטשן בײַ דער וואַלפֿיש־סטאַנציע פֿון די געלעגערס. בין איך אַראָפּגעגאַנגען צוריק אין לאַגער און דערציילט דאָס די אַנדערע, און מיט שטאַרקער אויפֿרעגונג האָבן מיר געקוקט אויפֿן כראָנאָמעטער ביז זיבן אַ זייגער, ווען מע רופֿט די וואַלפֿישערס אויף דער אַרבעט. פּונקט דעמאָלט האָט זיך געלאָזט הערן דער דאַמף־סווישטש, געטראָגן בולט אויפֿן ווינט איבער די צווישנווײַליקע מײַלן פֿון שטיין און שניי. קיין מאָל האָט קיינער פֿון אונדז ניט געהערט קיין זיסערע מוזיק. דאָס איז געווען דער ערשטער קלאַנג געמאַכט פֿון אַן אַנדער בן־אָדם אין די אויערן אונדזערע זינט מיר זײַנען אָפּגעפֿאָרן פֿון סטראָמנעס־בוכטע דעצעמבער 1914. דער אָ פֿײַף האָט אונדז געזאָגט, אַז מענטשן ווױנען נאָענט, שיפֿן זײַנען גרייט, און אין ניט מער ווי אַ געציילטע פּאָר שעהען וועלן מיר שוין זײַן אין וועג אַרײַן קיין העלפֿאַנד־אינדזל ראַטעווען די לײַט וואָס וואַרטן דאָרט אונטערן אויג פֿון ווילד. אַ רגע קוים צו באַשרײַבן. ווייטיק און יסורים, שיפֿל־נסיעות, טאָפּטשען, הונגער, מידקייט האָבן אַלע אויסגעזען ווי זיי געהערן צו אַ לימבאָ פֿון פֿאַרגעסענע זאַכן, און איצט בלײַבט אונדז די שלמותדיקע באַפֿרידיקונג פֿון עפּעס אויפֿגעטאָן.

דער איבערקוק אויפֿן לאַנד פֿון אויבן האָט ניט געגעבן קיין באַשטימטע ידיעות, און ווען איך בין נאָך אַ מאָל אַראָפּ, האָב איך דערציילט וואָרסלי און קרין ווי ס'טוט זיך דאָ. דער באַשטײַמפּערלעכער וועג פֿירט באַרג־אַראָפּ אויף אַ שניי־שיפּוע אין דער ריכטונג פֿון הוסוויק. "בחורים," האָב איך געזאָגט, "ס'זעט אויס אַז אָט דער שניי־שיפּוע ענדיקט זיך אין אַ תּהום, אָבער אפֿשר איז ניטאָ קיין תּהום. אויב מיר גייען ניט אַראָפּ, מוזן מיר גיין אויף אַ זײַט פֿינף מײַל אָדער מער, איידער מיר קומען אָן בײַ גלײַכן גיין. וואָס זאָגט איר?"ביידע האָבן תּיכּף געענטפֿערט, "לאָמיר פּרוּוון מיטן שיפּוע." איז, מיר האָבן זיך נאָך אַ מאָל געלאָזט אין וועג אַרײַן באַרג־אַראָפּ. מיר האָבן איבערגעלאָזט דעם פּרימוס, שוין ליידיק, בײַם פֿרישטיק־לאַגער, מיטגעבראַכט מיט זיך צו איין ראַציע מיט אַ ביסקוויט. דער טיפֿסטער שניי וואָס מיר האָבן ביז איצט געטראָפֿן האָט פֿאַרלייגט די פֿיס, נאָר מיר האָבן זיך אַראָפּגעטאָפּטשעט, און נאָך אַ 500 פֿוס אַראָפּ, ד"ה 2000 פֿיס איבערן ים, האָבן מיר געמיינט אַז דער וועג איז קלאָר פֿאָרויס. אַ שטאָציקער אַראָפּגאַנג פֿון בלאָ אײַז איז געווען די נאָענסטע מניעה פֿאַר אונדז. וואָרסלי און קרין האָבן זיך

was the next obstacle. Worsley and Crean got a firm footing in a hole excavated with the adze and then lowered me as I cut steps until the full 50 ft. of our alpine rope was out. Then I made a hole big enough for the three of us, and the other two men came down the steps. My end of the rope was anchored to the adze and I had settled myself in the hole braced for a strain in case they slipped. When we all stood in the second hole I went down again to make more steps, and in this laborious fashion we spent two hours descending about 500 ft. Halfway down we had to strike away diagonally to the left, for we noticed that the fragments of ice loosened by the adze were taking a leap into space at the bottom of the slope. Eventually we got off the steep ice, very gratefully, at a point where some rocks protruded, and we could see then that there was a perilous precipice directly below the point where we had started to cut steps. A slide down a slippery slope, with the adze and our cooker going ahead, completed this descent, and incidentally did considerable damage to our much-tried trousers.

When we picked ourselves up at the bottom we were not more than 1500 ft. above the sea. The slope was comparatively easy. Water was running beneath the snow, making "pockets" between the rocks that protruded above the white surface. The shells of snow over these pockets were traps for our feet; but we scrambled down, and presently came to patches of tussock. A few minutes later we reached the sandy beach. The tracks of some animals were to be seen, and we were puzzled until I remembered that reindeer, brought from Norway, had been placed on the island and now ranged along the lower land of the eastern coast. We did not pause to investigate. Our minds were set upon reaching the haunts of man, and at our best speed we went along the beach to another rising ridge of tussock. Here we saw the first evidence of the proximity of man, whose work, as is so often the ease, was one of destruction. A recently killed seal was lying there, and presently we saw several other bodies bearing the marks of bullet-wounds. I learned later that men from the whaling-station at Stromness sometimes go round to Fortuna Bay by boat to shoot seals.

פֿעסט אַוועקגעשטעלט די פֿיס אין אַ לאָך אויסגעגראָבן מיטן אַדז, האָבן מיך אַראָפּגעלאָזט, בעת איך שניט אויס טרעפּלעך ביז איך קום אָן בײַם עק פֿונעם 50־פֿוס אַלפּין־שרטיק. דעמאָלט האָב איך געמאַכט אַ לאָך גענוג גרויס פֿאַר אונדז דרײַ, זײַנען די צוויי אַנדערע אַראָפּ מיט די טרעפּלעך. מײַן עק פֿונעם שטריק איז צוגעבונדן געוואָרן צום אַדז, האָב איך זיך אַוועקגעזעצט אינעם לאָך, זיך געשטאַרקט טאָמער זיי גליטשן זיך אויס. ווען מיר זײַנען אַלע געווען אין צווייטן לאָך, בין איך נאָך אַ מאָל אַראָפּ, אויסגראָבנדיק טרעפּלעך, און אין אַזאַ פֿאַרמאַטערנדיקן אופֿן האָבן מיר פֿאַרבראַכט צוויי שעה, אַראָפּ אַ 500 פֿוס. אויפֿן האַלבן וועג אַראָפּ האָבן מיר זיך געדאַרפֿט נעמען קווער אויף לינקס, ווײַל מיר האָבן באַמערקט אַז די שטיקלעך אײַז אַרויסגעלאָזט מיטן אַדז האָבן אַ שפּרונג געגעבן אין דער לופֿטן צופֿוסנס פֿונעם שיפּוע. מיט דער צײַט זײַנען מיר אַראָפּ פֿונעם שטאָציקן אײַז, זייער דאַנקבאַר, בײַ אַ פּונקט וווּ עטלעכע שטיינער שטעקן זיך אַרויס, האָבן מיר געקענט זען אַז ס'איז טאַקע געווען אַ סכּנהדיקער תּהום פּונקט אונטערן אָרט וווּ מיר האָבן אָנגעהויבן מיט די טרעפּלעך. אַ גליטש אַראָפּ אויף אַ גליטשיקן שיפּוע, דער אַדז און קאָכער אַפּריִער, האָט געמאַכט אַ סוף צו דעם אַראָפּגאַנג, און אַגבֿ שטאַרק אויסגעריבן די האַרט־געניצטע הויזן.

ווען מיר האָבן זיך אויפֿגעהויבן אונטן זײַנען מיר געווען ניט מער ווי 1500 פֿוס איבערן ים. דער שיפּוע איז לפֿי־ערך גרינג געווען. וואַסער איז געלאָפֿן אונטערן שניי, מאַכן "קעשענעס" צווישן די שטיינער וואָס שטעקן אַרויס איבער דער ווײַסער אייבערפֿלאַך. די שאָלן פֿון שניי איבער די דאָזיקע קעשענעס זײַנען געווען פּאַסטקעס פֿאַר די פֿיס, אָבער מיר האָבן זיך אַראָפּגעדראַפּעט, און באַלד זײַנען מיר אָנגעקומען בײַ שטחים הײַפֿל־גראָז. מיט אַ פּאָר מינוט שפּעטער זײַנען מיר דערגאַנגען ביז דער זאַמדיקער פּלאַזשע. די שפּורן פֿון עטלעכע חיות האָבן זיך דערזען, וואָס איז אונדז אַ רעטעניש ביז איך האָב געדענקט אַז מע האָט אַ מאָל רעניפֿערן געבראַכט פֿון נאָרוועגיע צום אינדזל, האָבן זיי איצט געגרייכט פּאַזע דער נידעריקער יבשה אויפֿן מיזרחדיקן ברעג. מיר האָבן זיך ניט אָפּגעשטעלט אויסצופֿאָרשן. די מוחות אונדזערע זײַנען פֿעסט באַשטימט געווען, מיר זאָלן אָנקומען בײַ די מקומות פֿון מענטשן, און מיר זײַנען אַזוי גיך ווי מיגלעך פּאַזע דער פּלאַזשע געגאַנגען ביז אַן אַנדער אויפֿהייבנדיקן קאַם פֿון הײַפֿל־גראָז. דאָ האָבן מיר געזען די ערשטע סימנים פֿון דער נאָענטקייט פֿון מענטשן, וועמענס אַרבעט, ווי אָפֿט מאָל, איז געווען אַ צעשטערונג. אַן אַנומלט־דערהרגעטער ים־הונט איז דאָרט געלעגן, און באַלד האָבן מיר געזען עטלעכע אַנדערע קערפּערס מיט סימנים פֿון קוילן־ווונדן. איך האָב זיך שפּעטער דערוווּסט, אַז מענטשן פֿון דער וואַלפֿיש־סטאַנציע פֿאָרן אַרום אַ מאָל אין פֿאָרטונע־בוכטע מיטן שיפֿל דערשיסן ים־הינט.

שעקלטאָנס דרײַ נסים

Noon found us well up the slope on the other side of the bay working east-south-east, and half an hour later we were on a flat plateau, with one more ridge to cross before we descended into Husvik. I was leading the way over this plateau when I suddenly found myself up to my knees in water and quickly sinking deeper through the snow-crust. I flung myself down and called to the others to do the same, so as to distribute our weight on the treacherous surface. We were on top of a small lake, snow-covered. After lying still for a few moments we got to our feet and walked delicately, like Agag, for 200 yds., until a rise in the surface showed us that we were clear of the lake.

At 1.30 p.m. we climbed round a final ridge and saw a little steamer, a whaling-boat, entering the bay 2500 ft, below. A few moments later, as we hurried forward, the masts of a sailing-ship lying at a wharf came in sight. Minute figures moving to and fro about the boats caught our gaze, and then we saw the sheds and factory of Stromness whaling-station. We paused and shook hands, a form of mutual congratulation that had seemed necessary on four other occasions in the course of the expedition. The first time was when we landed on Elephant Island, the second when we reached South Georgia, and the third when we reached the ridge and saw the snow-slope stretching below on the first day of the overland journey, then when we saw Husvik rocks.

Cautiously we started down the slope that led to warmth and comfort. The last lap of the journey proved extraordinarily difficult. Vainly we searched for a safe, or a reasonably safe, way down the steep ice-clad mountain-side. The sole possible pathway seemed to be a channel cut by water running from the upland. Down through icy water we followed the course of this stream. We were wet to the waist, shivering, cold, and tired. Presently our ears detected an unwelcome sound that might have been musical under other conditions. It was the splashing of a waterfall, and we were at

האַלבער טאָג האָט אונדז געפֿונען ווײַט אַרויף אויפֿן שיפּוע אויף דער אַנדערער זײַט פֿון דער בוכטע, גייענדיק מיזרח־דרום־מיזרח צו, און מיט אַ האַלבער שעה שפּעטער זײַנען מיר אויף אַ גלײַכן פּלאַטאָ, מיט נאָך איין קאַם איבערצוגיין איידער מיר גיין אַראָפּ קיין **ה**וסוויק. איך בין געגאַנגען אַפֿריִער איבער דעם דאָזיקן פּלאַטאָ ווען איך האָב זיך פּלוצעם געפֿונען ביז די קני אין וואַסער, גיך זינקען טיפֿער אַראָפּ דורך דער שניי־סקאָרע. איך האָב זיך אַראָפּגעוואָרפֿן, געהייסן די אַנדערע זאָלן טאָן דאָס זעלבע, כּדי צו פֿאַרשפּרייטן דעם וואָג איבער דער פֿאַרפֿירערישער אייבערפֿלאַך. מיר זײַנען געווען אויף אַ קליין אָזערל, באַדעקט מיט שניי. נאָך אַ פּאָר מאָמענטן ליגן שטיל, זײַנען מיר אויפֿגעשטאַנען, געגאַנגען דעליקאַט, ווי אגג[299], 200 יאַרדן, ביז אַן אויפֿהייב אין דער אייבערפֿלאַך האָט אונדז באַוויזן אַז מיר זײַנען אַוועק פֿון דער אָזערע.

האַלב צוויי נ"מ האָבן מיר אַרומגעקלעטערט אַרום אַ לעצטן קאַם און האָט געזען אַ קליינעם דאַמפֿער, אַ וואַלפֿיש־שיפֿל, וואָס שווימט אין דער בוכטע אַרײַן מיט 2500 פֿיס אונטן. מיט אַ פּאָר מאָמענטן שפּעטער, בעת מיר אײַלן זיך פֿאָרויס, האָבן די מאַסטן פֿון אַ זעגל־שיף בײַ אַ ווערף געלאָזט זיך זען. פּיצינקע געשטאַלטן וואָס וואַלגערן זיך צווישן די שיפֿלעך האָבן זיך אונדז געוואָרפֿן אין די אויגן, און דעמאָלט האָבן מיר דערזען די שטעלכלעך און פֿאַבריק פֿון דער **ס**טראָמנעס וואַלפֿיש־סטאַנציע. מיר האָבן זיך אָפּגעשטעלט, זיך געגעבן די הענט, אַ מין אַנאַנדיקער מזל־טובֿ וואָס איז געווען פּאַסיק פֿיר מאָל פֿריִער במשך פֿון דער עקספּעדיציע. ערשטנס דאָס לאַנדן אויף **ה**עלפֿאַנד־**א**ינדזל; צווייטנס דאָס אָנקום בײַ **ד**רום־**ד**זשאָרדזשע; דריטנס ווען מיר האָבן דערגרייכט ביזן קאַם און געזען דעם שניי־שיפּוע ציִענדיק זיך אונטן בײַם ערשטן טאָג פֿון אַריבערגיין איבער די בערג; און דערנאָך ווען מיר האָבן געזען די שטיינער בײַ **ה**וסוויק.[300]

פֿאַוואָליע האָבן מיר זיך געלאָזט אין וועג אַרײַן באַרג־אַראָפּ אויפֿן שיפּוע וואָס פֿירט ביז וואַרעמקייט און באַקוועמלעכקייט. דער לעצטער עטאַפּ פֿון דער נסיעה האָט זיך אַרויסגעוויזן פֿאַר אַן אויסערגעוויינטלעכער שווערער. אומזיסט האָבן מיר געזוכט נאָך אַ זיכערן וועג, אָדער מער־ווייניקער אַ זיכערן, אַראָפּ אויף דער שטאָציקער פֿאַראײַזיקטער באַרג־זײַט. דער איינציקער מיגלעכער וועג האָט זיך אויסגעוויזן צו זײַן אַ קאַנאַל געשניטן פֿון וואַסער וואָס שטראָמט אַראָפּ פֿונעם הויכלאַנד. אַראָפּ דורכן אײַזיקן וואַסער זײַנען מיר נאָכגעגאַנגען נאָכן גאַנג פֿון דער דאָזיקער ריטשקע. מיר זײַנען געווען דורכגעווייקט ביז דער טאַליע, ציטערנדיק, קאַלט, און אויסגעמאַטערט. באַלד האָט זיך געלאָזט הערן אַ ניט־אָנגעלייגטער קלאַנג, וואָס וואָלט געווען מוזיקאַליש אין אַנדערע באַדינגונגען. ס'איז געווען דער פּליושק פֿון אַ וואַסערפֿאַל, און מיר זײַנען בײַם

---

[299] Agag: דער מלך פֿון די עמלקים (זעט I שמואל xv)

[300] טאַקע! די מעשׂה פֿון דער גאַנצער עקספּעדיציע איז געווען אַ ריי פֿון זאָגן "דאַנקען גאָט" און פּונקט דערנאָך — "אוי, איצט וואָס דאַרפֿן מיר טאָן?"

the wrong end. When we reached the top of this fall we peered over cautiously and discovered that there was a drop of 25 or 30 ft., with impassable ice-cliffs on both sides. To go up again was scarcely thinkable in our utterly wearied condition. The way down was through the waterfall itself. We made fast one end of our rope to a boulder with some difficulty, due to the fact that the rocks had been worn smooth by the running water. Then Worsley and I lowered Crean, who was the heaviest man. He disappeared altogether in the falling water and came out gasping at the bottom. I went next, sliding down the rope, and Worsley, who was the lightest and most nimble member of the party, came last. At the bottom of the fall we were able to stand again on dry land. The rope could not be recovered. We had flung down the adze from the top of the fall and also the logbook and the cooker wrapped in one of our blouses. That was all, except our wet clothes, that we brought out of the Antarctic, which we had entered a year and a half before with well-found ship, full equipment, and high hopes. That was all of tangible things; but in memories we were rich. We had pierced the veneer of outside things. We had "suffered, starved, and triumphed, grovelled down yet grasped at glory, grown bigger in the bigness of the whole." We had seen God in His splendours, heard the text that Nature renders. We had reached the naked soul of man.

Shivering with cold, yet with hearts light and happy, we set off towards the whaling-station, now not more than a mile and a half distant. The difficulties of the journey lay behind us. We tried to straighten ourselves up a bit, for the thought that there might be women at the station made us painfully conscious of our uncivilized appearance. Our beards were long and our hair was matted. We were unwashed and the garments that we had worn for nearly a year without a change were tattered and stained. Three more unpleasant-looking ruffians could hardly have been imagined. Worsley produced several safety-pins from some corner of his garments and effected some temporary repairs that really emphasized his general disrepair. Down we hurried, and when quite close to the station

ניט־ריכטיקן עק. ווען מיר זײַנען אָנגעקומען בײַם אויבן פֿונעם פֿאַל, האָבן מיר אַראָפּגעקוקט פֿאָרזיכטיק און דערזען אַן אַראָפּהאַנג פֿון אַ 30-25 פֿוס מיט ניט־דורכצוגייענדיקע אײַז־סקאַלעס אויף ביידע זײַטן. אַרויפֿגיין נאָך אַ מאָל איז גאָר ניט געקומען אין באַטראַכט, זײַנען מיר אַזוי גאָר אויסגעמאַטערט. דער וועג אַראָפּ איז געלעגן דורכן וואַסערפֿאַל אַליין. מיר האָבן פֿאַרבונדן איין עק פֿונעם שטריק צו אַ שטיין, וואָס איז ניט גרינג געווען, ווײַל די שטיינער זײַנען געווען געשליפֿענע צוליב דעם שטראָמענדיקן וואַסער. דערנאָך האָבן איך און וואָרסלי אַראָפּגעלאָזט קרין, וואָס איז געווען דער שווערסטער. איז ער אין גאַנצן פֿאַרשווונדן געוואָרן אינעם פֿאַלנדיקן וואַסער, אַרויסגעקומען אונטן אַ סאַפּענדיקער. איך בין דער צווייטער געגאַנגען, זיך אַראָפּגעגליטשט אויפֿן שטריק, און וואָרסלי, דער לײַכטסטער און פֿלינקסטער פֿון אונדז, איז דער לעצטער אַראָפּ. צופֿוסנס פֿונעם פֿאַל האָבן מיר נאָך אַ מאָל געקענט שטיין אויף טרוקענער יבשה. דער שטריק איז ניט צו קריגן געווען. מיר האָבן אַראָפּגעוואָרפֿן דעם אַדז פֿון אויבן און דערצו די לאָגהעפּט און דעם קאָכער אײַנגעוויקלט אין איינעם אַ העמד. דאָס איז געווען אַלץ, אַחוץ די נאַסע קליידער, וואָס מיר האָבן מיט זיך אַרויסגעבראַכט פֿונעם אַנטאַרקטיק, ווו מיר זײַנען געהאַט אָנגעקומען מיט אַ יאָר מיט אַ האַלב צוריק, אין אַ געזונטער שיף[301], דאָס גאַנצע געצײַג, און הויכע האָפֿענונגען. דאָס זײַנען אַלע געווען ממשותדיקע זאַכן, נאָר אין זכרונס זײַנען מיר רײַך געווען. מיר האָבן דורכגעדרונגען דעם פֿאַניר פֿון דרויסנדיקע זאַכן. מיר האָבן "געליטן, געהונגערט, און מנצח געווען, אונטערגעקראָכן נאָר זיך אָנגעכאַפּט אין גדולה, גרעסער געוואָרן אין דער גרויסקייט פֿון דער גאַנצהייט."[302] מיר האָבן געזען גאָט אין זײַן גדולה, געהערט דעם טעקסט וואָס די נאַטור שרײַבט אָן. מיר האָבן דערגרייכט ביז דער נאַקעטער נשמה פֿון אַ מענטש.[303]

ציטערנדיק מיט קעלט, נאָר מיט לײַכטע הערצער, פֿריילעכע, זײַנען מיר אין וועג אַרײַן צו דער וואַלפֿישערײַ צו, איצט ניט מער ווי אָנדערהאַלבן מײַלן ווײַטער. די שווערקייטן פֿון דער נסיעה זײַנען שוין הינטער אונדז געווען. מיר האָבן אַ פּרוּוו געטאָן, זיך אויסצוגלײַכן, וואָרן דער געדאַנק אַז אפֿשר זײַנען דאָ פֿרויען בײַ דער פֿישערײַ האָט אונדז פֿײַנלעך וויסיק געמאַכט פֿון אונדזער ווילדע אויסזע. די בערד זײַנען לאַנג געווען, די האָר ברודיק. מיר זײַנען געווען קויטיקע, געטראָגן די זעלביקע קליידער כּמעט אַ גאַנץ יאָר, אויסגעריבענע און באַפֿלעקטע. מע האָט זיך ניט געקענט פֿאָרשטעלן דרײַ ערגערע כוליגאַנעס. וואָרסלי האָט געפֿונען עטלעכע אַגראַפֿקעס פֿון ערגעץ אין די מלבושים און זיך אַ ביסל פֿאַרלאַטעט, וואָס האָט נאָר אונטערגעשטראָכן ווי צעריסן ער איז אין אַלגעמיין. באַרג־אַראָפּ האָבן מיר זיך געיאָגט, און גאַנץ נאָענט צו דער סטאַנציע האָבן

[301] a well-found ship …

[302] פֿון The Call of the Wild פֿון Jack London.

[303] טאַקע אַ רירנדיקע רגע – נאָך די דרײַ נסים, וואָס יעדער איינער פֿון זיי האָט אין דער אמתן געזאָלט זײַן פֿאַטאַל פֿאַר אַלע, זײַנען זיי ערשט פֿאַרטיק![303] געדענקט אויך אַז זיי האָבן קיינעם ניט געזען מחוץ דער אייגענער כאַליאַסטרע, אין מער ווי 18 חדשים: פֿונעם 5טן דעצעמבער 1914 ביז דעם 20סטן מײַ 1916

we met two small boys ten or twelve years of age. I asked these lads where the manager's house was situated. They did not answer. They gave us one look--a comprehensive look that did not need to be repeated. Then they ran from us as fast as their legs would carry them. We reached the outskirts of the station and passed through the "digesting-house," which was dark inside. Emerging at the other end, we met an old man, who started as if he had seen the Devil himself and gave us no time to ask any question. He hurried away. This greeting was not friendly. Then we came to the wharf, where the man in charge stuck to his station. I asked him if Mr. Sorlle (the manager) was in the house.

"Yes," he said as he stared at us.

"We would like to see him," said I.

"Who are you?" he asked.

"We have lost our ship and come over the island," I replied.

"You have come over the island?" he said in a tone of entire disbelief.

The man went towards the manager's house and we followed him. I learned afterwards that he said to Mr. Sorlle: "There are three funny-looking men outside, who say they have come over the island and they know you. I have left them outside." A very necessary precaution from his point of view.

Mr. Sorlle came out to the door and said, "Well?"

"Don't you know me?" I said.

"I know your voice," he replied doubtfully. "You're the mate of the *Daisy*."

"My name is Shackleton," I said.

Immediately he put out his hand and said, "Come in. Come in."

"Tell me, when was the war over?" I asked.

מיר אָנגעגעגנט צוויי קליינע ייִנגלעך, אַלט אַ יאָר צען־צוועלף. איך האָב די דאָזיקע יונגען געפֿרעגט ווו עס געפֿינט זיך דעם פֿאַרוואַלטערס הויז. האָבן זיי ניט געענטפֿערט. זיי האָבן אויף אונדז איין קוק געטאָן – איין פֿולשטענדיקער קוק איז גענוג געווען, האָבן זיי גענומען די פֿיס אויף די פּלייצעס, וואָס גיכער אַנטלאָפֿן. מיר זײַנען דערגאַנגען ביזן זוים פֿון דער סטאַנציע, דורכגעגאַנגען דורכן "פֿאַרדײַען־הויז"[304], וואָס איז געווען פֿינצטער אינעווייניק. אַרויס בײַם צווייטן עק האָבן מיר באַגעגנט אַ זקן, וואָס האָט אַ ציטער געטאָן, ווי ער וואָלט דערזען דעם שׂטן אַליין, און האָט ניט געוואַרט אויף קיין פֿראַגעס, נאָר איז תּיכּף אַנטלאָפֿן. ניט קיין פֿרײַנדלעכער גרוס. דערנאָך זײַנען מיר אָנגעקומען בײַ דער ווערף, ווו דער ממונה בלײַבט בײַ דער אַרבעט. איך האָב אים געפֿרעגט צי **מ**"ר **ס**אָרלע[305] (דער פֿאַרוואַלטער) איז דאָ אינעם הויז.

"יאָ," האָט ער געזאָגט, אַז ער האָט אויף אונדז געגלאָצט.

"מיר וואָלטן וועלן אים זען," האָב איך געזאָגט.

"ווער זײַט איר?" האָט ער געפֿרעגט.

"מיר האָבן פֿאַרלוירן די שיף און זײַנען אַריבערגעקומען איבערן אינדזל," האָב איך געענטפֿערט.

"איר זײַט אַריבערגעקומען איבערן אינדזל?" האָט ער געזאָגט, ווי ער האָט גאָר ניט געקענט גלייבן די אויערן.

ער איז צוגעגאַנגען צום פֿאַרוואַלטערס הויז, זײַנען מיר נאָך אים נאָכגעגאַנגען. איך האָב זיך שפּעטער דערוווּסט אַז ער האָט **מ**"ר **ס**אָרלע געזאָגט "ס'זײַנען דאָ דרײַ מאָדנע מענטשן אין דרויסן, וואָס זיי זאָגן אַז זיי זײַנען אַריבערגעקומען איבערן אינדזל און זיי קענען אײַך. איך האָב זיי געלאָזט אין דרויסן." גאָר אַ נייטיק באַוואָרעניש פֿון זײַן קוקווינקל.

מ"ר **ס**אָרלע איז אַרויסגעקומען בײַ דער טיר און געזאָגט, "נו?"

"צי קענט איר מיך ניט?" האָב איך געזאָגט.

"איך דערקען דאָס קול," האָט ער געענטפֿערט ספֿקדיק. "איר זײַט דער אונטער־אָפֿיציר[306] פֿון דער *מאַרגאַריטקע*[307].

"איך הייס **ש**עקלטאָן," האָב איך געזאָגט.

תּיכּף האָט ער אַרויסגעשטעקט די האַנט און געזאָגט, "קומט אַרײַן. קומט אַרײַן."

"זאָגט מיר, ווען האָט זיך געענדיקט די מלחמה?[308] " האָב איך געפֿרעגט.

---

[304] "digestion-house": אַ טייל פֿון דער פֿאַבריק, ווו מע מאַכט אייל פֿון טראָן (אַזוי מיין איך).

[305] Mr. [Thoralf] Sørlle, אַ נאָרוועגער.

[306] mate

[307] The *Daisy*

[308] די ערשטע וועלט־מלחמה האָט זיך אָנגעהויבן פּונקט ווען די עקספּעדיציע איז ערשט אָפּגעפֿאָרן פֿון ענגלאַנד.

"The war is not over," he answered. "Millions are being killed. Europe is mad. The world is mad."

Mr. Sorlle's hospitality had no bounds. He would scarcely let us wait to remove our freezing boots before he took us into his house and gave us seats in a warm and comfortable room. We were in no condition to sit in anybody's house until we had washed and got into clean clothes, but the kindness of the station-manager was proof even against the unpleasantness of being in a room with us. He gave us coffee and cakes in the Norwegian fashion, and then showed us upstairs to the bathroom, where we shed our rags and scrubbed ourselves luxuriously.

***

> Meanwhile Mr. Sorlle had sent a whaling ship to bring back the three men (and the *James Caird*) waiting on the other side of the island. Worsley went with the ship (Shackleton was in the meantime making plans to rescue the 22 men still on Elephant Island); the three men at first didn't recognize Worsley without the usual dirt. All six were soon together, rested, washed.

"די מלחמה גייט ווײַטער," האָט ער געענטפֿערט. "מיליאָנען ווערן דערהרגעט. אייראָפּע איז משוגע. די וועלט איז משוגע."

מ"ר **ס**אָרלעס הכנסת־אורחים איז געווען אָן אַ שיעור. ער האָט קוים געוואַרט ביז מיר האָבן אויסגעטאָן די פֿרירנדיקע שטיוול איידער ער האָט אונדז געפֿירט אין הויז אַרײַן, אונדז אַוועקגעזעצט אין אַ וואַרעם, באַקוועם צימער. מיר זײַנען אין קיין פֿאַסיקן מצבֿ ניט געווען זיך אַוועקצוזעצן אין אַבי וועמענס הויז, איידער מיר האָבן זיך אָפּגעוואַשן און אָנגעטאָן זויבערע קליידער, נאָר די גוטהאַרציקייט פֿונעם סטאַנציע־פֿאַרוואַלטער איז שטאַרקער געווען פֿון דער פּריקרעקייט אין בלײַבן אינעם זעלביקן צימער מיט אונדז.[309] ער האָט אונדז געגעבן קאַווע און לעקעכער אַלאַ דער נאָרוועגישער שטייגער, און דערנאָך אונדז געפֿירט אויבן אינעם וואַשצימער, ווו מיר האָבן אַוועקגעוואָרפֿן די שמאַטעס און זיך לוקסוסדיק אויסגעשײַערט.

* * *

דערווײַל האָט **מ**"ר **ס**אָרלע אַרויסגעשיקט אַ וואַלפֿיש־שיף אַהערצוברענגען די דרײַ מענטשן (און דעם **ד**זשעמז קיירד) וואָס וואַרטן נאָך אויף דער צווייטער זײַט אינדזל. **ווּ**אָרסלי איז מיט דער שיף מיטגעפֿאָרן (**ש**עקלטאָן דערווײַל האָט אָנגעהויבן מאַכן פּלענער צו ראַטעווען די 22 מענטשן נאָך אַלץ אויף **ה**עלפֿאַנד־**א**ינדזל); די דרײַ מענטשן האָבן תּחילת ניט דערקענט **ווּ**אָרסלי, אָן דעם געוויינטלעכן שמוץ. באַלד זײַנען די אַלע זעקס צוזאַמען געווען, אָפּגערוט, אויסגעוואַשן.

[309] "סער **ע**רנעסט האָט געבעטן **ס**אָרלע ער זאָל אונדז פֿאָטאָגראַפֿירן, האָט ער אָבער צום באַדויערן ניט קיין פֿילם געהאַט, אַ שאָד, וואָס עס פֿעלט דער וועלט אַ בילד פֿון אירע דרײַ קוויטיקסטע מענטשן." (*Shackleton's Boat Journey* פֿון F. A. Worsley, ז. 213)

שעקלטאָנס דרײ נסים

A meeting a bit later at the whaling station
(p. 216, *Shackleton's Boat Journey*, F.A. Worsley)

In the evening the manager told Sir Ernest that a number of old captains and sailors wished to speak to and shake hands with him and us. We went into a large, low room, full of captains and mates and sailors, and hazy with tobacco smoke. Three or four white-haired veterans of the sea came forward; one spoke in Norse, and the manager translated. He said he had been at sea over forty years; that he knew this stormy Southern Ocean intimately, from South Georgia to Cape Horn, from Elephant Island to the South Orkneys, and that never had he heard of such a wonderful feat of daring seamanship as bringing the twenty-two foot open boat from Elephant Island to South Georgia, and then to crown it, tramping across the ice and snow and rocky heights of the interior, and that he felt it an honor to meet and shake hands with Sir Ernest and his comrades. He finished with a dramatic gesture:

"These are men!"

All the seamen present then came forward and solemnly shook hands with us in turn. Coming from brother seamen, men of our own cloth and members of a great seafaring race like the Norwegians, this was a wonderful tribute, and one of which we all felt proud.

אַן אויפֿטרעף אַ ביסל שפּעטער אין דער וואַלפֿיש־סטאַנציע

(*Shackleton's Boat Journey* פֿון F. A. Worsley, ז. 216)

אין אָוונט האָט דער פֿאַרוואַלטער געזאָגט צו **ס**ער **ע**רנעסט אַז עטלעכע אַלטע קאַפּיטאַנען און מאַטראָסן ווילן מיט אונדז רעדן, דריקן אונדז די האַנט. מיר זײַנען אַרײַן אין אַ גרויסן, נידעריקן צימער, פֿול מיט קאַפּיטאַנען, אונטער־אָפֿיצירן, און מאַטראָסן, אַ טומאַן מיט טאַבאַק־רויך. אַ דרײַ־פֿיר ווײַס־האָריקע ים־וועטעראַנען זײַנען פֿאָרויסגעקומען. איינער האָט גערעדט אויף נאָרוועגיש, האָט דער פֿאַרוואַלטער דאָס איבערגעזעצט. ער האָט געזאָגט אַז ער איז געווען אויפֿן ים איבער פֿערציק יאָר, אַז ער האָט אינטים געקענט אָט דעם שטורעמדיקן **ד**רום־**אָ**קעאַן, פֿון **ד**רום־**ד**זשאָרדזשע ביז קאַפּ־**ה**אָרן, פֿון **ה**עלפֿאַנד־**א**ינדזל ביז די **ד**רום־**אָ**רקניס[310], און ער האָט קיין מאָל ניט געהערט פֿון אַזאַ וווּנדערלעכן אויפֿטו פֿון העלדישער מאַטראָסנשאַפֿט[311], ווי דאָס ברענגען אַ 22-פֿוס אָפֿן שיפֿל פֿון **ה**עלפֿאַנד־**א**ינדזל ביז צום **ד**רום־**ד**זשאָרדזשע, און אויב דאָס איז ווייניק, דערצו אַריבערגיין איבערן אײַז און שניי און שטיינערנע הייכן אינעם אינלאַנד, און ס'איז אים געווען אַ כּבֿוד זיי צו באַגעגענען און דריקן זיי די הענט, **ס**ער **ע**רנעסט און זײַנע חבֿרים. ער האָט געענדיקט מיט אַ דראַמאַטישער העוויה:

"אָט די זײַנען מענטשן!"

די אַלע מאַטראָסן דאָרט זײַנען פֿאָרויסגעקומען, פֿײַערלעך אונדז געגעבן די האַנט נאָך דער ריי. אַז דאָס האָבן געזאָגט ברידער־מאַטראָסן, לײַט פֿון אונדזער שטאָף, פֿון אַ גרויסער ים־פֿאָרנדיקער ראַסע ווי די נאָרוועגער, איז דאָס אונדז געווען גאָר אַ גרויסער כּבֿוד, וואָס האָט אונדז שטאָלץ געמאַכט.

---

[310] The South Orkneys
[311] seamanship

שעקלטאָנס דרע נסים

The Rescue from Elephant Island
The End

It took more than two months until Shackleton could come back close to Elephant Island. Not for want of trying. He had no ship of his own, and had to borrow ships from the Norwegians, later from the Uruguayans in Montevideo, and finally from the government of Chile. Each time either the weather was very bad or the ice too thick (none of the ships was re-inforced for ice).

There was no suitable ship to be obtained. The weather was showing some signs of improvement, and I begged the Chilian Government to let me have the *Yelcho* for a last attempt to reach the island. She was a small steel-built steamer, quite unsuitable for work in the pack, but I promised that I would not touch the ice. The Government was willing to give me another chance, and on August 25 I started south on the fourth attempt at relief. This time Providence favoured us. The little steamer made a quick run down in comparatively fine weather, and I found as we neared Elephant Island that the ice was open. A southerly gale had sent it northward temporarily, and the *Yelcho* had her chance to slip through. We approached the island in a thick fog. I did not dare to wait for this to clear, and at 10 a.m. on August 30 we passed some stranded bergs. Then we saw the sea breaking on a reef, and I knew that we were just outside the island. It was an anxious moment, for we had still to locate the camp and the pack could not be trusted to allow time for a prolonged search in thick weather; but presently the fog lifted and revealed the cliffs and glaciers of Elephant Island. I proceeded to the east, and at 11.40 a.m. Worsley's keen eyes detected the camp, almost invisible under its covering of snow. The men ashore saw us at the same time, and we saw tiny black figures hurry to the beach and wave signals to us. We were about a mile and a half away from the camp. I turned the *Yelcho* in, and within half an hour reached the beach with Crean and some of the Chilian sailors. I saw a little figure on a surf-beaten rock and recognized Wild. As I came nearer I called out, "Are you all well?" and he answered,

דער ראַטוניק פֿון העלפֿאַנד־אינדזל

דער סוף

ס'האָט געדויערט מער ווי צוויי חדשים ביז **שעקלטאָן** האָט געקענט צוריקקומען נאָענט צו **העלפֿאַנד־אינדזל**. ניט צוליב דוחק אין פּרוּוון. ער האָט ניט געהאַט קיין אייגענע שיף, האָט ער געדאַרפֿט באָרגן שיפֿן ערשט פֿון די נאָרוועגער, דערנאָך פֿון די אורוגווײַער אין מאָנטע־ווידעאָ, און סוף־כּל־סוף פֿון דער רעגירונג אין טשילע. יעדעס מאָל איז דער וועטער געווען זייער שלעכט אָדער דאָס אײַז צו געדיכט (קיינע פֿון די שיפֿן איז ניט געווען אײַז־פֿאַרשטאַרקט).

מע האָט ניט געקענט געפֿינען קיין טויגעוודיקע שיף. דער וועטער האָט באַוויזן סימנים פֿון פֿאַרבעסערונג, האָב איך זיך געבעטן בײַ דער רעגירונג אין טשילע, זיי זאָלן מיך לאָזן האָבן די *יעלכאָ*[312] אויף אַ לעצטן פּרוּוו צו דערגרייכן דעם אינדזל. זי איז געווען אַ קליינע שטאָלענע דאַמפֿשיף, גאָר ניט פּאַסיק אויף אַרבעט אינעם פּאַק־אײַז, אָבער איך האָב זיי צוגעזאָגט איך וועל אויסמײַדן דאָס אײַז. די רעגירונג איז מרוצה געוואָרן אויף נאָך אַ פּרוּוו און דעם 25סטן אויגוסט בין איך געפֿאָרן אויף דרום אויפֿן פֿערטן פּרוּוו אויף ראַטוניק. דאָס מאָל האָט די השגחה־פּרטית אויף אונדז געשמייכלט. די קליינע דאַמפֿשיף איז גיך אַראָפּגעפֿאָרן אין לפֿי־ערך פֿײַנעם וועטער, האָב איך געפֿונען אַז נאָענט צו **העלפֿאַנד־אינדזל** איז דאָס אײַז געווען אָפֿן. אַ בורע פֿון דרום האָט געבלאָזן דאָס אײַז צײַטווײַליק צפֿון צו, האָט די *יעלכאָ* געהאַט אַ געלעגנהייט אַדורכצוקריכן. מיר זײַנען צוגעקומען צו דעם אינדזל אין אַ געדיכטן טומאַן. איך האָב זיך ניט דערוועגט וואַרטן ביז עס זאָל זיך אויסלײַטערן, און צען אַ זייגער אין דער פֿרי דעם 30טן אויגוסט זײַנען מיר פֿאַרבײַגעפֿאָרן אַ פּאָר שטעקן־געבליבענע בערג. מיר האָבן דעמאָלט געזען, אַז דער ים צעברעכט זיך אויף אַ ריף, האָב איך געוווּסט אַז מיר זײַנען פּונקט לעבן דעם אינדזל. ס'איז געווען אַ באַזאָרגטע רגע, ווײַל מיר האָבן נאָך ניט געפֿונען דעם לאַגער און מע האָט ניט געקענט געטרויען, אַז דער פּאַק וועט דערלויבן די צײַט פֿאַר אַ פֿאַרלענגערט זוכעניש אין געדיכטן וועטער, נאָר באַלד האָט זיך דער טומאַן אויפֿגעהויבן, אַנטפּלעקט די סקאַלעס און גלעטשערס פֿון **העלפֿאַנד־אינדזל**. איך בין אויף מיזרח געפֿאָרן און 11:40 פֿ"מ האָט **וואָרסליס** שאַרפֿע אויגן דערזען דעם לאַגער, כּמעט אומזעעוודיק אונטערן דעקל שניי. די מענטשן אויף דער יבשה האָבן אונדז דערזען אין דער זעלבער רגע און מיר האָבן געזען קליינטשיקע שוואַרצע פֿיגורן צולויפֿן צו דער פּלאַזשע, פֿאָכן ווי אַ סיגנאַל צו אונדז. מיר זײַנען געווען אַן אָנדערהאַלבן מײַל פֿונעם לאַגער. איך האָב געהייסן די *יעלכאָ* זאָל פֿאָרן נעענטער, און מיט אַ האַלבער שעה שפּעטער האָב איך דערגרייכט די פּלאַזשע מיט **קרין** און אַ פּאָר פֿון די טשילענער מאַטראָסן. איך האָב באַמערקט אַ קליינע פֿיגור אויף אַן אײַנגעבראָך־צעשלאָגענעם שטיין, און דערקענט **ווילד**. ביז איך נעענטער צוגעקומען, גערופֿן, "איר זײַט אַלע געזונט?", האָט ער געענטפֿערט,

---

[312] The *Yelcho*

"We are all well, boss," and then I heard three cheers. As I drew close to the rock I flung packets of cigarettes ashore; they fell on them like hungry tigers, for well I knew that for months tobacco was dreamed of and talked of. Some of the hands were in a rather bad way, but Wild had held the party together and kept hope alive in their hearts. There was no time then to exchange news or congratulations. I did not even go up the beach to see the camp, which Wild assured me had been much improved. A heavy sea was running and a change of wind might bring the ice back at any time. I hurried the party aboard with all possible speed, taking also the records of the Expedition and essential portions of equipment. Everybody was aboard the *Yelcho* within an hour, and we steamed north at the little steamer's best speed. The ice was open still, and nothing worse than an expanse of stormy ocean separated us from the South American coast.

"מיר זײַנען אַלע געזונט, שעף,"[313] און דעמאָלט האָב איך דערהערט דרײַ וויוואַטן. ווען איך בין נאָענט געקומען צום שטיין האָב איך געשלײַדערט פּעקלעך פּאַפּיראָסן אויף דער יבשה; זיי זײַנען אויף זיי באַפֿאַלן ווי הונגעריקע טיגערס, האָב איך גוט געוווּסט אַז אויף חדשים האָט מען געחלומט און גערעדט פֿון טאַבאַק. עטלעכע פֿון דער מאַנשאַפֿט זײַנען געווען אין גאָר אַ שלעכטער מצבֿ, אָבער ווילד האָט געהאַלטן די פּאַרטיע צוזאַמען, מיט האָפֿענונג נאָך אַלץ אין די הערצער. ס'איז ניט געווען קיין צײַט פֿאַר נײַעס אָדער ווינטשעוואַניעס. איך בין אַפֿילו ניט געגאַנגען אַרויף אויף דער פּלאַזשע צו זען דעם לאַגער, וואָס, ווילד האָט מיך פֿאַרזיכערט, איז גאָר פֿאַרבעסערט געוואָרן ווי פֿריִער. שווערע כוואַליעס זײַנען געלאָפֿן און אַ שינוי אינעם ווינט האָט געקענט צוריקברענגען דאָס אײַז צו יעדער צײַט. איך האָב אונטערגעיאָגט די לײַט אויף דער שיף וואָס גיכער, גענומען אויך די רעקאָרדן פֿון דער עקספּעדיציע און די עיקרדיקע טיילן אויסריכט. אַלע זײַנען געווען אויף דער יעלכאָ אין אַ שעה אַרום, זײַנען מיר געפֿאָרן אויף צפֿון אַזוי גיך ווי די קליינע דאַמפֿשיף האָט געקענט פֿאָרן. דאָס אײַז איז נאָך אַלץ געווען אָפֿן, און גאָרנישט ערגער ווי אַן אויסשפּרייט פֿון שטורעמדיקן ים האָט אונדז צעשיידט פֿונעם ברעג פֿון דרום־אַמעריקע.

---

[313] אַלע האָבן שעקלטאָן אָנגערופֿן "Boss"

נאָכגעדאַנק

אַזוי ענדיקט זיך די מעשׂה, אַ וווּנדערלעכע מעשׂה אַוודאי. אַ דורכפֿאַל אין פּרט פֿונעם אָריגינעלן ציל, נאָר אַ פּראַקטיקער דורכפֿאַל פֿונדעסטוועגן, וואָס פֿון אים זײַנען אַלע אַרויסגעקומען מיטן לעבן, צוליב דרײַ אמתע נסים. אויב איר ווילט וויסן מער פֿון אָט דער עקספּעדיציע, קען איך שטאַרק רעקאָמענדירן *The Endurance*, פֿון Caroline Alexander, אַ בוך מיט בילדער פֿון פֿראַנק הערלי און אויסצוגן פֿון די עטלעכע טאָגביכלעך וואָס דערציילן די גאַנצע מעשׂה. אַ בעלעטריסטישע איבערדערציילונג פֿון דער גאַנצער מעשׂה ווי אַ ראָמאַן פֿאַר עלטערע קינדער, מיט אויסגעטראַכטן דיאַלאָג, אאַז"וו, וואָס אַלץ שטעלט צו זייער אַ רירנדיק און פּערזענלעך געפֿיל איז *Shackleton's Stowaway* פֿון Victoria McKernan.

מע זאָל דאָ דערמאָנען אַן אַנדער טייל פֿון דער מעשׂה, וואָס איז ווינציקער באַרימט אָבער וואָס פֿאַרדינט בעסער. אויף דער צווייטער זײַט פֿונעם אַנטאַרקטיק איז געווען די ראָס־ים־פּאַרטיע[314], וואָס האָט געזאָלט מאַרשירן אויף דרום, ווו שעקלטאָן האָט בדעה געהאַט אַרויסצוקומען בעת זײַן קווערמאַרש ענדיקט זיך, איבערלאָזן מאַגאַזינען זאַפּאַסן, ווײַל ס'איז גאָר ניט געווען מיגלעך, אַז שעקלטאָן זאָל טראָגן עסן און נאַפֿט פֿאַרן גאַנצן גאַנג. וואָס זיי האָבן אויפֿגעטאָן, אויך אין גאָר שווערע צושטאַנדן, איז געווען נאָך אַ נס, כאָטש דרײַ פֿון די צען מענטשן זײַנען דאָרט געשטאָרבן. אָבער דאָס איז אַן אַנדער מעשׂה.

---

314 the Ross Sea party: אָט די מעשׂה קענט איר געפֿינען אין:
Tyler-Lewis, Kelly *The Lost Men: The Harrowing Saga of Shackleton's Ross Sea Party*
Bickel, Lennard *Shackleton's Forgotten Men: The Untold Tale of an Antarctic Tragedy*
Richards, Richard W. *The Ross Sea Shore Party 1914-17*
McOrist, Wilson *Shackleton's Heroes*

כראָנאָלאָגיע

:1914

VII/8 אָפּגעפֿאָרן פֿון ענגלאַנד

XII/5 אָפּגעפֿאָרן פֿון **דרום־ד**זשאָרדזשע; דער לעצטער קאָנטאַקט מיט אַנדערע

:1915

I/18 אַרומגערינגלט, געכאַפּט אינעם אײַז

X/27 אַרויס פֿון דער שיף; זיך געלאַגערט אויפֿן אײַז

XI/21 דער **א**ויסהאַלט איז אונטערגעגאַנגען

:1916

IV/9 אָנהייב פֿון דער שיפֿל־נסיעה קיין **ה**עלפֿאַנד־**א**ינדזל

IV/17 צווייטער לאַגער אויף **ה**עלפֿאַנד־**א**ינדזל

IV/24 דער *דזשעמז קיירד* איז אָפּגעפֿאָרן

V/10 געלאַנדעט אויף **דרום־ד**זשאָרדזשע

V/15 צווייטער לאַגער אויף **דרום־ד**זשאָרדזשע

V/19 הייבט זיך אָן דאָס אַריבערגיין איבער די בערג

V/20 אָנגעקומען בײַ דער **ס**טראָמנעס־**וו**אַלפֿישערײַ

VIII/25 ראַטוניק פֿון די מענטשן אויף **ה**עלפֿאַנד־**א**ינדזל

דער איבערזעצער

בעריש גאָלדשטיין איז אַ פּענסיאָנירטער קאָמפּיוטער־פּראָגראַמירער, וואָס פֿאַרבראַכט גוט די צײַט איצט מיט ייִדיש, מיט שרײַבן, מיט פֿאָרן אין צפֿונדיקע לענדער, און מיט די אייניקלעך, אַוודאי. ער וווינט אין ניוטאָן, מאַס. אַ טייל פֿון זײַן שרײַבעכץ קען מען דאָ געפֿינען: https://www.bgoldstein.org

Copyright © 2011-2018 Barry Goldstein
All rights reserved

11 November 2018

Shackleton

Two Boat Journeys
and
One Mountain Journey
Three Miracles

from

South
Sir Ernest Shackleton

Yiddish translation by
Barry Goldstein

Bilingual Edition